Economia compartilhada

O fim do emprego e a ascensão do capitalismo de multidão

Dados Internacionais de Catalogação na Publicação (CIP)
(Jeane Passos de Souza - CRB 8ª/6189)

Sundararajan, Arun

Economia compartilhada: o fim do emprego e a ascensão do capitalismo de multidão / Arun Sundararajan; tradução de André Botelho. – São Paulo: Editora Senac São Paulo, 2018.

Título original: [The sharing economy: the end of employment and the rise of crowd-based capitalismo]

Índice remissivo.

ISBN 978-85-396-2377-8 (impresso/2018)

e-ISBN 978-85-396-2378-5 (ePub/2018)

1. Economia 2. Teoria econômica 3. Economia compartilhada 4. Capitalismo: Aspectos sociais 5. Rede de negócios 6. Geografia econômica I. Botelho, André. II. Título.

18-791s CDD – 330
BISAC BUS069000

Índice para catálogo sistemático:

1. Economia 330

Arun Sundararajan

Economia compartilhada

O fim do emprego e a ascensão do capitalismo de multidão

Tradução: Andre Botelho

Editora Senac São Paulo – São Paulo – 2018

Gerente/Publisher
Jeane Passos de Souza (jpassos@sp.senac.br)

Coordenação Editorial/Prospecção
Luís Américo Tousi Botelho (luis.tbotelho@sp.senac.br)
Márcia Cavalheiro R. de Almeida (mcavalhe@sp.senac.br)

Administrativo
João Almeida Santos (joao.santos@sp.senac.br)

Comercial
Marcos Telmo da Costa (mtcosta@sp.senac.br)

Edição e preparação de texto
Rafael Barcellos Machado

Coordenação de Revisão de Texto
Luiza Elena Luchini

Revisão de Texto
Silvana Gouvea, Carolina Hidalgo

Editoração Eletrônica
Sandra Regina Santana

Capa
Thiago Planchart

Impressão e Acabamento
Gráfica CS Eireli

Editora Senac São Paulo
Rua 24 de Maio, 208 – 3º andar – Centro
CEP 01041-000 – São Paulo – SP
Caixa Postal 1120 – CEP 01032-970
Tel. (11) 2187-4450 – Fax (11) 2187-4486
E-mail: editora@sp.senac.br
Home page: http://www.editorasenacsp.com.br

Sumário

Nota do editor

O capitalismo está mudando em ritmo acelerado, influenciado pelas novas tecnologias de comunicação interativa que facilitam e simplificam as trocas comerciais entre indivíduos. O resultado é que a lógica industrial começa a dar lugar ao capitalismo de multidão, muito mais colaborativo e amparado em valores intangíveis e imateriais.

Onde antes perduravam os conceitos de monopólio, centralização, patrimônio e valor gerado por meio de patentes e sigilos comerciais, hoje avançam ideias como distribuição em rede, descentralização, acesso a bens e serviços e valor gerado por meio do compartilhamento. Assim, em lugar da padronização, hoje destaca-se a personalização, e contrapondo a produção em massa, vemos uma abertura cada vez maior para mercados de nicho. Não é à toa que esse novo paradigma está causando mudanças em setores até então considerados estáveis, como transporte urbano, alimentação, crédito e hotelaria.

Nas próximas páginas, o autor analisa de maneira abrangente o conjunto de inovações econômicas e tecnológicas que fundamentam a economia compartilhada. Com muito entusiasmo, mas sem ignorar os dilemas que surgem com as novas práticas, Arun Sundararajan destaca como o poder econômico parece estar saindo das mãos de uns poucos afortunados e passando efetivamente para os indivíduos, dando origem ao capitalismo de multidão e prefigurando um futuro de empoderamento e liberdade, à medida que a confiança nesse novo modelo se dissemine dentro da sociedade.

Apresentação à edição brasileira

Em *Economia compartilhada*, Arun Sundararajan apresenta uma das melhores análises abrangentes da economia do compartilhamento. Tanto quanto *A sociedade de custo marginal zero*, de Jeremy Rifkin, ou ainda o já clássico *A sociedade em rede*, de Manuel Castells, este livro é essencial para entender as novas dinâmicas do capitalismo, que está mudando de forma acelerada, abrindo novas perspectivas, ao mesmo tempo que seus interesses tradicionais estão sendo ameaçados.

A economia da colaboração constitui um conjunto de atividades econômicas que aproveitam a conectividade ampla entre as pessoas e os agentes econômicos, com uma grande variedade de arquiteturas organizacionais, e também o fato de que a economia está cada vez mais centrada nos intangíveis, como o conhecimento, as informações e o próprio dinheiro, que hoje é apenas um sinal que navega nas ondas eletromagnéticas. A própria base da atividade econômica se deslocou, sendo apresentada menos dependente das máquinas, da matéria-prima e do trabalho físico, e muito mais ancorada no que André Gorz chamou de imaterial. A grande vantagem aqui é que o autor sistematiza, de forma muito legível, o que são as atividades, os desafios econômicos, culturais e legais, os impactos no emprego e as formas de regulação. O fato de dar numerosos exemplos explicando como funcionam ajuda muito.

Este livro sistematiza as variedades desta nova forma de organização econômica: "Nossa pesquisa sugere que há uma enorme variação entre as diferentes plataformas. Algumas se parecem com mercados que facilitam o empreendedorismo, outras parecem ser hierarquias que utilizam prestadores de serviços. Ao lado de Airbnb, Etsy e BlaBlaCar, plataformas de mão de obra, como Upwork e Thumbtack, plataformas de gastronomia social, como VizEat e EatWith e a plataforma de trocas de guias turísticos Vayable (fundada pela pioneira da economia compartilhada Jamie Wong) são claramente mais assemelhadas a um mercado. As plataformas de caronas Lyft e Uber ficam em um terreno intermediário. E os serviços ou plataformas de mão de obra, como Luxe, Postmates e Universal Avenue se aproximam mais de uma hierarquia que outras plataformas da economia compartilhada." (Ver páginas 119-120)

A conectividade aqui é vital. Na economia do conhecimento podemos por meio da Wikipédia, por exemplo, transformar em enriquecimento social o capital estagnado de conhecimento que as pessoas têm na cabeça. No caso do sistema financeiro, essa mesma conectividade permite, pelas plataformas apropriadas, obter crédito sem intermediários, pondo diretamente em contato quem tem dinheiro parado e quem dele precisa. Aqui também estamos falando de capital subutilizado, como residências, e das possibilidades de racionalizar o uso de bens materiais ou o trabalho das pessoas.

O carro é um exemplo interessante. Em média, os veículos particulares são utilizados uma hora por dia, o que significa apenas 4% do seu potencial de transporte. Além disso, como circulam com 1,3 passageiro ainda que tenham espaço para 5, no total estamos utilizando algo como 1% da capacidade desse capital, que permanece parado durante horas, no nosso local do trabalho, ocupando nossa garagem, entulhando as ruas, ou simplesmente no trânsito. Hoje temos edifícios residenciais na Suécia, onde alguns carros na garagem fazem parte do condomínio e as pessoas pegam o que estiver disponível. Para que ter a posse – e os custos correspondentes – se podemos simplesmente ter acesso a esses bens?

Em Paris, já funciona uma rede de veículos elétricos públicos, estacionados em diversas partes da cidade, como é o caso, há tempos, com bicicletas. O usuário baixa um aplicativo no seu celular, que indica onde pode encontrar ou deixar o veículo que, por sua vez, fica em estacionamentos na rua onde se conecta com aparelhos de recarga. Gera-se um uso mais intensivo, reduz-se o trânsito e a poluição. No caso do Airbnb, é igualmente óbvio o imenso desperdício de inúmeras residências vazias ou com espaço ocioso. O princípio é, em geral, o mesmo. São tantas as coisas que temos e que compramos para utilizar pouco ou apenas uma vez, como mostra o sucesso das plataformas de empréstimos de ferramentas.

Mas os interesses corporativos que visam apenas o dinheiro em grande escala geram outros desafios. Em Berlim, por exemplo, foi proibida a locação por Airbnb. A razão é que, apesar de ter inicialmente funcionado – quando um aposentado ou uma família que saía de férias, disponibilizava o seu apartamento e ganhava um dinheiro extra –, com o passar do tempo, grandes grupos imobiliários chegaram a comprar prédios inteiros para aluguel a turistas, reduzindo a disponibilidade de residências para a população berlinense, o que elevou os aluguéis e causou uma crise, fruto do convívio caótico de lógicas diferentes. A economia da colaboração navega nas tecnologias do século XXI, mas as regras e a cultura econômica ainda são do século passado.

No conjunto, as iniciativas colaborativas surgem com muita força, pois as oportunidades e as vantagens econômicas são evidentes para a economia como um todo (não só para os contratantes), por usar melhor as riquezas já existentes. É só pensar em uma coisa simples, como o software que localiza vagas de estacionamento no nosso celular, poupando-nos muito tempo: bastou que alguém fizesse uma plataforma adequada.

Alex Stephany, citado por Sundararajan, resume bem a economia compartilhada em cinco vantagens: primeira, a facilidade e desburocratização das trocas e pagamento; segunda, a mobilização de recursos parados ou subutilizados; terceira, a acessibilidade *online* com o poder da internet; quarta, a aproximação comunitária pelos sistemas de trocas e iniciativas locais; e quinta, a redução da compulsão de "possuir", substituída pela praticidade do "acesso". (ver página 58)

Porém, estamos desenvolvendo práticas inovadoras em espaços já ocupados por gigantes econômicos, enfrentando um vazio jurídico que gera temores e tensões naturais de transição ou de convívio. Frequentemente, como no caso da Uber, a força da plataforma é muito maior do que a dos contratantes, o pagamento de impostos correspondentes ainda é relativamente fluido e, entre protestos e propostas, se desenha um novo conjunto de regras de jogo. A simples proibição dos potenciais das articulações em rede não resolve.

Trata-se de uma mudança profunda do sistema. No Quênia, pequenos agricultores escapam dos atravessadores comerciais por meio de uma plataforma que lhes permite contratar vendas e transferir recursos pelo celular. No Brasil, já são mais de cem bancos comunitários de desenvolvimento, os quais permitem que o dinheiro sirva diretamente ao progresso local em vez de ser apropriado pela agiotagem bancária. As grandes universidades e centros de pesquisa, por exemplo o MIT nos Estados Unidos, asseguram o compartilhamento gratuito do conhecimento científico, e o conceito de recursos educacionais abertos (REA) já está implantado na China (por meio do China Open Resources for Education – Core) e progride no Brasil.

A economia criativa, as redes de colaboração, a economia solidária, o princípio do compartilhar e outras iniciativas trazem, sem dúvida, vento fresco ao opressivo sistema corporativo que nos empurra em correrias incessantes para ter mais dinheiro a fim de comprar mais coisas que teremos cada vez menos tempo ou paciência para apreciar. A mudança é bem-vinda e, na minha convicção, é inexorável, apesar da enorme ofensiva de travamento ou de cooptação por parte das corporações tradicionais. Há desafios no horizonte, pontos de tensão e debate: novas tecnologias geram novas relações de produção, e as regras do jogo do novo sistema ainda estão nas fraldas. Mas, sem dúvida, trata-se de um imenso horizonte de oportunidades, muito bem delineado no trabalho de Sundararajan.

12 de março de 2018.

Ladislau Dowbor
Economista, professor titular da Pontifícia Universidade Católica de São Paulo (PUC-SP) e consultor de várias agências da ONU; é autor de numerosos livros e estudos, todos disponíveis *on-line*, na linha do *Open Access*, disponível em http://dowbor.org

Dedicatória

Para meus pais, que me ensinaram a escrever; minha irmã Anu, que me mostrou, com sua prosa e poesia, como fazer isso bem; e para minha amada menininha Maya, que me inspira a cada dia a imaginar e criar um futuro melhor.

Agradecimentos

Este é o meu primeiro livro, portanto, fico tentado a querer agradecer todas as pessoas que contribuíram com as ideias que ele apresenta. Mas, para que esta nota não tenha o tamanho de um capítulo, fui forçado a selecionar apenas algumas delas. Se, por acaso, eu houver deixado de incluir o seu nome aqui, então você já sabe que eu sou esquecido – mas grato. Então, muito obrigado! Visite http://oz.stern.nyu.edu/thanksforsharing, onde continuarei a atualizar esta nota de agradecimento.

Entendo que as mudanças, as quais chamamos de economia compartilhada, sejam o estágio atual de uma evolução da economia e da sociedade, que está em andamento e é parcialmente determinada pelas tecnologias digitais. Esse é o assunto do meu programa de bolsa e pesquisa na Universidade de Nova York. Quando comecei a investigar essa evolução há muitos anos, dois colegas, Vasant Dhar e Roy Radner, foram influências intelectuais e mentores especialmente relevantes. À medida que continuei a estudar os aspectos econômicos e sociológicos das tecnologias digitais na década passada, me foram de imensa serventia as conversas com diversos colegas na Universidade de Nova York, entre eles, Ulrich Baer, David Backus, Yannis Bakos, Luis Cabral, Rohit Deo, Cynthia Franklin, Scott Galloway, Anindya Ghose, Peter Henry, John Horton, Joanne Hvala, Panos Ipeirotis, Srikanth Jagabathula, Sarah Labowitz, Natalia Levina, Hila Lifshitz-Assaf, Geeta Menon, Elizabeth Morrison, Beth Murray, Rika Nazem, Jessica Neville, Mandy Osborne, Patrick Perry, Michael Posner, Foster Provost, Paul Romer, Clay Shirky, Kristen Sosulski, Raghu Sundaram, Prasanna Tambe, Jamie Tobias, Alexander Tuzhilin, Mike Uretsky, Timothy Van Zandt, Niobe Way, Lawrence White, Norman White, Luke Williams e Eitan Zemel. Também serei eternamente grato a Sharon Kim e Shirley Lau, que me trouxeram um pouco de organização e estrutura em minha vida profissional, e sem as quais não conseguiria ter encontrado tempo para escrever esta obra.

Foram centenas de conversas com executivos, ativistas, legisladores e pensadores conectados com a economia compartilhada. Eu falo sobre muitas delas neste livro, e foi uma honra imensa que Jennifer Billock, Brian Chesky, Antonin Leonard, Adam Ludwin, Frédéric Mazzella, Benjamin Tincq e John Zimmer tenham dedicado seu tempo para conversar comigo especificamente sobre esta obra. Inúmeras outras conversas fascinantes me ajudaram a juntar as peças desse imenso quebra-cabeça que é a economia compartilhada. Algumas delas, que foram fundamentalmente influentes já desde o início, incluíram Odile Beniflah, Lauren Capelin, Shelby Clark, Sunil Paul, Jessica Scorpio, Erica Swallow, Molly Turner e Hal Varian. Outras pessoas que também foram especialmente importantes e/ou frequentes foram Bhavish Aggarwal, Alisha Ali, Douglas Atkin, Michel Avital, Emily Badger, Mara Balestrini, Yochai Benkler, Rachel Botsman, Danah Boyd, Nathan Blecharczyk, Jennifer Bradley, Erik Brynjolfsson, Valentina Carbone, Emily Castor, David Chiu, Marc-David Chokrun, Sonal Choksi, Peter Coles, Chip Conley, Ariane Conrad, Arnab Das, Cristian Fleming (e sua equipe na Public Society), Richard Florida, Natalie Foster, Justin Fox, Liz Gannes, Lisa Gansky, Marina Gorbis, Neal Gorenflo, Alison Griswold, Vijay Gurbaxani, Tanner Hackett, Aassia Haroon Haq, Scott Heiferman, Jeremy Heimans, Sara Horowitz, Sam Hodges, Milicent Johnson, Noah Karesh, Stephane Kasriel, Sarah Kessler, David Kirkpatrick, Marjo Koivisto, Karim Lakhani, Kevin Laws, Michael Luca, Benita Matofska, Andrew McAfee, Ryan McKillen, Lesa Mitchell, Amy Nelson, Jeff Nickerson, Melissa O'Young, Janelle Orsi, Jeremy Osborn, Jeremiah Owyang (com quem tenho uma dívida de gratidão imensa por ter compartilhado dados e ideias tão generosamente), Wrede Petersmeyer, Ai-Jen Poo, Andrew Rasiej, Simone Ross, Anita Roth, Chelsea Rustrum, Carolyn Said, Marcela Sapone, Marie Schneegans, Trebor Scholz, Swati Sharma, Clay Shirky, Dane Stangler, Alex Stephany, James Surowiecki, Jason Tanz, Marie Ternes, Henry Timms, Viv Wang, Cheng Wei, Adam Werbach, Jamie Wong, Caroline Woolard e inúmeros outros membros do coletivo OuiShare (incluindo Flore Berlingen, Julie Braka, Albert Cañigueral, Simone Cicero, Javier Creus, Arthur De Grave, Elena Denaro, Diana Fillipova, Marguerite Grandjean, Asmaa Guedira, Ana Manzanedo, Bernie Mitchell, Edwin Mootoosamy, Ruhi Shamim, Maeva Tordo e especialmente Francesca Pick).

Também fiz grandes avanços graças a discussões focadas em áreas temáticas específicas. Foram conversas com Neha Gondal sobre os aspectos sociológicos da economia compartilhada; com Ravi Bapna, Verena Butt d'Espous, Juan Cartagena, Chris Dellarocas, Alok Gupta e Sarah Rice sobre confiança; com Paul Daugherty, Peter Evans, Geoffrey Parker, Anand Shah, Marshall Van Alstyne e Bruce Weinelt sobre plataformas; com Brad Burnham, Kanyi Maqubela, Simon Rothman, Craig Shapiro e Albert Wenger sobre capital de risco; com Janelle Orsi, Nathan Schreiber e Trebor Scholz sobre cooperativas; com Umang Dua, Oisin Hanrahan, Micah Kaufmann e Juho Makkonen sobre modelos de mercados; com Gene Homicki sobre modelos alternativos de locação; com Primavera De Filipi e Matan Field sobre *blockchain* e tecnologias *peer-to-peer* descentralizadas; com Ashwini Chhabra, Molly Cohen, Althea Erickson, David Estrada, Nick Grossman, David Hantman, Alex Howard, Meera Joshi, Veronica Juarez, Chris Lehane, Mike Masserman, Padden Murphy, Joseph Okpaku, Brooks Rainwater, April Rinne, Sofia Ranchordas, Michael Simas, Jessica Singleton, Adam Thierer e Bradley Tusk sobre regulamentação; com Elena Grewal, Kevin Novak e Chris Pouliot sobre o uso de ciência de dados na economia compartilhada; e com Nellie Abernathy, Cynthia Estlund, Steve King, Wilma Liebman, Marysol McGee, Brian Miller, Michelle Miller, Caitlin Pearce, Libby Reder, Julie Samuels, Kristin Sharp, Dan Teran, Felicia Wong e Marco Zappacosta sobre o futuro do trabalho. Sou muito grato aos deputados Darrell Issa e Eric Swalwell e ao senador Mark Warner por sua liderança e por diversas conversas sobre políticas para a economia compartilhada.

Meus antigos e atuais alunos e colaboradores também foram fontes inestimáveis de assistência e inspiração para explorar as diversas facetas desse novo modelo de entendimento da atividade econômica. Minhas pesquisas científicas sobre a economia compartilhada não teriam sido possíveis sem Hilary Jane Devine, Apostolos Fillipas, Samuel Fraiberger, Carlos Herrera-Yague, Marios Kokkodis, Marella Martin, Mareike Mohlmann, Lauren Morris e Lauren Rhue. Também sou grato pelo suporte financeiro em parte desse projeto concedido pela Fundação Ewing Marion Kauffman e pela Google Research. Os resultados individuais de diversos projetos de pesquisa desenvolvidos pelos meus alunos da graduação e do MBA na Universidade de Nova York também contribuíram para direcionar minhas pesquisas e as lógicas iniciais. Entre eles, se destacam Humaira Faiz, Sydnee Grushack, Andrew Ng e Jara Small (sobre crescimento inclusivo na economia compartilhada); Jonah Blumstein, Valeriya Greene e Eric Jacobson (sobre Airbnb e regulamentações municipais);

Andrew Covell, Varun Jain e June Khin (sobre a organização das plataformas da economia compartilhada); Phil Hayes (sobre tarifas dinâmicas); Dmitrios Theocharis e Siri Zhan (sobre mão de obra sob demanda); Ann Dang, Louise Lai e Daniella Tapia (sobre variações globais nas regulamentações); Lauren Tai (sobre regulamentação de veículos autônomos); Karl Gourgue, Manasa Grandhi e Joyce Fei (sobre modelos descentralizados de pesquisa); Arra Malek, Ansh Patel e Haley Zhou (sobre modelos de locação de roupas); Laura Kettell e Karina Alkhasyan (sobre finanças *peer-to-peer*); e Keerthi Moudgal (sobre comércio *peer-to-peer*).

Embora eu já tenha sido conquistado pela economia compartilhada há muitos anos, o surgimento deste livro foi incentivado pelos diversos e-mails que minha editora na MIT Press, Emily Taber, enviou em abril de 2015. Ela foi incrível nos meses seguintes, quando rapidamente escrevi as primeiras duas versões do texto. Quando você escrever seu primeiro livro, espero que tenha a mesma sorte de ter uma editora como Emily. Durante todo o processo, também tive o privilégio de receber os sábios conselhos do lendário agente literário Raphael Sagalyn e do guru da publicidade Rimjhim Dey. Sou enormemente grato a tantas outras pessoas da MIT Press, entre elas, Marcy Ross (por sua paciência infinita todas as vezes que eu adiava as datas de entrega das revisões), Jane Macdonald e Colleen Lanick. Mary Bagg foi uma revisora formidável e Kate Eichhorn me ajudou a desenvolver o fluxo do livro já no início de sua evolução. Também gostaria de agradecer minha grande amiga Rakhi Varma por aceitar a missão perigosa de ler e dar o *feedback* sobre a primeira versão desta obra e aos quatro pareceristas anônimos por seus comentários.

À medida que eu escrevia e revisava o texto, durante o verão e o outono de 2015, minha filha Maya (agora com 12 anos) teve de lidar com o inconveniente de ter um pai desatento e com um cronograma de trabalho anormalmente atribulado. Ela aceitou essa situação com um entendimento sereno muito adiante de sua idade. Conforme as páginas de conteúdo surgiam, ela compartilhava minha alegria de criar algo novo e se admirava com um projeto cuja escala poderia apenas ser quantificada em dezenas de milhares de palavras. Ela é minha motivação para imaginar e buscar criar um futuro melhor. Espero que as ideias neste livro, ainda que poucas, nos ajudem a vislumbrar tal futuro para sua geração. Por enquanto, ela está muito feliz que eu terminei de escrever.

Introdução

> As coisas que mais importam na vida não são meras coisas. São outras pessoas. São as relações. São as experiências.
>
> Brian Chesky, *Today*, 29 de março de 2013

Moro em Manhattan. Não tenho carro, o que não é incomum. Menos de um quarto dos domicílios em Manhattan possui um veículo. Porém, às vezes eu preciso de um carro. É difícil alugar qualquer um por um preço decente em Manhattan. Pode ser necessário andar vários quilômetros até o Queens ou Nova Jersey para encontrar uma locação que custe menos que 100 dólares por dia.

Porém, as ruas no entorno de meu prédio são tomadas por centenas de carros estacionados. São Corollas velhos e BMWs novinhas em folha – mas, ainda não vi nenhum Tesla no meu bairro, que é o carro que eu realmente desejo. Quando minha filha Maya ainda estava na segunda série, já cheguei a perder a hora para deixá-la na escola. Frequentemente, nas manhãs geladas de inverno, enquanto tentava desesperadamente chamar um táxi na rua, pensava como seria perfeito se eu pudesse pegar emprestado um daqueles carros estacionados. Eu a levaria para escola e depois devolveria o carro onde ele estava, provavelmente com uma nota de 10 dólares e um recadinho no painel dizendo "Muito obrigado!".

Hoje, há uma empresa que permite fazer exatamente isso utilizando um celular – pegar emprestado um carro instantaneamente, por 10 dólares a hora. Ela se chama Getaround. Eu a descobri por acaso em 2011, não foi quando tentava encontrar um carro em uma manhã antes da escola. Mas vou falar sobre isso mais adiante. Pensei na Getaround e minha ideia de um empréstimo de veículos entre indivíduos (*peer-to-peer*) em qualquer lugar de Manhattan quando li o texto de Mary Meeker em sua publicação anual, o Internet Trends Report, em dezembro de 2012.[1]

Meeker foi uma precursora, analista de tecnologias, durante a era ponto-com no final da década de 1990. Ela edita seu relatório anual altamente influente desde 1995. O texto destacava como estamos agora repensando tudo, desde as interfaces até os empréstimos, de forma a prenunciar a ascensão de uma geração de poucas posses (*asset-light*). Nos mais variados contextos, como mercado imobiliário corporativo, mão de obra burocrática, serviços bancários, turismo, entretenimento e transporte, Meeker descrevia um portfólio de modelos de negócio e experiências de consumo ativados por tecnologias digitais que alavancavam a derrocada das estruturas da era industrial. Uma série de imagens contrastantes, apresentadas lado a lado em seus *slides* de PowerPoint mostravam as profundas diferenças entre as chamadas gerações de muitas posses (*asset-heavy*) e de poucas posses (*asset-light*): um idoso entusiasta em meio a caixas e mais caixas de discos de vinil, contrastando com capturas de tela de serviços de *streaming* de música, como Spotify, Pandora e iTunes. Um enorme edifício hoteleiro do Ramada Inn contrastando com uma casa na árvore para alugar na plataforma de hospedagem *peer-to-peer* Airbnb. Funcionários em tempo integral sentados lado a lado em um escritório gigantesco contrastavam com um site para trabalho *freelance* pela internet.

A mensagem nos *slides* de Meeker era tão clara e objetiva quanto uma história infantil ilustrada. Propriedades apenas para uso pessoal, empresas com sedes físicas, dinheiro em papel e trabalhos assalariados em um local determinado estão em queda. Em seu lugar, emergem o acesso compartilhado, as trocas virtuais, o dinheiro eletrônico e o trabalho flexível sob demanda.

À época, eu vi os *slides* de Meeker e entendi que suas previsões para uma geração de poucas posses eram apenas parte das mudanças econômicas e sociais muito maiores que já estavam acontecendo. Mudanças radicais que atingem novas formas de organizar a atividade econômica e que iriam se tornar cada vez mais predominantes em nosso século. Os diversos comportamentos

---

[1] Veja a atualização de dezembro do Internet Trends Report de 2012 em http://www.kpcb.com/blog/2012-internet-trends-update e o relatório de maio de 2012 em http://www.kpcb.com/blog/2012-internet-trends. Acesso em 28-3-2018.

(e organizações) que muitos de nós chamam (de forma otimista) de economia compartilhada são as primeiras manifestações de um futuro no qual as trocas entre os indivíduos se tornaram cada vez mais comuns. A multidão (*crowd*) substitui as corporações no cerne do capitalismo.

Uma profunda mudança está acontecendo. Esse tipo de afirmação se tornou lugar-comum nas últimas duas décadas. Executivos parecem resignados com a possibilidade de uma mudança contínua – sobretudo a mudança causada pelas tecnologias digitais. A disrupção radical, uma expressão que parece descrever o que pode ser evitado na maior parte das vezes, é um presságio da geração de riqueza, algo buscado incessantemente pelos investidores do Vale do Silício. Fazemos uma dieta rica em *TED talks* que atribuem mundos e fundos às tecnologias digitais, e que seriam catalisadoras da revolução, a panaceia para os grandes problemas do mundo. Portanto, não é de surpreender que alguns leitores possam receber minhas afirmações sobre a transformação iminente com ceticismo.

Vamos dar um passo atrás para entender melhor o que é a economia compartilhada, considerando uma pequena amostra de tais "novos" comportamentos. Muitos de nós, cerca de 70 milhões de pessoas até 2016,[2] já se hospedaram em um quarto de hóspedes ou em um apartamento inteiro por meio da plataforma Airbnb ao viajar. Inúmeras outras pessoas fizeram uma troca de casas utilizando o site Love Home Swap, a plataforma para membros criada por Debbie Waskow, que eu descobri em fevereiro de 2012, quando Erica Swallow (uma empreendedora de tecnologia e uma de minhas ex-alunas favoritas da Universidade de Nova York) conversou com meus alunos da graduação a respeito do seu artigo para o Mashable sobre a economia compartilhada.[3] É possível percorrer curtas distâncias utilizando aplicativos como Lyft e Uber, plataformas que conectam motoristas dispostos a dar caronas às pessoas que precisam delas. Se um carro com chofer ou táxi sob demanda não atende suas necessidades de mobilidade, é possível ir de ônibus utilizando o aplicativo Didi Kuaidi na China ou de autorriquixá utilizando a plataforma Ola, na Índia. Pode-se ter acesso ao carro de alguém por algumas horas ou dias utilizando as plataformas de locação *peer-to-peer* Getaround e Turo (que antes se chamava

---

2 Disponível em https://skift.com/2016/01/31/airbnb-cto-and-3-tech-ceos-discuss-the-digital-platform-economy-at-davos. Acesso em 28-3-2018.

3 Erica Swallow, "The Rise of the Sharing Economy". Em *Mashable*, 7-2-2012. Disponível em http://mashable.com/2012/02/07/sharing-economy. Acesso em 28-3-2018.

RelayRides) nos EUA, Drivy (França e Alemanha), SnappCar (Holanda), EasyCar Club (Reino Unido) e Yourdrive (Nova Zelândia). Dá para fazer uma refeição com um grupo de pessoas na sala de jantar de um desconhecido utilizando as plataformas de gastronomia social EatWith, em Barcelona, Feastly, em Nova York, ou VizEat, em Paris. Elas permitem que as pessoas que gostam de cozinhar recebam visitas em sua casa para um almoço ou jantar. Com ativos líquidos de apenas 100 libras, você já pode conceder a juros um empréstimo de 20 libras ou mais para um pequeno negócio que você admira, utilizando a plataforma de empréstimo *peer-to-peer* Funding Circle.[4] Você pode oferecer seus serviços de faxina, faz-tudo, encanador, eletricista ou pintor (ou contratar um prestador de serviços *freelancer* com essas e outras competências) por meio dos mercados de mão de obra Handy, TaskRabbit ou Thumbtack.

O processo para receber esses serviços de outras pessoas é tão fácil quanto instalar um aplicativo e compartilhar sua identidade a partir de uma conta válida no Facebook. Tornar-se um prestador de serviços é igualmente fácil. Em uma matéria de capa para a revista *Time* de fevereiro de 2015, intitulada "Tales from the Sharing Economy", o jornalista Joel Stein descreve, de forma informativa e divertida, sua aventura como prestador de serviços nas mais diversas funções, por meio da economia compartilhada. "Além de me tornar um locador de veículos, fui taxista, dono de restaurante e comerciante", descreveu ele, explicando que também teria gerenciado um canil e um hotel, se não fosse pelas objeções de sua "maravilhosa esposa Cassandra".[5]

Se tais atividades – se hospedar na casa de alguém, ganhar uma carona, pegar um carro emprestado, compartilhar uma refeição, conceder um empréstimo ou chamar alguém para consertar algo – não lhe parecem especialmente novas, é porque elas realmente não são. Talvez a novidade é que não sejam trocas de economia de dom (Gift Economy), mas trocas mediadas por dinheiro. O fato de Stein ter usado nomes comerciais para as atividades compartilhadas que desenvolveu destaca que, embora todos esses exemplos envolvam algum tipo de colaboração ou compartilhamento de espaço, carro, comida,

---

[4] Embora a Funding Circle agora esteja aberta para investimentos estadunidenses e globais, o modelo de negócios da plataforma é diferente nos EUA, onde a maioria dos credores é comercial, e os indivíduos não agregam pequenos investimentos totalizando um grande empréstimo. Utilizei o exemplo em libras esterlinas porque esse modelo de investimento é exclusivo do Reino Unido.

[5] Joel Stein, "Tales from the Sharing Economy". Em *Time*, 7-2-2015. Disponível em http://time.com/3687335/in-the-latest-issue-21. Acesso em 28-3-2018.

dinheiro ou tempo, nenhum desses serviços foi oferecido gratuitamente. Você é remunerado pela pessoa a quem presta um serviço, e remunera o prestador que compartilha algo com você.

Discutiremos agora se a troca comercial entre indivíduos é uma coisa nova. Há quanto tempo a economia mundial é dominada por grandes corporações? De que maneira nossa forma de organização da atividade econômica evoluiu ao longo da história humana? A Revolução Industrial, que fez surgir a produção e distribuição em massa, e a corporação moderna surgiram há pouco mais de 200 anos.[6] Em sua narrativa sobre a história do capitalismo moderno dos EUA, *The Visible Hand*, o historiador econômico Alfred Chandler pinta um retrato pungente da economia estadunidense daquele período:

> Em 1790, os comerciantes ainda comandavam a economia. Naquele contexto, a família era a unidade de negócios mais básica. A mais onipresente de tais unidades era a fazenda familiar. [...] As pequenas quantidades de manufatura que ocorriam fora dos domicílios eram executadas por artesãos em pequenas oficinas. [...] Como descreveu Sam Bass Warner, às vésperas da Revolução Americana, sobre a Filadélfia: "O principal elemento da economia das cidades era a oficina de um homem só. A maior parte dos habitantes de Filadélfia trabalhava sozinho, alguns deles com um ou dois ajudantes.[7]

Uma análise rápida da evolução da atividade econômica sugere que, antes da Revolução Industrial, uma parte considerável das trocas econômicas acontecia entre indivíduos (*peer-to-peer*) dentro de uma comunidade e entrelaçados de diversas formas por suas relações sociais.[8] A confiança necessária para possibilitar as trocas econômicas vinha fundamentalmente dos laços sociais

---

[6] Não tenho uma data exata para o início da Revolução Industrial, embora diversos autores surgiram entre 1750 e 1800. Por exemplo, veja Robert Lucas, "The Industrial Revolution: Past and Future". Em *The Region*, 1-5-2004. Disponível em https://www.minneapolisfed.org/publications/the-region/the-industrial-revolution-past-and-future. Acesso em 28-3-2018.

[7] Alfred Chandler, *The Visible Hand: The Managerial Revolution in American Business*. Cambridge: Harvard University Press, 1977, p. 17.

[8] Em *Stone Age Economics*, Marshall Sahlins apresenta uma descrição interessantíssima e muito reveladora das trocas econômicas como fenômeno cultural, caracterizando as diversas formas de trocas econômicas na Idade da Pedra e fazendo a afirmação um tanto contraintuitiva de que essas foram as primeiras sociedades ricas. Embora algumas de suas afirmações tenham sido questionadas por pesquisas posteriores, elas são menos importantes e menos interessantes que as descrições dos modelos de troca. Aqueles interessados na história mais aprofundada da troca (e do dinheiro) devem ler também David Graeber, *Debt: The First 5000 Years*. Brooklyn: Melville House, 2011.

de diversos tipos.[9] É fácil entender que hospedar visitantes de outras cidades, compartilhar refeições com eles, dar uma carona ou pedir um empréstimo a outra pessoa sejam atividades humanas que não têm nada de novo. Empreender comercialmente, realizar determinada atividade ou criar produtos manualmente em pequena escala tampouco têm novidade alguma. Na verdade, no início do século XX, praticamente metade da mão de obra remunerada dos EUA era autônoma.[10] Já, em 1960, esse número havia encolhido para menos de 15%. Veja a Figura 1. Também é muito provável que os autônomos tenham representado mais da metade da mão de obra remunerada no período que antecedeu 1900.

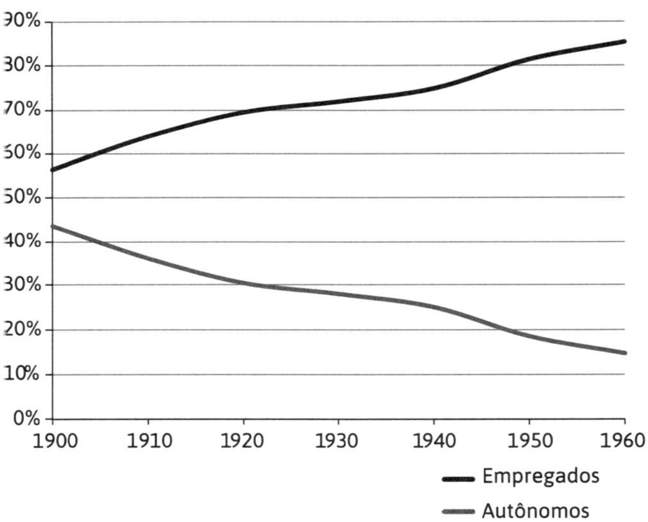

Figura 0.1
Mão de obra remunerada nos EUA (1900-1960).27

[9] Será discutida mais profundamente uma pequena parcela da história da confiança nas trocas econômicas no Capítulo 6.

[10] Foquei os EUA porque, até onde eu sei, seus dados econômicos históricos sobre o emprego são mais completos. Veja a Tabela A-4 em Stanley Lebergott, *Manpower in Economic Growth*. Nova York: McGraw Hill, 1964. Excluí os trabalhadores familiares não remunerados, incorporei negócios sem empregados e trabalhadores domésticos. Também sou grato ao meu colega da Universidade de Nova York Stern, o historiador econômico Richard Sylla, pela discussão altamente esclarecedora sobre esse assunto.

Uma razão para essa mudança tão acentuada na composição da mão de obra nas primeiras décadas do século XX foi o amplo distanciamento das atividades econômicas agrícolas (que, na época, eram praticadas majoritariamente por fazendeiros independentes) e a aproximação de outras formas de subsistência. Entretanto, mesmo em outras áreas além da agricultura, o percentual da mão de obra autônoma dos EUA durante o mesmo período (e sem empresa criada) caiu de quase 30% em 1900 para cerca de 10% em 1960. Esse nível se manteve o mesmo pelos 50 anos seguintes, período no qual a economia dos EUA foi dominada por grandes corporações.[11]

Portanto, minha conclusão aqui é de que, além da era industrial representar apenas um piscar de olhos da história humana, outras formas de troca, comércio e emprego associadas à economia compartilhada não são nenhuma novidade. As tecnologias digitais da atualidade estão nos levando a comportamentos familiares, como compartilhamento, emprego autônomo e formas de trocas dentro das comunidades que já haviam existido no passado. Tal aspecto sem ineditismo, tanto na natureza das atividades quanto na forma de trabalho, é importante porque o formato aprimorado de algo que já nos é familiar ganhará adoção generalizada muito mais rapidamente, além de ter um impacto econômico muito maior, do que as experiências de consumo ou modelos de emprego completamente inéditos.

É natural que surjam perguntas sobre o que há de novo na economia compartilhada. Se todas essas atividades consideradas novas eram amplamente dominantes no passado, então porque todo mundo está tão empolgado? Em primeiro lugar, essas novas formas de se fazer coisas que nos são familiares são apoiadas por tecnologias que ampliam nossa comunidade econômica indo muito além do círculo de amigos e familiares que vivem nas proximidades, incluindo outros grupos de pessoas escrutinadas digitalmente na população em geral. Isso nos permite discorrer no que a socióloga

[11] Stanley Lebergott, *Manpower in Economic Growth*. Usei dados da Tabela A-4 para computar o percentual de trabalhadores não agrícolas. Novamente, excluí os trabalhadores domésticos, trabalhadores não remunerados e empresas sem empregados. Hoje, o percentual de trabalhadores autônomos na força de trabalho dos EUA depende da definição do trabalhador autônomo. É fato, entretanto, que o número de empresas sem empregados nos EUA cresceu rapidamente na última década atingindo mais de 23 milhões em 2014.

Juliet Schor chama de compartilhamento com estranhos *(stranger sharing)*.[12] Em segundo lugar, a máquina capitalista dos mercados suportados pela tecnologia deu ganhos de escala fabulosos para tais compartilhamentos e atividades empreendedoras. Eles ganharam ordem de magnitude muito maior que sua prevalência recente nas economias modernas, mudando a origem do que valorizamos comercialmente, saindo das corporações tradicionais e indo em direção à coletividade de empreendedores que conseguimos encontrar por meio do mercado digital. Por tais razões, eu me refiro ao assunto deste livro como capitalismo de multidão (*crowd-based capitalism*).

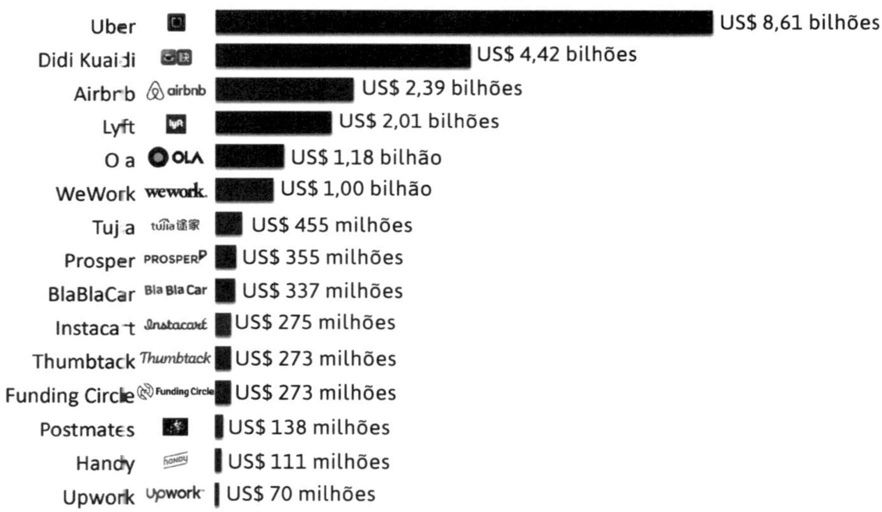

Figura 2
Plataformas da economia compartilhada e capital de risco que conseguiram levantar até dezembro de 2015.

[12] A socióloga Juliet Schor discute esse assunto em seu artigo "Debating the Sharing Economy". Em *Great Transition Initiative*, 10-2014. Disponível em http://www.greattransition.org/publication/debating-the-sharing-economy. Acesso em 28-3-2018: "Embora o discurso de inovação neste setor seja superestimado, há algo novo no horizonte: o que eu chamo de compartilhamento com estranhos. Embora haja exceções (por exemplo, os viajantes da elite na Grécia Antiga), as pessoas historicamente limitam o compartilhamento ao seu próprio círculo social. As plataformas de compartilhamento atuais facilitam que isso seja feito entre pessoas que não se conhecem e que não têm amigos ou conexões compartilhadas".

Entre 2010 e 2015, as novas empresas que estavam dando forma a esse novo tipo de capitalismo levantaram somas assustadoras de dinheiro de seus investidores. A Figura 2 resume os investimentos em capital de risco em algumas das mais ativas plataformas – muitas delas são o que chamamos de unicórnios, valendo mais de 1 bilhão de dólares. Porém, as implicações da transição que elas estão promovendo vão muito além do capital de risco. O capitalismo de multidão pode transformar radicalmente o que entendemos por emprego. Nosso cenário regulatório será transmutado. A rede de seguridade, frequentemente financiada pelas formas de emprego corporativo, será questionada. As formas de financiamento, produção, distribuição e consumo de bens, serviços e infraestrutura urbana evoluirão. Novas formas de organizar as atividades econômicas redefinirão aqueles em quem confiamos, porque eles recebem a nossa confiança, as formas de acesso às oportunidades e a nossa percepção de proximidade uns dos outros.

Tais mudanças me fascinam muito há anos. Entretanto, quando comecei a notar a proliferação dos mercados *peer-to-peer*, em 2011, fiquei bastante confuso. Sou professor e pesquisador dos impactos das tecnologias digitais sobre empresas e sociedades desde o final da década de 1990. O primeiro grande mercado *peer-to-peer* da internet, o eBay, foi fundado em 1995, abriu seu capital em 1998 e se mantém obviamente próspero até o momento da escrita deste livro, em 2015. Por que o Airbnb e tantos outros surgiram somente em 2007? O que faltava até há tão pouco tempo?

Airbnb – crie seu mundo ideal

Conheci o CEO do Airbnb, Brian Chesky, em um jantar no verão de 2013, que aconteceu em um *loft* no bairro nova-iorquino Hell's Kitchen, em Manhattan, onde também estavam outros anfitriões do Airbnb, empreendedores locais e defensores das atividades de compartilhamento. Chesky, formado em design pela Rhode Island School of Design (Risd, Escola de Design de Rhode Island), descreveu sua incursão empreendedora com o Airbnb como parte do quinto capítulo de sua vida. "Eu era apaixonado por hóquei quando era criança", contou ele durante nossa conversa na primavera de 2015. "Mudei para o Canadá e entrei em uma escola de hóquei para jovens. Então entendi que não me tornaria um jogador profissional de hóquei." Em seguida, quando fazia o Ensino Médio em Niskayuna, um professor notou as habilidades artísticas de Chesky ("Norman Rockwell era um modelo para mim") e o incentivou a desenvolver seu lado artístico. Ele conseguiu até mesmo expor seus trabalhos no Capitólio dos EUA quando tinha apenas 16 anos. Esse caminho artístico levou-o a estudar na RISD, que Chesky classifica como o capítulo seguinte, sua formação em desenho industrial.

A visão do Airbnb de Chesky era muito modesta no início. "A motivação para começar o Airbnb foi conseguir pagar nosso aluguel de outubro de 2007. Eu me lembro que o aluguel era de 1.150 dólares. O proprietário havia subido seu valor, e um congresso internacional de design aconteceria em São Francisco no final de semana. Todos os hotéis estavam lotados. Então tivemos uma ideia: e se a nossa casa virasse uma pousada (*bed and breakfast*) para o congresso de design? Joe (Gebbia, cofundador do Airbnb e colega de apartamento e de faculdade de Chesky à época) tinha três colchões de ar (*airbeds*). Tiramos os três do armário e os chamamos de 'AirBed and Breakfast'."

"A missão tinha pureza em si, para resolver um problema e ajudar as pessoas, e justamente aí que estava sua beleza", explicou Chesky. Claro que, quando o conheci em 2013, ele e os outros cofundadores Gebbia e Nathan Blecharczyk já haviam transformado o Airbnb em uma plataforma global com centenas de milhares de anfitriões. São pessoas que alugam seus quartos de hóspedes, apartamentos, casas na cidade, na árvore, na praia, barcos e muito mais para atender milhões de hóspedes pagantes, e mais de 100 milhões de dólares em investimentos de capital de risco. Em 2016, seu crescimento exponencial seguia inabalado. Blecharczyk destacou em uma mesa redonda no Fórum Econômico Mundial de Davos, em 2016, que: "Até agora, 70 milhões de hóspedes já se hospedaram na casa de alguém que não conheciam, foram 40 milhões só no ano passado, ou seja, mais pessoas que nos sete anos anteriores somados".

Parte da promessa que sempre percebi no modelo de negócios do Airbnb está na gigantesca eficiência econômica que ele parece ocasionar. Algumas pessoas possuem espaços para hospedagem que nem sempre estão em uso. Outras pessoas precisam de um local para se hospedar por um curto período de tempo. Se uma plataforma na internet consegue conectar as pessoas que possuem um espaço ocioso com as pessoas que precisam de um lugar para ficar, será que os ganhos econômicos não chegam em algum momento? Em vez de direcionar bilhões de dólares em investimento de risco para construir unidades dedicadas para acomodação de curta duração (ou hotéis), por que não aproveitar os milhões de apartamentos e quartos de hóspedes que eventualmente estão vazios no mundo todo?

Portanto, o Airbnb poderia ser um microcosmo muito convincente de motivos pelos quais os fundamentos econômicos do capitalismo de multidão são, para início de conversa, superiores àqueles da era industrial. O interesse que o Airbnb e sua irmã, a economia compartilhada, geram nos reguladores governamentais reflete, em parte, tal desconexão entre o novo e o velho. Será que as regras desenvolvidas para proteger hóspedes em uma era de empresas hoteleiras em tempo integral com imóveis exclusivos se adequam à realidade do Airbnb (na qual as fronteiras entre os espaços pessoais e os de locação para hóspedes estão rapidamente desaparecendo)? Será que já está surgindo uma nova abordagem regulatória nas plataformas *peer-to-peer*?

Mas não é só isso que me interessa no Airbnb como empresa. Ela rapidamente criou uma organização com alto nível de sofisticação, suas abordagens de relações públicas e marketing são das mais bem concebidas dentre as *startups* da economia compartilhada que eu conheço. Além disso, a empresa se relaciona com os governos por meio de sutileza. E talvez o argumento mais poderoso (e especialmente diferente da abordagem da Uber) seja o de que sua comunidade de prestadores de serviços parece realmente gostar da plataforma e o que ela representa. Em novembro de 2014, escrevi um artigo para a Harvard Business Review comparando a "cultura da plataforma" dessas duas gigantes da economia compartilhada e sugerindo que as diferenças talvez estivessem relacionadas à formação em design de Chesky.

Chesky concordou, e disse que "um dos princípios que orientam minha vida é querer viver em um mundo que eu mesmo concebi. Pode ser sua vida pessoal, uma empresa ou o mundo no qual você quer viver. Portanto, acho que já reformulamos muitas coisas, desde o nosso *core business* até nossa cultura. Nossa cultura é concebida intencionalmente. Não acredito na inevitabilidade ou no destino. Acredito que, seja você, seja outra pessoa, alguém conceberá a cultura. Portanto, é melhor que você mesmo a crie, pois talvez não goste daquilo que outra pessoa criará".

É uma filosofia muito inspiradora. Conceba o seu próprio mundo. Se não o fizer, ele será concebido para você, e talvez você não goste do que foi criado.

Contudo, isso me faz pensar. Será que isso também se aplica às nossas estruturas regulatórias futuras?

Lyft – hospitalidade no transporte

A alguns quarteirões de distância da novíssima sede corporativa do Airbnb na rua Brannan, 888, no bairro de SoMa, em São Francisco, fica um pequeno prédio no número 568. É o local do primeiro escritório da Lyft. Basicamente, a Lyft é um carro com motorista sob demanda. Você abre o aplicativo, indica onde está, ele mostra os carros nas proximidades, você solicita um veículo e ele chega em alguns minutos. Uma outra opção um pouco mais sofisticada funciona da seguinte forma: você abre o aplicativo da Lyft quando for ao trabalho com seu carro, insere o destino, e outras pessoas que também irão por aquele caminho podem pagar a você um valor para ir em seu carro. Compartilhamento de veículo – ou carona – sob demanda, com flexibilidade, seguindo os horários que você definir.

Ao longo dos anos, já tive como motoristas da Lyft comediantes de *stand-up*, engenheiros de software, DJs, professores, um diretor de tecnologia aposentado, um executivo de marketing digital mudando de emprego e inúmeros universitários. A experiência do consumidor em uma Lyft é completamente diferente de um táxi. Você se senta no banco do passageiro e conversa com uma pessoa como você. É como ganhar uma carona de alguém que conheceu há pouco tempo.

Visitei a Lyft neste endereço no outono de 2012 a convite de Emily Castor, uma das funcionárias mais antigas e que atualmente se define como "a nerd-zona interna de transporte". Ela teve a gentileza de agilizar meu processo de aprovação como passageiro da Lyft para que eu pudesse utilizar o serviço para ir até nossa reunião. Reconheci imediatamente o veículo que veio me buscar, ele tinha o enorme bigodão cor-de-rosa da Lyft. Ao notar que eu tinha um brinde corporativo de outra empresa, Emily pegou um desses bigodes cor-de-rosa em uma mesa vizinha ao final de nossa reunião e me deu de presente. Ainda o tenho em meu escritório, e ele continua atraindo os olhares confusos de meus alunos ao longo de todos esses anos.

Minha primeira motorista da Lyft foi uma artista que estava dirigindo para fazer uma renda extra enquanto fazia sua arte. Não havia uma tarifa formal em 2012, considerando que a Lyft ainda não era legalmente autorizada a oferecer serviços de táxi. Em vez disso, o aplicativo sugeria uma "doação" para o motorista em troca da gentileza de buscar a pessoa e dar uma carona.

Um dos melhores momentos da visita foi a oportunidade de experimentar a fantasia de Halloween de um funcionário. Era uma fantasia de carro da Lyft, o que ele conseguiu fazer muito bem utilizando papelão.

Três anos mais tarde, a Lyft já havia levantado mais de 1 bilhão de dólares em capital de risco (incluindo 100 milhões do lendário investidor Carl Icahn) e operava em sessenta cidades nos EUA. Embora apareça frequentemente na mídia devido às suas batalhas sangrentas com a Uber para ganhar maiores fatias de mercado, a Lyft projeta uma imagem muito mais suave e cuidadosa que sua principal rival – muito embora tenha deixado para trás seus bigodões cor-de-rosa e adotado uma estratégia de *branding* mais delicada. Seu cofundador e presidente John Zimmer, com quem já tive inúmeras conversas bastante fascinantes nos últimos anos, já declarou na mídia que não vê a Lyft como concorrente da Uber. Na verdade, ele acha que a Lyft é concorrente das "pessoas que dirigem sozinhas".[13]

"Para mim, em especial, foi meu interesse pela hospitalidade", respondeu Zimmer quando perguntei a ele sobre qual foi a motivação para fundar a Lyft. "Há duas coisas primordiais para o sucesso da hospitalidade: entregar uma experiência surpreendente e muito prazerosa e ter altos níveis de ocupação. As duas coisas faltavam no transporte." Ele explicou melhor a dimensão da ocupação: "A utilização dos veículos é de cerca de 4%, a ocupação nesses carros gira em torno de 20%. Portanto, você tem basicamente um índice de utilização de 1% em algo que é responsável por 13% do PIB global. Entendi que era uma excelente oportunidade".

É um ponto de vista muito interessante. Há um gigantesco excesso de capacidade nos carros no mundo todo. Os estadunidenses gastam anualmente cerca de 1 trilhão de dólares comprando veículos novos e usados. No mundo todo, os governos gastam bilhões de dólares para construir sistemas sofisticados de transporte público, o que frequentemente gera custos financeiros e

---

[13] Veja, por exemplo, a participação de Zimmer no painel *Wheels of Change*, na conferência CityLab de 2014. Disponível em http://bcove.me/1i8kqj02. Acesso em 28-3-2018.

práticos proibitivos para suas economias locais. Será que aplicativos como Lyft poderiam apresentar uma abordagem alternativa à construção da infraestrutura de transportes? Seria esse o prenúncio de um novo tipo de parceria público-privada de multidão que utilizaria tecnologias digitais para aproveitar de forma descentralizada o excesso de capacidade em vez de criar sistemas monolíticos centralizados?

Ascensão da mão de obra sob demanda

Uma das coisas que diferenciam Lyft e Uber do Airbnb é que a dedicação semanal de seus prestadores de serviços, as pessoas que estão compartilhando seu tempo e seus bens para prover serviços por meio das plataformas, é decididamente mais alta. Embora David Estrada, o responsável pelas relações governamentais da Lyft, tenha me dito que, em 2014, dois terços dos motoristas da Lyft dirigiam menos de 15 horas por semana, o que ainda é uma carga horária que poderia se aproximar de um emprego de meio período. Isso também se aplica aos prestadores de serviços das mais variadas formas nos mercados da TaskRabbit e da Handy, assim como os compradores, fornecedores e funcionários de meio período que compram e entregam alimentos quando você os encomenda no aplicativo Instacart. Muitos desses prestadores dedicam uma carga horária muito maior nessas diversas plataformas, frequentemente chegando a 40 ou 50 horas semanais.

Um número cada vez maior de pessoas acredita que isso pode ser uma prévia do que será o futuro do trabalho com benefícios menos confiáveis e um grau de incerteza crescente em relação à origem do seu próximo pagamento. Entretanto, não é imediatamente óbvio que tal futuro seja inferior. Talvez a flexibilidade e a fluidez de contratação por meio de plataformas digitais – em vez de um emprego fixo – possam ser empoderadoras. Certamente, como Zimmer destacou, "há muitas mães e pais solteiros que fazem isso porque não têm como trabalhar em um emprego em tempo integral, pois precisam buscar seus filhos na escola e em outros compromissos e precisam estar sempre disponíveis para as atividades das crianças".

A partir desse ponto de vista, trabalhar em diversas plataformas pode ser interessante e até mesmo empoderador. Porém, também é empoderador receber um salário fixo e periódico. Isso ajuda a planejar o futuro, algo que é extremamente desafiador quando a renda flutua conforme os caprichos da oferta e demanda dos aplicativos. Além disso, à medida que as plataformas se dedicam a oferecer mão de obra cada vez mais especializada, há um espectro crescente de desigualdade social futura. O ganhador do amplamente conhecido desafio de empreendedores Disrupt do TechCrunch de 2014 foi uma plataforma para assistentes pessoais domésticos fundada por duas egressas do MBA da Harvard Business School, Marcela Sapone e Jessica Beck. Ela se chamava Hello Alfred, remetendo ao mordomo de mesmo nome cujo trabalho dedicado servia à vida secreta de seu patrão Batman. Claro que, diferentemente do Alfred original, conforme descrito pela jornalista Sarah Kessler em seu delicioso artigo de 2014 sobre os desafios de tornar seu apartamento digno de um mordomo, essa versão atual com base em uma plataforma é "um mordomo que não precisa viver em sua casa."[14]

E o Alfred é apenas a ponta do iceberg dos serviços pessoais sob demanda. Em um artigo para o *Wall Street Journal*, em maio de 2015, intitulado "There's an Uber for Everything", Geoffrey Fowler descreve uma variedade vertiginosa de novos serviços pessoais, a começar por seu favorito, Luxe:

> Uma maravilha do mundo da logística que só é possível em uma realidade com smartphones, o Luxe utiliza GPS para oferecer um serviço de manobrista individual. Funciona como mágica. Quando você entra em seu carro, abre o aplicativo da Luxe e indica para onde está indo. Então, o Luxe acompanha seu celular durante o trajeto para que um de seus manobristas lhe encontre em seu destino exatamente no momento de sua chegada. Sexta passada, meu manobrista da Luxe, Kevin, vestindo um uniforme azul, perfeitamente supervisionado, treinado e coberto por seguro, me encontrou na porta de meu escritório no Financial District, em São Francisco, por volta das 8h45 da manhã. Entreguei a ele as chaves de meu veículo e ele o levou embora.
>
> Às 6 da tarde, abri o aplicativo da Luxe novamente e solicitei que meu veículo me fosse devolvido em outro lugar da cidade. Sem problemas. Em menos de 10 minutos, um manobrista chamado Ross chegou lá com meu carro trazendo uma *scooter* dobrável e um *ukelele* no porta-malas. De acordo com ele, a *scooter* é para

---

[14] Disponível em http://www.fastcompany.com/3038635/my-week-with-alfred-a-25-personal-butler. Acesso em 28-3-2018.

subir e descer as ladeiras de São Francisco, e o *ukelele* é para se distrair entre os chamados.[15]

Além do Luxe, outros serviços sob demanda conhecidos incluem pegar e trazer algo para você em até uma hora (Postmates), vir até sua casa para embalar e postar objetos (Shyp), buscar suas roupas sujas, lavar e trazer tudo de volta à sua casa (Washio), passear com seu cachorro (Wag), trazer uma refeição gourmet até você (Munchery) e entregar bebidas (Minibar e Drizly).

Será que estamos caminhando para uma economia na qual os serviços sob demanda atendem apenas a elite privilegiada? Em uma economia que depende crescentemente de plataformas *peer-to-peer* para organizar a atividade econômica, devido às eficiências do capitalismo de multidão, como proveremos aos prestadores de serviços uma rede de seguridade que inclua, por exemplo, plano de saúde, seguro contra acidentes de trabalho, férias remuneradas e licença maternidade? Será necessário que os governos concedam uma renda mínima básica? Ou haveria algum novo modelo engenhoso de parceria público-privada que torne os benefícios portáveis e estabilize a renda das pessoas ao longo do tempo?

BlaBlaCar – infraestrutura global a partir da confiança

Um item muito interessante é que o plano de negócio inicial da Lyft não incluía transformar o transporte nos centros e bairros das cidades. A empresa foi criada por Zimmer e pelo CEO Logan Green para ser um sistema de caronas entre cidades diferentes chamado Zimride, mas "pivotou" ("*pivoted*"), como se diz no Vale do Silício, que é quando uma empresa adota um novo modelo de negócios após a ideia inicial não decolar. O conceito de um aplicativo para conseguir uma carona para outra cidade no carro de um desconhecido é extremamente popular na Europa e em outras partes do mundo. A empresa que domina esse mercado conectando motoristas com lugares no carro e passageiros que queiram pagar por eles é a francesa BlaBlaCar. Em 2015, ela movimentou mais pessoas a cada dia que o sistema ferroviário dos EUA, Amtrak.

---

15 Geoffrey A. Fowler. "There's an Uber for Everything Now". Em *The Wall Street Journal*, 5-5-2015. Disponível em: http://www.wsj.com/articles/theres-an-uber-foreverything-now-1430845789. Acesso em 28-3-2018.

O cofundador da BlaBlaCar, Frédéric Mazzella, se formou em ciência da computação e em negócios na Stanford e no Insead e já trabalhou por três anos como pesquisador da Nasa. Assim como Zimmer, sua motivação inicial para criar a BlaBlaCar estava nas gigantescas ineficiências que ele percebeu. Em uma conversa na sede parisiense em 2015, ele disse que "a motivação inicial foi esse desperdício inaceitável que são os carros nas ruas. Acho que todos deveriam, em algum momento, abrir seus olhos e dizer a si mesmos 'Meu deus! Todos os carros estão vazios!'". Então ele continuou sua explicação: "Eu amo otimizar as coisas. E há essa tremenda oferta represada para otimização aqui nos carros".

Surgiram empresas que tentaram fazer em inúmeros países o que a BlaBlaCar fazia, usar um aplicativo móvel ou um site para conectar lugares vazios nos carros com passageiros. Entre 2014 e 2015, a empresa de Mazzella se expandiu adquirindo cinco delas em cinco países, por exemplo no Brasil, incluindo a concorrente direta carpooling.com. Isso levantou injeções de capital que chegaram a 300 milhões de dólares, o mais alto nível de capital de risco já atingido por uma *startup* francesa. A empresa parece ser extremamente bem administrada como uma empresa de software de ponta do Vale do Silício – porém, com uma clara sensibilidade francesa socialista. Seu nome peculiar surgiu de uma intensa pesquisa de mercado – e supostamente não teria nenhuma conexão com Le Bla-Bla, um restaurante que fica a dois minutos da sede da empresa, apesar da evidente semelhança. "Tínhamos 250 nomes", explicou Mazzela. "Reduzimos essa lista para 30. Então a enviei para alguns amigos e, uns dois meses depois, perguntamos a eles 'Vocês lembram da lista de nomes que eu enviei a vocês?' E mais da metade deles se lembrou do nome BlaBlaCar."

Mazzella adora falar sobre confiança. Ele acredita que ela é fundamental para os negócios de sua empresa e a defende calorosamente. A sede da BlaBlaCar tem um boneco de papelão em tamanho real do Trustman: um super-herói com capa e tudo com um T de *trust* (confiança) em seu uniforme. Seu conceito de confiança se baseia no acrônimo DREAMS (em inglês, Declared, Rated, Engaged, Activity-Based, Moderated e Social. Em português, Declarado, Avaliado, Engajado, Baseado em atividades, Moderado e Social).

A empresa trabalha constantemente para aprofundar seu entendimento sobre as relações que envolvem confiança.[16]

Tal foco na confiança é obviamente compreensível. Já faz vinte anos que as pessoas enviam pacotes entre si utilizando o mercado *peer-to-peer* eBay, portanto, a sociedade já desenvolveu sistemas que constroem a confiança no meio digital para fazer transações com um desconhecido pela internet. E como seria possível partir do nível de confiança necessário para receber uma caixa de um desconhecido pelo correio e chegar a esse mesmo nível de confiança ao entrar no carro de um desconhecido e dizer: "Me leve até outra cidade?".

Fusão entre comércio e comunidade

Eu consigo entender facilmente a obsessão de Mazzella porque meu interesse pela confiança é o que me levou a descobrir a economia compartilhada. Em 2011, eu colaborava em um projeto de pesquisa com meus colegas Ravi Bapna e Alok Gupta, da Universidade de Minnesota, e com Sarah Rice, da Universidade do Texas. Estávamos usando um aplicativo do Facebook para realizar experimentos sobre economia. Nosso objetivo era medir o nível de confiança entre amigos de Facebook e o grau de conexão entre esses níveis de confiança econômica e suas interações sociais na plataforma.

Acreditávamos que a abordagem e as perguntas eram realmente bacanas. Entretanto, quando apresentamos nossas conclusões em congressos acadêmicos, as pessoas começaram a nos perguntar: "Vocês têm exemplos de como isso pode ser utilizado?". Então fomos atrás de negócios na internet que pareciam estar usando amizades do Facebook como base para operações que envolviam confiança. Foi quando descobrimos uma pequena *startup* chamada Getaround. Embora se conectar utilizando o Facebook seja absolutamente comum hoje em dia, não era assim em 2011 – e era assim que a Getaround confirmava identidade e confiança.

---

16 Veja TrustMan em http://www.betrustman.com. No verão de 2015, Mazzella, eu e outras pessoas (como Mareike Moehlmann, da Universidade de Nova York) começamos a colaborar em um estudo acadêmico que investigava porque as pessoas confiavam umas nas outras na plataforma da BlaBlaCar. Nossas conclusões ainda não estavam disponíveis enquanto escrevia este livro, mas muitas delas já estão disponíveis desde 2016.

Foi então que entrei em contato com a cofundadora da Getaround, Jessica Scorpio em agosto de 2011. Embora não tenha sido possível encontrar uma forma de colaborarmos na pesquisa sobre confiança àquela época (a Getaround estava bem no começo de suas operações), eu acompanhei a evolução da empresa. O CEO Sam Zaid e o czar de políticas Padden Murphy começaram a contribuir com minhas pesquisas alguns anos depois. Eles são uma fonte valiosíssima em uma empresa que representa perfeitamente o apoio, livre de segundas intenções à ciência, fornecendo dados fundamentais ao desenvolvimento de meus modelos de impacto econômico. Eles também vêm colaborando com Susan Shaheen, da Universidade da Califórnia, para contribuir com o entendimento dos benefícios ambientais do compartilhamento de veículos.

A Getaround está crescendo rapidamente graças a um investimento de capital de risco de mais de 40 milhões de dólares e a uma aposta no que eles chamam de modelo instantâneo: você consegue um carro no momento em que o solicita sem precisar de aprovação do proprietário. Essa é a verdadeira mudança do comportamento de compra para o comportamento de compartilhamento. Seu modelo de locação *peer-to-peer* é um elemento central da narrativa da economia compartilhada e representa a confluência de duas ideias: acesso sem posse e redes substituindo hierarquias.

Contudo, ainda não há nenhum mercado digital de locação *peer-to-peer* em larga escala para bens além de veículos. Snapgoods foi uma iniciativa para criar um mercado de locação *peer-to-peer* para qualquer coisa, de serras elétricas a Roombas – mas não conseguiu encontrar um modelo de negócio rentável. Mercados para locação de equipamentos caros pertencentes a pessoas que não são muito ricas podem representar uma nova oportunidade de negócios. Por exemplo, a KitSplit, fundada em 2014 por duas alunas da Universidade de Nova York, Lisbeth Kaufman e Katrina Budelis, é um mercado de locação *peer-to-peer* para cineastas independentes. Lá, eles podem encontrar câmeras, lentes, kits Oculus Rift e outros equipamentos profissionais. Contudo, até o final de 2015, continua sendo difícil encontrar outras histórias de sucesso que tenham ganho escala, e a locação *peer-to-peer* frequentemente acontece por meio de sistemas que se assemelham a um quadro de recados, como o NeighborGoods, pertencente a Alan Berger.

Muitos outros tiveram sucesso ao facilitar a locação de objetos domésticos utilizando uma forma mais tradicional de organizar empréstimos de curto prazo: bancos de empréstimo de objetos. Gene Homicki, fundador e responsável pelo West Seattle Tool Library (banco de ferramentas do oeste de Seattle, em tradução livre) até 2012, agora dirige uma empresa de software chamada myTurn, que permite que qualquer bairro crie seu próprio banco de objetos. De acordo com Homicki, a comunidade acaba aparecendo naturalmente nesses locais de empréstimo. Em 2014, ele disse à revista *on-line Shareable* que: "Uma das coisas que notamos é que alguns bancos de ferramentas criam *makerspaces*. Outra coisa que notamos é que espaços de *co-working* e *makerspaces* criam bancos. É uma evolução natural em ambas as direções".[17]

Outra oportunidade de locação *peer-to-peer* está nas roupas e acessórios de alto luxo. Após o sucesso da Rent the Runway, uma empresa que permite a locação de roupas caras por alguns dias a um décimo do valor de etiqueta (em 2015), há um número crescente de mercados de locação *peer-to-peer* de roupas em estágio inicial. Entre eles estão StyleLend e Rent My Wardrobe, nos EUA; RentezVous, na Europa; e Designer-24, em Dubai.[*]

Tive uma reunião muito interessante no começo de 2015 com Lona Duncan, uma ex-modelo e empreendedora em série, cofundadora e CEO da StyleLend. Ela destacou o fabuloso potencial do *peer-to-peer* para roupas e acessórios. Enquanto dividíamos um bule de Buddha's Blend no David's Tea em Greenwich Village, ela explicou que: "O acesso em vez da posse é mais óbvio que a compra. As mulheres querem ter mais flexibilidade em relação ao que irão vestir. Além disso, a ideia de gerar renda com locação pode induzir a mais compras por impulso". A fundadora da RentezVous, Fiona Disegni, foi mais a fundo no valor desse modelo de negócio para pequenos designers, criado para públicos específicos em uma conversa que tivemos em 2014. Ela explicou que a locação *peer-to-peer* dá visibilidade às marcas de moda perante novos compradores potenciais, ajuda a construir uma comunidade de usuários que compartilham dos mesmos gostos, dá ao designer um canal para *feedback* e uma ferramenta de pesquisa de marketing e cria um caminho mais suave para uma possível compra futura. É interessante notar que essa lista de benefícios para

---

[17] Cat Johnson, "The Tool Library Movement Gains Steam". Em *Shareable*, 29-1-2014. Disponível em http://www.shareable.net/blog/the-tool-library-movement-gains-steam. Acesso em 28-3-2018.

[*] N. E. No Brasil, uma empresa que atua no aluguel de roupas de grife é a Dress & Go. Disponível em http://dressandgo.com.br. Acesso em 2-7-2018.

uma marca se assemelha muito com o que eu dizia sobre as fontes comerciais de valor das mídias sociais em 2007 para os meus alunos.

Contudo, o grande desafio, segundo Duncan, está na logística. As peças precisam ser transportadas do proprietário para quem está alugando, levadas para a lavanderia depois do uso e devolvidas com segurança. São atividades em escala feitas com eficiência pelas empresas de locação *business-to-consumer* (ou B2C), como a Rent the Runway, mas que podem ser um enorme desafio para mercados *peer-to-peer* de menor escala. Como consequência, até meados de 2015, tanto StyleLend quando RentezVous operavam basicamente organizando eventos semelhantes a trocas de roupas. Neles, os clientes se encontram presencialmente em locais predeterminados e organizados para transferir ou trocar roupas. A fusão entre comércio e comunidade que tanto Disegni quanto Duncan me descreveram não parece estar longe demais da co-evolução dos encontros e trocas nos bancos de ferramentas descritos por Homicki.

Porém, surge uma dúvida. Embora haja um óbvio potencial gigantesco de eficiência decorrente do acesso em vez da posse, será que os mercados de locação *peer-to-peer* são viáveis para ganharem escala com outras coisas além de bens de alto valor – como carros e imóveis? Será que seu valor de longo prazo é dependente dessa conexão entre comunidade e comércio? E caso eles realmente decolem, qual será o impacto disso na economia? Eles induzirão ao crescimento, pois haverá muito mais trocas acontecendo? Será que a visão de Duncan (comprar por impulso para alugar depois) se materializará? Ou será que a economia desacelerará porque as pessoas pararão de comprar?

La Ruche Qui Dit Oui – redefinindo a perfeição

Novamente em Paris, há outro modelo presencial *peer-to-peer* que está ganhando popularidade em outro vertical – compras de alimentos. Na primavera de 2014, me encontrei com o cofundador e CEO da La Ruche Qui Dit Oui (algo próximo de A Colmeia que Diz Sim"), Marc-David Choukrun, e uma equipe de alunos de MBA da Universidade de Nova York Stern (Humaira Faiz, Sydnee Grushack, Andrew Ng e Jara Small). Nos países de língua inglesa, a empresa é conhecida pelo nome The Food Assembly (Assembleia da Comida). O modelo que Choukrun e sua equipe parisiense cheia de energia estão introduzindo é uma mistura memorável de virtual e físico, uma nova forma digital de mapear o mercado de agricultura do mundo.

Choukrun explicou para mim seu negócio da seguinte forma: um voluntário em um determinado bairro decide criar uma *ruche* (colmeia) local. A plataforma então fornece à *ruche* o software necessário para que os agricultores locais postem preços e produtos disponíveis com antecedência. O software também traz ferramentas para promover o mercado. Os clientes fazem pedidos dos produtos que querem. Duas semanas depois, agricultores e clientes se encontram em horário e local disponibilizado pelo voluntário onde os produtos são entregues. O voluntário recebe uma pequena comissão (cerca de 8%), a plataforma recebe 8%, e o resto vai para o agricultor.

A La Ruche Qui Dit Oui partiu de uma ideia em 2010 e chegou a mais de 700 *ruches* em meados de 2015, quando recebeu 8 milhões de euros em investimentos, liderados pela empresa de capital de risco nova-iorquina Union Square Ventures (USV). Foi o primeiro investimento da USV em uma empresa francesa. "Fomos a uma *ruche* em uma manhã de sábado, pedimos um café e ficamos assistindo às pessoas chegarem. Para mim, foi esse momento que me fez entender que eles estavam fazendo algo diferente, único, algo que ninguém nos EUA tinha feito até então, pelo menos com sucesso", disse Fred Wilson para o TechCrunch em 2015, durante uma entrevista por telefone.[18] A animação da *ruche*, os rostos felizes e toda aquela agitação social difere tremendamente da típica imagem do estadunidense solitário empurrando um carrinho de compras em corredores de supermercado iluminados por lâmpadas brancas fluorescentes.

A La Ruche Qui Dit Oui representa uma outra possível mudança. Como qualquer pessoa que já comprou diretamente do produtor sabe, é preciso se acostumar com produtos que não têm a perfeição de forma e cor que se espera dos produtos vendidos em supermercados. Porém, de acordo com Choukrun, é necessário se acostumar também com outra coisa além da aparência dos produtos – e talvez até nem seja ruim. "Os consumidores precisam mudar suas expectativas em relação ao atendimento. Estamos acostumados a grandes marcas que entregam experiências absolutamente consistentes. Em nosso sistema, não é possível propor um sistema homogeneizado. Será de um jeito em

[18] Romain Dillet, "'La Ruche Qui Dit Oui' Scores $9 Million from USV and Felix Capital for Its Local Food Marketplace". Em *TechCrunch*, 16-6-2015. Disponível em http://techcrunch.com/2015/06/16/la-ruche-qui-dit-oui-scores-9-million-from-usv-and-felix-capital-for-its-local-food-marketplace. Acesso em 28-3-2018.

cada comunidade local. As pessoas também precisam aceitar um certo nível de imperfeição porque é muito difícil propor um serviço perfeito quando você conecta pequenos agricultores e consumidores diretamente. Eles precisarão aceitar que, de vez em quando, algum produto estará em falta ou que um agricultor pode se atrasar para chegar. Porém, vemos uma mudança real nas expectativas das pessoas. Elas começam a entender isso melhor", explicou ele em um painel de discussão na conferência La French Touch em Nova York, no verão de 2014.

Eu sempre penso no que Choukrun disse quando olho para as toalhas perfeitamente dobradas e a aparência impecável dos meus quartos de hotel ou quando percebo minha impaciência se um pedido de serviço de quarto passa um minuto do horário prometido. Será que nós, como sociedade, a partir da era industrial passamos a dar importância mais a aspectos da qualidade dos produtos e serviços que talvez não sejam tão importantes? Será que o retorno à modalidade *peer-to-peer* será um movimento natural para focar a qualidade do que realmente importa?

Como ler este livro

Nas páginas anteriores, eu propus diversas perguntas. Escrevi este livro para começar a responder algumas delas. Espero que consiga levar até você um entendimento mais aprofundado da transição que estamos vivenciando atualmente na direção do capitalismo de multidão. Espero também apresentar porque as implicações dessas mudanças podem ser profundas em sua vida.

Organizei as ideias em dois grandes grupos: causa e efeito. Sim, eu sou um *nerd* acadêmico. Portanto, a melhor forma de ler esta obra é do começo ao fim. Entretanto, se você deseja um enfoque diferente, as notas a seguir podem lhe ajudar.

Nos Capítulos 1 a 4, falo sobre a causa, olhando para o passado e para o futuro. No Capítulo 1, discutiremos se a economia compartilhada é uma economia de mercado ou uma economia de dom, criando as bases para a segunda parte do livro. Também no Capítulo 1 está a evolução do pensamento sobre a economia compartilhada, especialmente relevante para meus colegas acadêmicos.

Escrevi o Capítulo 2 essencialmente para as pessoas que se interessam pelas razões as quais a economia compartilhada emergiu repentinamente nos últimos anos. Entretanto, aqueles que buscam uma estrutura para pensar sobre os desafios futuros que as tecnologias digitais podem apresentar também se beneficiarão dessa leitura. Não é excessivamente técnico, tampouco um pré-requisito para o que vem a seguir. Da mesma forma, no Capítulo 4, apresento um panorama das tecnologias emergentes de *blockchain* que podem alterar o capitalismo de multidão na próxima década. Como explicarei mais adiante, elas fazem que a multidão deixe de ser a origem da oferta e se torne o intermediário que administra e, implicitamente, possui o próprio mercado coletivamente. Há um paralelo entre a discussão sobre *blockchain* em 2015 e as discussões idealistas de 1995, nos primórdios da internet comercial, especialmente sobre a inovação sem permissão (*permissionless innovation*). As tecnologias de *blockchain* poderão ser o combustível de uma nova geração de mercados *peer-to-peer* e fomentar a disrupção digital. Novamente, este capítulo não é pré-requisito para a segunda parte do livro.

No Capítulo 3, mergulho na natureza das novas instituições que estão sendo criadas pelas diversas plataformas da economia compartilhada. Tal discussão se baseia em anos de pesquisa sobre as formas como as tecnologias digitais podem alterar as fronteiras entre organizações e mercados. Ele será especialmente útil se você estiver buscando estruturas para organizar diferentes negócios da economia compartilhada ou se tem um interesse mais genérico em entender como a atividade econômica é organizada.

Nos Capítulos 5 a 8, abordo os efeitos econômicos, regulatórios e a mão de obra. Busquei escrever os Capítulos 5 (impactos econômicos) e 6 (questões regulatórias) para serem lidos independentemente. Entretanto, talvez você compreenda melhor se também ler os capítulos iniciais.

Se você busca apenas as questões relativas à mão de obra, então recomendo ler os Capítulos 3, 7 e 8.

***

James Surowecki conseguiu descrever bem as oportunidades para o capitalismo de multidão em seu artigo de 2013, "Uber Alles", para a revista *New Yorker*. Após comentar que a Uber havia levantado cerca de 250 milhões de dólares em capital de risco (valor que até parecia alto à época), ele concluiu:

> A enxurrada de dinheiro novo em todos esses novos negócios faz parecer que há uma minibolha crescendo. Porém, por trás de todo o *hype*, há uma ideia muito

> razoável: há muitos recursos ociosos na economia. Os bens ficam parados (um carro é utilizado em média apenas uma hora por dia), e os trabalhadores têm tempo e competências que ficam inutilizadas. Se você puder conectar as pessoas que têm bens com pessoas dispostas a pagar por sua locação, então as perdas serão reduzidas e o sistema será mais eficiente.[19]

Os mercados da internet são um tipo de comunidade nas quais a conexão sugerida por Surowecki pode acontecer. Obviamente, há outros tipos e, para restringir o escopo e os argumentos deste livro, deixei de fora uma enorme variedade de atividades de compartilhamento que também estão ganhando popularidade. Por exemplo, cooperativas de alimentos, de compartilhamento de veículos, de bancos de horas, de bicicletas, de habitações e de locais de trabalho. Tais omissões não significam que essas atividades sejam menos importantes ou desejáveis, mas apenas que não se encaixam tão naturalmente em minha classificação de capitalismo de multidão.

Mas vamos voltar agora aos exemplos que eu apresentei neste capítulo. Eles são apenas uma pequena parte dos inúmeros executivos, pensadores e organizações extremamente interessantes, do mundo corporativo ou não, que eu encontrei dentro do que chamamos de economia compartilhada. Você encontrará muitos outros nas páginas a seguir. Juntos, eles tecem uma fascinante rede de inovação que nos dá uma prévia do que as sociedades capitalistas podem ter como futuro evolutivo nas próximas décadas.

Entretanto, eles também levantam muitas dúvidas sobre confiança, sobre os novos fundamentos digitais (como *blockchain*), sobre os impactos econômicos, sobre o que significa ter um emprego, sobre redes de seguridade social e sobre o caminho que os sistemas regulatórios devem seguir. Juntos, exploraremos as respostas para cada uma dessas perguntas e também muitas outras ao longo desta obra.

A primeira delas, que talvez esteja premente nos seus pensamentos agora, é: por que precisamos da economia compartilhada, afinal de contas? Para responder a essa pergunta, vou começar levando todos vocês de volta a Paris, ao OuiShare Fest.

---

[19] James Surowecki, "Uber Alles". Em *New Yorker*, 16-9-2013. Disponível em http://www.newyorker.com/magazine/2013/09/16/uber-alles-2. Acesso em 28-3-2018.

Parte I: Causa

1

Economia compartilhada, economias de mercado e economias de dom

> No século atual, a oposição entre reciprocidades positiva e negativa se materializou no debate entre "capitalista" e "comunista", entre "individualista" e "socialista", mas o conflito é muito anterior a isso porque é uma polaridade fundamental entre a parte e o todo, entre um e muitos. Todas as eras devem buscar o equilíbrio entre os dois e, em todas as eras, a dominância de um ou outro irá trazer consigo o apelo por seu oposto.
>
> Lewis Hyde, *The Gift: Creativity and the Artist in the Modern World,* p. 49

Era maio de 2015 e eu estava refletindo sobre o futuro do capitalismo no OuiShare Fest, um evento em Paris com uma pegada claramente não capitalista.[1] Mais de mil entusiastas da economia compartilhada se reuniram dentro e fora de uma enorme tenda vermelha chamada Cabaret Sauvage para uma celebração que é um misto de TED, Burning Man e Woodstock. Estou do lado de fora aproveitando o clima ensolarado da primavera com dois dos fundadores do OuiShare e saboreando o almoço fornecido pelo evento: uma tigela de lentilhas e beterrabas orgânicas. Atrás de mim, as preparações acontecem a todo o vapor para a Love Fest, uma festa que durará a noite toda e encerrará o evento. Voluntários se revezam para pedalar e fazer girar um gerador conectado a enormes alto-falantes que produzem picos de música que competem com um show ao vivo de uma banda tocando ali perto. Do outro lado do pátio, uma mãe amamenta seu filho. Ao mesmo tempo, os participantes discutem nas mais variadas línguas uma imensidão de assuntos: novos investimentos

[1] Disponível em http://2015.ouisharefest.com. Acesso em 2-4-2018.

feitos pela empresa nova-iorquina de capital de risco Union Square Ventures; o Democracy OS de Pia Mancini, uma plataforma colaborativa de tomada de decisão apoiada pela YCombinator;[2] uma noção de novo poder defendida pelo CEO da 92nd Street Y, Henry Timms, e pelo cofundador da Purpose, Jeremy Heimans.[3] Sem contar os banheiros ecológicos que usam serragem em vez de água ou químicos.

Cofundado em 2011 por Antonin Léonard, Benjamin Tincq, Edwin Mootoosamy e Flore Berlingen, o OuiShare 2015 é um exemplo de grande influência no próspero mercado de ideias sobre capitalismo de multidão. Léonard, um jovem carismático e politicamente ambicioso, vê o papel futuro do OuiShare ir além da facilitação do diálogo e do pensamento. "Nos vemos como criadores de projetos relevantes buscando criar uma sociedade melhor, com mais justiça social", diz ele.

As origens do OuiShare remontam ao consocollaborative.com, um blog que Léonard criou em 2010. Um ano mais tarde, um grupo de defensores do compartilhamento começou a se reunir em Paris mensalmente em jantares preparados coletivamente (*potluck dinners*). Tais conversas evoluíram para o que hoje é uma entidade global com um braço consultivo, uma efervescente incubadora de projetos e uma rede *maker*. A presença do OuiShare se estende a mais de vinte países, principalmente na Europa, mas também no Chile, Líbano, Marrocos e Canadá, por exemplo. Cada uma dessas comunidades do OuiShare é supervisionada por um "conector" democraticamente escolhido.

O OuiShare busca incorporar o fenômeno do diálogo que ele facilita, em uma busca genuína para criar uma organização colaborativa com um processo cooperativo de tomada de decisão, que favorece o consenso mesmo em detrimento da velocidade.[4] Como explicou a copresidente do OuiShare Fest, Francesca Pick, em 2015, em um post no blog:

> É por isso que, em vez de chamar de *think tank*, organização sem fins lucrativos ou o que quer que seja, prefiro ver o OuiShare como uma incubadora de pessoas:

---

2 Disponível em http://democracyos.org. Acesso em 2-4-2018.

3 Jeremy Heimans e Henry Timms, "Understanding 'New Power'". Em *Harvard Business Review*, 12-2014. Disponível em https://hbr.org/2014/12/understanding-new-power. Acesso em 2-4-2018.

4 Sou um dos doze membros do conselho consultivo do Ouishare, uma posição não remunerada, desde a primavera de 2016.

> uma plataforma compartilhada para experimentação que dá aos conectores e membros acesso a uma base de conhecimentos, ferramentas e uma rede internacional de pessoas com as quais podem aprender e se inspirar.[5]

Estou conversando com Léonard e Tincq sobre a tensão que sinto no festival, entre o lado que busca lucro e o lado motivado pela proposta da economia compartilhada; entre as pessoas que veem a economia compartilhada como uma economia de mercado e aquelas que a visualizam mais como uma economia de dom.

"Acho que a confusão surge de toda a expectativa que as pessoas colocavam nessas plataformas para realmente mudar o mundo. E por haver tanta expectativa, aqueles que acreditavam firmemente no passado agora estão, de certa forma, desapontados", explica Léonard. E ele continua: "Contudo, talvez o problema não seja exatamente o dinheiro que havia sido investido, mas porque tínhamos toda essa expectativa?".

Toda essa "expectativa" a qual Léonard se refere está bem explicada em uma entrevista de 2015 dada pelo ex-analista de investimentos de Wall Street, Neal Gorenflo. Em 2009, ele criou o projeto Shareable para ajudar a "democratizar a forma como produzimos, consumimos, governamos e resolvemos problemas sociais". Gorenflo destaca como a Revolução Industrial poderia ter espalhado abundância. Porém, o foco da sociedade mudou para a acumulação individual ao longo do tempo em vez de espalhar a prosperidade e a liberdade. Ele destaca que a economia compartilhada pode servir para atacar esse desequilíbrio e, durante esse processo, ajudar a tratar de alguns dos outros grandes desafios do mundo, como a degradação ambiental.[6]

Tincq, discreto e comedido, é um pensador e me contou que cofundou o OuiShare para se desvencilhar de um emprego corporativo no qual ele estava "superentendido". Ele acena com a cabeça concordando com Léonard. Em

---

5 Francesca Pick, "What OuiShare Means to Me". Em *Medium*, 23-11-2014. Disponível em https://medium.com/ouishare-connecting-the-collaborative-economy/what-ouishare-means-to-me-4f275d9917f. Acesso em 2-4-2018.

6 Veja a descrição do Shareable feita por Gorenflo em http://shareable.net/about. A entrevista está disponível em http://www.collaborative-economy.com/project-updates/sharing-economy-with-neal-gorenflo-shareable. Acesso em 2-4-2018. O resumo está disponível em http://www.shareable.net/blog/interviewed-shareables-neal-gorenflo-on-the-real-sharing-economy. Acesso em 2-4-2018.

sua opinião, para trazer uma ideia de economia compartilhada para o mercado, há algumas alternativas ao capital de risco. "Neste momento, não há qualquer outra alternativa prática para que alguém com uma ideia de projeto levante esse primeiro investimento para construir uma plataforma. Sobretudo, para construir uma comunidade e gerar massa crítica, porque você precisa de muitos recursos para isso. Hoje, todos nós pensamos: 'Certo, precisamos encontrar uma forma para que o valor e a governança sejam compartilhados mais democrática e igualitariamente' – e é um ótimo objetivo. Contudo, para fazer isso, você precisará encontrar uma forma de possibilitar a fase inicial. E como se faz isso? Atualmente, parece que apenas o capital de risco dá conta disso."

Na manhã anterior, o escritor sobre o assunto e o fundador do conselho de marcas Crowd Companies, Jeremiah Owyang, falou sobre as injeções gigantescas de capital de risco que as plataformas da economia compartilhada haviam levantado. Elas já superaram (de longe) todos os investimentos que as empresas de mídias sociais, incluindo Facebook, haviam atraído antes de negociarem suas ações.[7] Uma das primeiras pessoas a utilizar a expressão economia colaborativa (*collaborative economy*), Owyang vê uma conexão estrutural muito forte entre as fases da evolução da economia compartilhada e as fases análogas que a indústria das mídias sociais vivenciou há alguns anos. Ele tem razão por vários motivos, mas, para mim, tal conexão é ainda mais profunda que ele pôde reconhecer. Sem as mídias sociais, a economia compartilhada provavelmente nem existiria em seu formato atual. De certa forma, elas abriram caminho para que as plataformas pudessem florescer, como explicarei no capítulo seguinte.

Certamente, diversos executivos começaram a prestar atenção à economia compartilhada devido ao capital de risco e outras formas de investimentos pré-IPO, levantadas pela Uber (mais de 8 bilhões de dólares até o final de 2015), pela chinesa Didi Kuaidi (mais de 4 bilhões) e Airbnb (quase 3 bilhões). Esses executivos estão cada vez mais presentes em eventos como o OuiShare Fest, algo que minha amiga Charly Strum havia me mostrado mais cedo naquele dia com um comentário sarcástico sobre haver "mais saltos altos que sandálias Havaianas este ano". Os investidores ativos incluem, por exemplo,

---

[7] Diversos posts de Owyang estão disponíveis em *Quick Guide: The Collaborative Economy Body of Work for Corporations* (atualizado em junho de 2015). Disponível em http://www.web-strategist.com/blog/2013/08/22/table-of-contents-the-collaborative-economy. Acesso em 2-4-2018.

a nova-iorquina Union Square Ventures, Andreessen Horowitz, do Vale do Silício, os fundos de *hedge* Black Rock e Tiger Global Management, a empresa de banco de investimentos Goldman Sachs, o magnata dos negócios Carl Icahn, a General Motors e o conglomerado indiano de mídia Bennett and Coleman. Um fundo muito interessante foi criado por Craig Shapiro em 2011, o Collaborative Fund, que investe quase que exclusivamente na economia compartilhada.

A injeção de capital de risco e o surgimento de plataformas com grandes investidores corporativos fez muitos acreditarem que os ideais associados à economia compartilhada pré-2010 não pudessem ser sustentados. Como afirmou o editor da revista do OuiShare, Arthur de Grave, em um post de 2014:

> Em poucas palavras, dentro de um *mindset* capitalista contemporâneo, os acionistas não são pares (do latim *par*, "igual"), são caciques. Se o seu modelo de negócio se baseia em sua habilidade de manter uma comunidade, não é absurdo esperar uma contradição entre sua obrigação de entregar a seus investidores altos níveis de retorno sobre o investimento e o espírito igualitário dos serviços P2P (*peer-to-peer*). No final das contas, você terá de escolher entre um ou outro.[8]

A tensão inerente ao se fazer essa escolha talvez leve à decepção a qual Léonard se referia. Também lembra o sentimento expressado pela intelectual Diana Filippova em seu artigo de 2014, "The Mock Trial of the Collaborative Economy", no qual ela afirma que: "Obviamente, da mesma forma que acontece com a tecnologia, o problema não é a economia colaborativa em si, mas sim, pelo menos em parte, a forma como temos pensado sobre ela e as expectativas ilimitadas que colocamos sobre ela".[9]

Tal discussão no OuiShare e em seu Festival reflete tanto a evolução do uso do termo economia compartilhada quanto a natureza das trocas que ele descreve. Pensando na economia compartilhada durante a escrita deste livro em 2015, vejo atividades comerciais que se parecem com uma economia de

---

8 Arthur De Grave, "The Sharing Economy: Capitalism's Last Stand?". Em *OuiShare: The Magazine*, 21-3-2014. Disponível em http://magazine.ouishare.net/2014/03/the-sharing-economy-capitalisms-last-stand. Acesso em 2-4-2018.

9 Diana Filippova, "The Quest for New Values". Em *OuiShare: The Magazine*, 27-10-2014. Disponível em http://magazine.ouishare.net/2014/10/the-quest-for-new-values-1. Acesso em 2-4-2018.

mercado bastante tradicional. Também vejo trocas que poderiam ser mais bem descritas como parte da economia de dom, atendendo não apenas um propósito econômico, mas também outras funções sociais e culturais. Contudo, a maior parte das trocas parece ser uma mescla curiosa de mercado e dom.

Como explicarei mais adiante neste capítulo, é muito natural que a economia compartilhada ocupe essa área entre as economias de mercado e as economias de dom. Entretanto, para chegar lá, iniciarei definindo mais claramente o escopo da economia compartilhada e falarei sobre as evoluções recentes em sua forma de pensar.

O que é a economia compartilhada?

Na Introdução, apresentei diversos exemplos que se encaixam no que chamo de economia compartilhada (*sharing economy*) ou capitalismo de multidão (*crowd-based capitalism*). São termos que utilizo mais precisamente (e de forma intercambiável) para descrever um sistema econômico com as cinco características descritas a seguir:

1. *Amplamente voltado ao mercado*: a economia compartilhada cria mercados que dão suporte às trocas de bens e ao surgimento de novos serviços, resultando em níveis potencialmente mais altos de atividade econômica.
2. *Capital de alto impacto*: a economia compartilhada abre novas oportunidades para que tudo seja utilizado em níveis mais próximos de sua plena capacidade, desde bens e habilidades até tempo e dinheiro.
3. *Redes de multidão em vez de instituições ou hierarquias centralizadas*: a oferta de capital e mão de obra surge da multidão descentralizada de indivíduos, em vez de agregados corporativos ou estatais. As trocas futuras podem ser mediadas por mercados distribuídos de multidão, em vez de terceiros centralizados.
4. *Fronteiras pouco definidas entre o profissional e o pessoal*: a oferta de mão de obra e a prestação de serviços frequentemente comercializa e mensura atividades *peer-to-peer* (entre indivíduos), como dar uma carona ou emprestar dinheiro a alguém, atividades que eram anteriormente consideradas pessoais.

5. *Fronteiras pouco definidas entre emprego pleno e casual, entre relação de trabalho com ou sem dependência, entre trabalho e lazer*: muitos dos empregos de tempo integral estão sendo substituídos por contratos de prestação de serviços com variação nos níveis de carga horária, granularidade, dependência econômica e empreendedorismo.

Não acredito que haja consenso sobre a definição da economia compartilhada. Portanto, estou seguro de que alguns de meus leitores possam questionar minha definição e acreditar que ela penda para o lado capitalista do fenômeno. Ou então, que utiliza o termo "compartilhada" (*sharing*) para descrever algo que frequentemente é uma troca comercial. Como lamentou meu colega Paul Romer em um post em seu blog, em junho de 2015, pode ser que estejamos perdendo uma excelente palavra.[10] Tenho de concordar. Da mesma forma que perdemos um excelente adjetivo quando surgiram as mídias "sociais" e um substantivo muito sólido quando o Facebook mudou nossa forma de entender "amigo".

Embora eu acredite que a expressão "capitalismo de multidão" descreva com maior exatidão o assunto que estou cobrindo, continuo a utilizar "economia compartilhada" na escrita desta obra porque ela maximiza o número de pessoas que parecem entender ao que estou me referindo. No entanto, é interessante considerar os diversos nomes associados a esses tais novos sistemas econômicos. Além do termo "economia colaborativa" (*collaborative economy*), preferido em vez de "economia compartilhada" (*sharing economy*) por Owyang, pelos autores Rachel Botsman e Robin Chase e também, ainda que isso seja irônico, pelo OuiShare, outros autores e pensadores também vêm experimentando desde 2010 o uso das expressões "economia de freelas" (*gig economy*), "economia de pares" (*peer economy*), economia de "freelas" (*renting economy*) e "economia sob demanda" (*on-demand economy*), considerado o termo mais adequado pelo capitalista de risco Chris Dixon.[11] Um estudo da revista *Fortune* sobre a utilização das expressões no *New York Times*, *Wall Street Journal* e no *Washington Post* indicou que *sharing economy* foi utilizado com frequência cinco vezes mais que os termos *on-demand economy* e *gig economy* nos seis primeiros meses de 2015. Contudo, esses dois últimos estavam ganhando popularidade.[12]

---

[10] Paul Romer. "Talkin' Bout a Revolution". Em *Paul Romer*, 2-1-2015. Disponível em http://paulromer.net/talkin-bout-the-revolution. Acesso em 2-4-2018.

[11] Disponível em https://twitter.com/cdixon/status/626637369723199488. Acesso em 2-4-2018.

[12] Jeff John Roberts, "As 'Sharing Economy' Fades, These 2 Phrases Are Likely to Replace It". Em *Fortune*, 29-7-2015. Disponível em http://fortune.com/2015/07/29/sharing-economy-chart. Acesso em 2-4-2018.

Antes de mergulhar de cabeça nos precursores intelectuais da economia compartilhada da atualidade, gostaria de considerar as definições implícitas em dois livros determinantes que surgiram em paralelo à emergência da economia compartilhada para o grande público. São eles *What's Mine Is Yours: The Risk of Collaborative Consuption*, de 2010, de Rachel Botsman e Roo Rogers, e *The Mesh: Why the Future of Business is Sharing*, também de 2010, de Lisa Gansky. É importante prestar atenção às ideias do livro mais recente de Alex Stephany, *The Business of Sharing*, de 2015.

Em seu livro, Botsman e Rogers buscam expor o que consideram uma mudança radical no consumo entre os séculos XX e XXI. Os autores sustentam que o século XX se caracterizou pelo hiperconsumo, enquanto o século XXI caminha para ser o século do consumo colaborativo. O acesso no hiperconsumo é definido pelo crédito; o acesso no consumo colaborativo é impulsionado pela reputação. A escolha no hiperconsumo é definida pela publicidade; a escolha no consumo colaborativo é impulsionada pela comunidade. O hiperconsumo se caracteriza pela posse; o consumo colaborativo, pelo acesso compartilhado. Eles afirmam que

> a Colaboração, que é o cerne do consumo colaborativo, pode ser local e presencial ou pode utilizar a internet para se conectar, se combinar, formar grupos e encontrar algo ou alguém para criar interações *peer-to-peer* (entre indivíduos) que são '*many-to-many*' (entre muitos). Em resumo, as pessoas estão compartilhando novamente com sua comunidade, em um escritório, em um bairro, em um prédio residencial, em uma escola ou em uma rede no Facebook.[13]

Os dois autores definem o consumo colaborativo, seu termo preferido, conforme um conjunto de princípios que incluem massa crítica, capacidade ociosa (o valor inexplorado de bens inutilizados ou subutilizados), crença no mútuo e confiança em desconhecidos. Botsman já expandiu essas ideias em inúmeras palestras no mundo todo e em alguns artigos explicativos em 2014 e 2015, aos quais retornarei no Capítulo 3.

---

13 Rachel Botsman e Roo Rogers, *What's Mine Is Yours: The Rise of Collaborative Consumption*. Nova York: HarperCollins, 2010, p. xv.

O livro extremamente bem fundamentado de Gansky, lançado em 2010, foca outro conceito (não o consumo colaborativo): a rede *mesh*. A autora é uma grande amiga e uma empreendedora voraz que vendeu sua empresa, oFoto, para a Kodak antes da bolha pontocom dos anos 2000. Atualmente, é uma investidora anjo no Vale do Silício, bem como consultora altamente respeitada. Ela tem a capacidade extraordinária de conseguir enxergar mais longe que as outras pessoas e ver o futuro da mudança suportada pelas tecnologias digitais.

Como muitos sabem, uma malha (ou *mesh*) é um tipo de tecido – mas com muitos furos. Redes de balanço podem ser feitas com esse tipo de trama, bem como camisetas esportivas e sacos de cebola. Não chega a ser bem um tecido, mas é muito mais que apenas um emaranhado de fios. É difícil categorizar uma malha, mas ela pode ter muitas aplicações e, diferentemente da maioria dos tecidos, é transparente. A rede *mesh* de Gansky também é um tanto difícil de se categorizar, mas ela destaca que, em sua essência, o termo se aplica a "um tipo de rede que permite que qualquer nó se conecte em qualquer direção com qualquer outro nó dentro do sistema".[14] Em outras palavras, é rizomática, em vez de linear.

Para ser mais específico, Gansky afirma que uma rede *mesh* tem cinco características principais. Primeira, é definida por sua capacidade de ser compartilhada, ou seja: produtos e serviços podem ser facilmente compartilhados dentro de uma comunidade, que pode ter qualquer configuração (local ou global). Segunda, a rede *mesh* depende de redes digitais avançadas (dados sobre o que está sendo compartilhado e quem está compartilhando podem ser acompanhados em tempo real). Terceira, é a prontidão da rede *mesh* (os bens podem ser compartilhados em qualquer lugar, a qualquer hora). Quarta, a publicidade dentro da rede *mesh* é substituída por promoções em plataformas de mídias sociais (avaliações de usuários que aparecem nas próprias plataformas ou em outros sites, como Facebook e Twitter). Finalmente, a quinta característica é que a economia da rede *mesh* é global em escala e em potencial.

A perspectiva de Gansky sobre a economia compartilhada se baseia fortemente no poder viabilizador das tecnologias digitais. Como ela mesma explica: "Utilizando sofisticados sistemas de informações, a rede *mesh* também utiliza os

---

[14] Lisa Gansky, *The Mesh: Why the Future of Business Is Sharing*. Nova York: Portfolio Penguin, 2010. Disponível em: https://informationdj.files.wordpress.com/2012/01/future-of-business-is-lisa-gansky.pdf. Acesso em 2-4-2018.

bens físicos mais eficientemente. Isso alavanca os resultados com a vantagem adicional de se reduzir a pressão sobre os recursos naturais". Em outras palavras, o tempo livre de cada um, bem como sua capacidade espacial, em termos de bens e de espaço, se tornam detectáveis por causa das redes digitais. E, por causa dessa nova transparência, são mais compartilháveis. É a partir dessa perspectiva otimista que Gansky descreve a rede *mesh* como "a próxima grande oportunidade para se criar novos negócios e atualizar negócios antigos".[15]

As ideias e previsões de Botsman e Gansky são parte fundamental de minha concepção original de capitalismo de multidão de 2011. Meu pensamento foi influenciado fortemente pela leitura de seus livros e por diversas conversas com eles. Também conversava frequentemente com Alex Stephany enquanto ele escrevia seu livro, lançado em 2015, que tem qualidades pelo fato de que, além de ser um pensador, ele também é empreendedor na área sobre a qual escreve. Stephany é o fundador de JustPark, um mercado *peer-to-peer* que conecta pessoas que têm vagas de estacionamento vazias com pessoas que precisam de um lugar para estacionar. Dá para imaginar que já descreveram seu negócio como "o Airbnb das vagas de estacionamento".

No início de sua obra, Stephany cede à tentação de ser um *geek* e utiliza um dicionário para responder algumas de suas perguntas, apresentando uma breve definição da economia compartilhada. Segundo ele, "a economia compartilhada é o valor em se fazer que bens subutilizados estejam acessíveis *on-line* para uma comunidade, levando a uma menor necessidade de posse de tais bens".[16]

Na sequência, ele explica cada um dos cinco componentes de sua definição:

1. *Valor*: a troca cria valor econômico, seja por meio do uso de dinheiro, seja por escambo;
2. *Bens subutilizados*: similar à capacidade ociosa de Botsman;
3. *Acessibilidade on-line*: o poder viabilizador da internet;
4. *Comunidade*: a facilitação de trocas mais fluídas por meio de confiança, interação social ou valor compartilhado dentro da comunidade;
5. *Necessidade reduzida de posse*: os bens se tornam serviços.

---

15 *Ibid.*

16 Alex Stephany, *The Business of Sharing: Making It in the New Sharing Economy*. Londres: Palgrave Macmillan, 2015, p. 9.

Em sua definição, Stephany não foca exclusivamente as trocas entre indivíduos. Ele também inclui empresas como Zipcar e Rent the Runway, que alugam diretamente para os consumidores em vez de apenas facilitar a oferta entre os indivíduos. Entretanto, ele fala explicitamente sobre seu interesse no negócio do compartilhamento e, ciente da possível contradição, explica seu uso da expressão "*sharing economy*":

> Por que estou utilizando a expressão "*economia compartilhada*" (*sharing economy*) repetidamente neste livro? Em partes, porque essa expressão se tornou dominante no discurso sobre este assunto. O gênio saiu da garrafa. Seria quase impossível remover essa expressão sem correr o risco de fraturar um movimento crescente de pessoas que não têm problema algum com ela, e que estão construindo algo que, na maior parte das vezes, como veremos a seguir, é positivo social e economicamente.[17]

Como evoluiu a lógica inicial sobre a economia compartilhada

O que eu chamo de economia compartilhada (ou capitalismo de multidão) ganhou repercussão em torno de 2010. Entretanto, as diversas concepções de uma economia compartilhada são anteriores ao momento no qual as condições para expansão além dos segmentos específicos de mercado efetivamente passaram a existir. É importante dar um passo para trás, considerar as perspectivas de diversos pensadores em momentos passados sobre a economia compartilhada, aproveitando para entender alguns precedentes históricos e sua conexão com as lógicas ainda mais antigas sobre as economias de dom, às quais as sociedades humanas já recorrem há séculos.

Em 2004, o então professor da Universidade de Nova York (atualmente em Harvard), Yochai Benkler, publicou "'Sharing Nicely': On Shareable Goods and the Emergence of Sharing as a Modality of Economic Production". Parcialmente motivado pela rápida expansão da Wikipédia desde 2001, Benkler notou a ascensão das trocas e compartilhamentos sociais e previu que o compartilhamento logo estaria "no cerne das mais avançadas economias – nos

[17] *Ibid.*, p. 12.

segmentos da informação, cultura, educação, computação e comunicações".[18] Ele defendia que essa mudança estava muito relacionada à crescente disponibilidade gratuita de softwares, computação distribuída e redes digitais escaladas para toda a população. Ainda de acordo com Benkler, a mudança mais notável seria o quanto "essas tecnologias permitem que diversos problemas de provisionamento sejam estruturados em formas passíveis de produção descentralizada com base nas relações sociais – em vez de mercados ou hierarquias".[19]

Note que Benkler não defende que entramos em algum tipo de momento de compartilhamento humanístico inédito. Pelo contrário, ele sugere que estamos vivenciando um novo modelo que combina modelos econômicos mais antigos que foram marginalizados sob o capitalismo. E que esse novo modelo é suportado pelo surgimento das tecnologias digitais:

> O custo de capital da ação econômica efetiva na economia industrial jogou o compartilhamento para a periferia – para os lares, nas economias avançadas, e para as periferias econômicas globais, que foram assunto da antropologia do dom ou de publicações comuns de regime de propriedade. A iminente reestruturação do capital de investimento nas redes digitais, em especial o fenômeno da capacidade de computação e comunicação capitalizadas pelo usuário, está revertendo tal efeito – ainda que parcialmente.[20]

Grande parte do argumento fundamental de Benkler está na observação de que alguns recursos materiais (por exemplo, carros) são "volumosos" ("*lumpy*") e de "granularidade média" ("*medium granularity*"). Volumoso, para ele, é todo

---

[18] Yochai Benkler, "'Sharing Nicely': On Shareable Goods and the Emergence of Sharing as a Modality of Economic Production". Em *Yale Law Journal*, v. 114, 2004, pp. 273-358, 278. Disponível em http://benkler.org/SharingNicely.html. Acesso em 2-4-2018.

[19] *Ibid.* Essa observação feita a partir da noção inicial de Benkler, sobre a produção colaborativa baseada em bens comuns, apresentada em seu artigo "Coase's Penguin, or, Linux and the Nature of the Firm" (em *Yale Law Journal*, v. 112, 2002, p. 369), no qual ele discute a produção por pares, que caracteriza, por exemplo, os projetos de informações *opensource*, como Wikipédia, ou os softwares livres, como Linux. Benkler os situa como uma terceira via às formas baseadas em mercado ou hierarquia para se organizar a atividade econômica de forma a criar ganhos suficientes (em informações e em alocação), para compensar suficientemente "os custos de troca de informações devido à ausência de precificação, direcionamento gerencial e custos de coordenação correspondentes, criados pela falta de propriedade e contrato". Benkler também atribui o conceito original de produção colaborativa, baseada em bens comuns, ao artigo de Eben Moglen, "Anarchism Triumphant: Free Software and the Death of Copyright". Em *First Monday*, 2-8-1999. Disponível em http://firstmonday.org/ojs/ index.php/fm/article/view/684/594. Acesso em 2-4-2018.

[20] Yochai Benkler, "Sharing Nicely", p. 278.

bem que você precisa comprar, não importa se você utilizará ou não todas as suas funcionalidades. Por exemplo, para desenvolver seu trabalho, talvez você não precise de todo o poder de processamento que o fabricante pré-instalou em seu computador. Ainda assim, provavelmente você só terá a opção de comprar uma máquina mais potente do que você precisa. Granularidade, por sua vez, se refere ao uso, ou o quanto um objeto é ou não utilizado em capacidade máxima. Carros, por exemplo, geralmente não são utilizados 24 horas por dia, frequentemente apenas uma vez por dia ou algumas vezes por semana. Portanto, não são utilizados em sua capacidade máxima. Por essa razão, a maioria dos carros pode ser descrita como tendo granularidade média.

Esses bens volumosos e de granularidade média representam recursos físicos de capital subutilizados. A inovação, sugere Benkler, não está na forma ou na possibilidade de esses recursos ociosos surgirem, mas na captação de recursos outrora negligenciados. E por que agora? A mudança, segundo o autor, não é necessariamente porque a sociedade repentinamente tenha decidido aceitar o compartilhamento por razões éticas. Ela se deve às plataformas digitais, à disponibilidade gratuita de softwares, à computação distribuída e às redes sem fio, fatores que permitem que os recursos sejam compartilhados e utilizados em sua capacidade máxima com maior facilidade. Adicionalmente, ele percebe que as atividades de compartilhamento entre indivíduos são similares às interações de mercado, mas com uma diferença básica: a ascensão de indicadores sociais como um mecanismo de coordenação econômica.

> A afirmação é de que os fenômenos que descrevo aqui e em outras oportunidades, o compartilhamento de bens materiais compartilháveis, a produção de software por pares, os bens de informação e cultura, de forma mais geral, se assemelham a um mercado ideal em suas características sociais, porém, com indicadores e motivadores sociais que substituem os preços como forma de gerar informação e motivar a ação.[21]

Ele também sugere que a mudança econômica que estamos vivenciando levanta diversas novas questões relacionadas às políticas. Mais adiante, ele sugere de forma profética que precisaremos "ajustar nossas expectativas, premissas e, em última análise, as políticas prescritas para acomodar a crescente

[21] *Ibid.*, p. 343.

importância das relações sociais, em geral, e do compartilhamento, em especial, como modalidade de produção econômica".[22]

A abordagem comedida de Benkler para descrever a economia compartilhada contrasta com as afirmações mais "eclesiásticas" do acadêmico Michel Bauwens. Embora consistente com a noção de Benkler sobre a produção colaborativa baseada em bens comuns (*commons-based peer production*), a visão e a obra de Bauwens descrevem acertadamente a força de resistência da comunidade motivada pelo propósito, frente aos setores da economia compartilhada que são motivados pelo lucro (que discutimos anteriormente neste capítulo). Elas também representam claramente o fervor com o qual alguns pensadores e usuários abarcaram a economia compartilhada. O artigo de Bauwen lançado em 2005, "The Political Economy of Peer Production", por exemplo, tem um perfil notadamente mais próximo a um manifesto:

> Não houve uma transformação nos fundamentos de nossa vida social mais profunda que essa desde que Marx identificou as indústrias de manufatura de Manchester como a base da nova sociedade capitalista. À medida que os sistemas políticos, econômicos e sociais se transformam em redes distribuídas, uma nova dinâmica humana está emergindo: *peer-to-peer* (P2P). À medida que o P2P abre caminho para um terceiro modo de produção, um terceiro modo de governança, um terceiro modo de propriedade, ele está apto a mudar completamente nossa economia política de formas jamais vistas até hoje.[23]

Um dos principais aprendizados do artigo de Bauwen é sua definição claramente articulada de projetos *peer-to-peer*. Primeiro, ele defende que são processos que acontecem dentro de redes distribuídas. Essas redes são locais nos quais os indivíduos possuem um determinado grau de arbítrio. Por exemplo, diferentemente do sistema de aeroportos dos EUA (um sistema descentralizado no qual, ainda assim, os aviões devem trafegar por *hubs* centralmente alocados e predeterminados), a internet é um sistema verdadeiramente descentralizado suportado pelo protocolo TCP/IP. Afinal, os caminhos de transmissão são determinados de forma distribuída, e há maneiras consistentes de se contornar

[22] *Ibid.*, 358.

[23] Michel Bauwens, "The Political Economy of Peer Production". Em *CTheory*, v. 1, 2005. Disponível em http: //www.ctheory.net/articles.aspx?id=499. Acesso em 2-4-2018.

rotas predeterminadas se algum recurso da rede tiver uma falha. De acordo com Bauwen, "o P2P se baseia no poder e acesso distribuídos aos recursos." Em segundo lugar, Bauwens sustenta que os projetos P2P são definidos por sua equipotencialidade ou anticredencialismo. Em outras palavras, qualquer um – e não apenas alguns poucos permissionários – pode participar dessas redes. A filosofia básica talvez seja, mais uma vez, o TCP/IP, o principal protocolo que permite que qualquer dispositivo transmita dados utilizando uma rede, independentemente da natureza do conteúdo que esteja transferindo.

Por fim, Bauwens afirma que os projetos P2P são definidos por seu holoptismo, em oposição ao conceito de panoptismo. No panoptismo, o conhecimento total é reservado a uma única pessoa ou grupo de elite, e os participantes apenas sabem o necessário para executar seu trabalho. O holoptismo representa uma ordem inversa, na qual o conhecimento é distribuído entre todos os usuários. Ou seja, ele busca reduzir a assimetria de informação e redefinir o equilíbrio de poder que existe normalmente nas relações entre usuários e prestadores de serviços, entre trabalhadores e empresários. Consequentemente, isso significa que, em projetos P2P, a comunicação é distribuída – em vez de hierárquica.

A concepção de Bauwens está mais alinhada com o que vemos surgir nos sistemas *peer-to-peer* descentralizados baseados em *blockchain*, que discutiremos no Capítulo 4. Entretanto, o capitalismo de multidão da atualidade tem uma conexão mais forte com o híbrido que Lawrence Lessig descreveu em seu livro de 2008, *Remix: Making Art and Commerce Thrive in the Hybrid Economy*.

Nessa obra, Lessig utiliza uma definição categórica da economia compartilhada no contexto da cultura, que a distingue definitivamente do que ele chama de uma economia comercial. Segundo ele, "não há apenas a economia comercial, que metrifica o acesso unicamente com base na métrica *preço*. Também há uma economia compartilhada, na qual o acesso à cultura é regulado não pelo preço, mas por um conjunto complexo de relações sociais."[24] Mais à frente no mesmo capítulo, Lessig qualifica sua opinião:

> De todas as formas pelas quais as trocas em uma economia compartilhada podem ser definidas ou, em outras palavras, de todas as possíveis expressões para

[24] Lawrence Lessig, *Remix: Making Art and Commerce Thrive in the Hybrid Economy*. Nova York: Penguin, 2009, p. 145. Disponível em http://www.scribd.com/doc/47089238/Remix. Acesso em 2-4-2018.

as trocas dentro de uma economia compartilhada, a forma que não pode definir essa economia é em termos de dinheiro.[25]

O próprio Lessig então traça um paralelo entre sua forma de pensar e a lógica de Benkler.

> Como diz Yochai Benkler, nas economias comerciais, "preços são a fonte primária de informações e o incentivo para a alocação de recursos", nas economias compartilhadas, "relações sociais não baseadas em preço cumprem esse papel".[26]

Entretanto, ele explica que isso acontece "não porque as pessoas são contra o dinheiro (obviamente)", mas porque "as pessoas vivem em esferas sobrepostas de entendimento social. O que é obviamente apropriado em algumas esferas é obviamente inapropriado em outras".[27]

Ou seja, Lessig afirma que há mais coisas em circulação nas economias compartilhadas além de bens e serviços. Em suma, bons sentimentos são aquilo que circula, na concepção de Lessig da economia compartilhada. Como ele diz, "o dinheiro não só é inconveniente como também, em muitos casos, adicioná-lo à fórmula será absolutamente destrutivo".[28]

O autor continua e afirma que nem todas as economias compartilhadas são formadas do mesmo jeito. Existem as economias compartilhadas finas (*thin sharing economies*), ou "economias nas quais a motivação primária sou eu", pensadas para servir o indivíduo não necessariamente em um nível monetário (por exemplo, ao entrar em um time amador de esportes). Também há as economias compartilhadas densas (*thick sharing economies*), ou "economias nas quais as motivações são no mínimo ambíguas, entre mim e você",[29] ou pensadas para servir comunidades (por exemplo, trabalho voluntário em um grupo que distribui comida na rua).

Tal diversidade de economias compartilhadas nos leva ao argumento fundamental que Lessig apresenta em seu livro de 2008. Ele defende que estamos

---

25 *Ibid.*, p. 146.

26 *Ibid.*, p. 146.

27 *Ibid.*, p. 145.

28 *Ibid.*, p. 146.

29 *Ibid.*, p. 152.

atualmente vendo a ascensão de uma terceira via, uma economia híbrida, que se caracteriza da seguinte forma:

> As economias comerciais geram valor tendo o dinheiro em seu cerne. As economias compartilhadas geram valor ignorando o dinheiro. Ambas são necessárias à vida *on-line* ou *off-line*. Ambas irão prosperar com o desenvolvimento da tecnologia da internet. Porém, situada entre elas, há uma terceira economia que está se tornando cada vez mais importante. Ela se baseia tanto na economia comercial quanto na compartilhada e adiciona valor a ambas. Esse terceiro tipo, a economia híbrida, dominará a arquitetura do comércio na rede. Ela também mudará radicalmente a forma que as economias compartilhadas operam. A híbrida pode ser tanto uma entidade comercial, que busca alavancar a geração de valor a partir de uma economia compartilhada, quanto uma economia compartilhada, que forma uma entidade comercial para dar um apoio mais sólido aos seus objetivos colaborativos. Seja qual for, a híbrida conecta as duas economias mais simples (ou puras) e gera algo a partir dessa conexão. Entretanto, tal conexão se sustenta *apenas se a distinção entre as duas economias for preservada*.[30]

Em resumo: parece haver um consenso generalizado de que, qualquer que seja o tipo de economia compartilhada, ela oferecerá um portfólio mais amplo de opções para seus participantes e, possivelmente, maior atenção aos objetivos de longo prazo (como sustentabilidade), bem como maior dependência de indicadores sociais em vez de econômicos para facilitar a organização da atividade econômica. Entretanto, acredito que estejamos vivenciando novos híbridos (para fazer jus à expressão de Lessig) nos quais, em vez de preservada, a distinção entre as duas economias (comercial e compartilhada) é cada vez menos definida. Híbridos que podem ter o formato de compartilhamento que leve ao aspecto comercial, como o Airbnb, ou uma forma na qual o comércio é alavancado, mas o compartilhamento é o objetivo real (por exemplo, a plataforma de banco de horas TimeRepublik, na qual tempo – e não dinheiro – é a base da troca[31]).

---

[30] *Ibid.*, p. 177.

[31] Agora há diversos objetivos sociais para bancos de horas, que podem incluir o desenvolvimento de novos negócios, prestação de serviços sociais, compartilhamento de experiência, apresentação de formas alternativas de justiça para jovens e auxílio em catástrofes. Veja uma análise extremamente útil de Edgar S. Cahn e Christine Gray em "The Time Bank Solution". Em *Stanford Social Innovation Review*, 2015. Disponível em http://www.ssireview.org/articles/entry/the_time_bank_solution. Acesso em 2-4-2018.

A economia compartilhada é uma economia de dom?

Além das ações de marketing de plataformas como Uber e Airbnb, pode haver razões mais profundas para a popularidade da expressão *economia compartilhada*. Ela descreve parte da lógica e do idealismo dos primeiros proponentes das abordagens de compartilhamento no âmbito da economia. Indica o distanciamento do capitalismo impessoal e despersonalizado do século XX e a aproximação da troca, que é, de alguma forma, mais conectada, mais enraizada na comunidade e que representa melhor um propósito compartilhado.

Nesta parte, desenvolverei outro ponto fundamental: o fator social *versus* o fator comercial como facilitador das trocas. Sim, é um assunto consensual entre os pensadores anteriores. Porém, sua manifestação é bem diferente entre eles. Para Botsman e Stephany (e, de certa forma, para Gansky), o papel dos indicadores sociais é basicamente de construção de confiança, reputação, ou de uma comunidade digital que facilite as trocas econômicas. Para Lessig, as motivações sociais *versus* não sociais são precisamente o que define a fronteira entre as economias compartilhadas e as economias comerciais. E para Benkler, os indicadores sociais são substitutos dos indicadores econômicos (preços ou supervisão gerencial) na criação de uma terceira via: a produção compartilhada com base em recursos comuns.

De muitas formas, em sua lógica sobre a integração dos aspectos sociais às trocas e atividades econômicas, tanto Benkler quanto Lessig se voltam às economias de dom que existem há séculos. É uma conexão determinante. Há incalculáveis paralelos entre os comportamentos que vejo emergirem na economia compartilhada contemporânea e o que podemos observar nas economias de dom do passado. Em resumo, acredito que algumas das mudanças que presenciaremos nas trocas capitalistas nos próximos anos serão reflexo da reintegração das economias de dom em um sistema que se tornou ineficientemente impessoal e comercial.

Talvez o trabalho mais antigo sobre a troca de ofertas seja o artigo de Marcel Mauss de 1924, "Essau sir le don" (Ensaio sobre o dom), no qual define as economias de dom como tendo três obrigações: dar, aceitar e retribuir.[32] Contudo, meu entendimento em relação a essas economias se baseia

---

32 Essa noção de economia de dom talvez seja o que Bauwens (*Political Economy*) estava tentando afastar de sua ideia de P2P. "É nossa altercação de que [a comparação entre a economia compartilhada e a

eminentemente na extraordinária obra de Lewis Hyde de 1983, *The Gift: Creativity and the Artist in the Modern World.*

O livro de Hyde é sofisticado demais para que seja reduzido a uma definição útil e sucinta da economia de dom. Ainda assim, ele traça uma comparação interessante e única com a economia de mercado: "As obras de arte existem simultaneamente em duas 'economias': uma de mercado e outra de dom. Porém, apenas uma delas é essencial: uma obra de arte pode sobreviver sem o mercado, mas onde não há dom, não há arte".[33]

Uma primeira conexão crítica entre dons e criação da comunidade é feita já no início do livro:

> Para começar, diferentemente da venda de uma *commodity*, fazer uma oferta (*the giving of a gift*) tende a estabelecer uma relação entre as partes envolvidas. Além do mais, quando as ofertas circulam dentro de um grupo, seu comércio deixa uma série de relações interconectadas em seu caminho, e um tipo de coesão descentralizada surge.[34]

Hyde contrasta a criação desse complexo de relações com uma troca puramente comercial. O trecho a seguir é apenas um dos diversos que foram cruciais para que Lessig criasse *Remix.*

> Uma diferença fundamental entre troca de ofertas e de *commodities* é que uma oferta cria uma conexão sentimental entre duas pessoas, enquanto a venda de uma *commodity* não deixa necessariamente nenhuma conexão. Eu entro em uma loja de ferramentas, pago a lâmina de serra ao atendente e saio. Talvez nunca mais o veja. A desconexão é, na verdade, a virtude do modo *commodity*. Não

economia de dom] seja enganosa", escreve ele. "A principal razão é que *peer-to-peer* não é uma forma de correspondência de igualdade, não é baseada em reciprocidade. P2P segue o adágio: cada um contribui conforme sua capacidade e disposição, e cada um recebe suas necessidades. Não há reciprocidade obrigatória. Em suas formas puras de produção por pares, os produtores não são pagos. Portanto, se há oferta de dons, são ofertas completamente não recíprocas, o uso do valor de uso produzido por pares não cria uma obrigação oposta."

33 Lewis Hyde, The Gift: *Creativity and the Artist in the Modern World.* Nova York: Vintage, 1983, p. xvi.

34 *Ibid.*, p. xx.

queremos nos preocupar com isso. Se o atendente sempre quiser conversar sobre sua família, eu irei comprar em outro lugar. Eu só quero uma lâmina de serra.[35]

A ideia de economia de dom que Hyde apresenta é, portanto, fortemente conectada à criação de uma comunidade. Na verdade, um dos assuntos do livro é a natureza de uma oferta: seu valor patrimonial ou de consumo é, em grande parte, irrelevante. O verdadeiro sentido de qualquer troca ou transferência de objetos é aumentar a coesão social.

Um entendimento claro dessa dimensão das economias de dom é o que leva Benkler a fazer uma distinção clara entre elas e sua concepção de produção compartilhada. Ele explica que

> eu hesito em usar a expressão 'troca de ofertas' porque a altamente avançada literatura sobre dom [...] focou muito fortemente a produção e reprodução das relações sociais por meio da troca e circulação das coisas. Como logo ficará mais claro, eu me dedico à produção de coisas e ações/serviços que sejam valorados materialmente, embora utilizando mecanismos de compartilhamento social que não são do mercado.[36]

Outro aspecto relevante das economias de dom é que não há uma expectativa de reciprocidade bilateral. Uma economia de escambo não é uma economia de dom. Utilizando exemplos que incluem a troca cerimonial do Massim nas Ilhas do Mar do Sul (o anel de Kula) e os contos folclóricos escoceses, Hyde explica como os círculos de ofertas permitem o fluxo sustentado do valor social entre as pessoas, enquanto evitam a natureza comercial e as expectativas induzidas pela troca bilateral de ofertas.[37]

E para onde leva esse fluxo de objetos ofertados entre as pessoas? Hyde explica que círculos de ofertas geram incremento. Em outras palavras, já que nosso

---

[35] *Ibid.* p. 70. Em *Remix*, Lessig aprofunda-se explícita e profundamente a partir da obra de Hyde, especialmente nos exemplos dos Alcoólicos Anônimos e revisão científica por pares, ambos os quais levam à sua conclusão de que "o preço é venenoso". O conceito de 2007 de Lessig para uma economia compartilhada é sinônimo do conceito de Hyde para uma economia de dom.

[36] Yochai Benkler, "Sharing Nicely", p. 375.

[37] Hyde relata que o antropólogo Bronislaw Malinowski passou vários anos vivendo nessas ilhas durante a Primeira Guerra Mundial. Ele acabou mapeando como os círculos de braceletes e colares se espalhavam nas diversas ilhas vizinhas.

objetivo com a troca de ofertas é facilitar o fluxo de valor social, uma oferta guardada não serve a nenhum propósito. Uma oferta que é dada para outros, sim. "Agora que já vimos a figura do círculo, podemos entender o que parece ser, em primeira análise, um paradoxo da troca de ofertas: quando a oferta é utilizada, ela não se esgota", nota Hyde. "Na verdade, é o contrário: a oferta que não é utilizada será perdida, a oferta que é transmitida permanece abundante." Tal observação contrasta as economias de dom com as economias de mercado, já que, como Hyde explica: "A distinção está no que podemos chamar de vetor do incremento: na troca de ofertas, ele (o incremento) permanece em movimento e acompanha o objeto, enquanto, na troca de *commodities*, ele fica para trás como lucro". Hyde também sugere que o *ethos* das economias de dom leva a uma cultura mais alinhada com formas de viver mais ecologicamente responsáveis ou sustentáveis: "a abundância da floresta é, na verdade, consequência do fato de que o homem trata sua riqueza como dom".[38]

Em uma economia de dom, podem existir dívidas, mas não com uma percepção clara de valor devido. Novamente, como observado por Benkler em "Sharing Nicely":

> Em muitas culturas, a generosidade é vista como instituidora de uma dívida de obrigação, mas nem o valor exato nem a natureza exata da dívida a ser paga – ou sua data de pagamento – precisam necessariamente ser especificados. As ações entram em uma nuvem de boa vontade (ou de adesão), na qual cada agente se julga beneficiário de determinado fluxo de dependências ou benefícios em troca de um comportamento cooperativo continuado. Tal fluxo pode ser uma relação existente entre duas pessoas, o compartilhamento entre membros de um pequeno grupo (como uma família ou círculo de amigos) e, mais amplamente, o nível geral de generosidade entre desconhecidos que permite uma sociedade decente.[39]

Assim dizendo, em uma economia de dom, embora alguém possa ser proprietário de algo, não há um valor definido e, em alguns casos, não há a expectativa de que a dívida seja paga ao credor. A reciprocidade radical das economias de dom também permite a possibilidade de que as dívidas sejam pagas a qualquer

---

[38] Lewis Hyde, *The Gift*, pp. 24, 48, 24.

[39] Yochai Benkler, "Sharing Nicely", p. 316.

pessoa na comunidade, como a oferta de uma avaliação de usuário em um site como Amazon ou em um mercado *peer-to-peer*, como o Airbnb.

Para concluir, a tensão destacada por Hyde na prevalência paralela de economias de dom e de mercado parece ser estranhamente profética sobre a discussão *propósito versus lucro* no início deste capítulo. Novamente nas palavras de Hyde,

> No século atual, a oposição entre reciprocidades positiva e negativa materializou-se no debate entre "capitalista" e "comunista", entre "individualista" e "socialista", mas o conflito é muito anterior a isso, porque é uma polaridade fundamental entre a parte e o todo, entre um e muitos. Todas as eras devem buscar o equilíbrio entre os dois e, em todas elas, a dominância de um ou de outro trará consigo o apelo por seu oposto. Pois quando, por um lado, não há como impor uma identidade contra a massa e não há oportunidade para ganhos privados, perdemos os tão conhecidos benefícios de uma sociedade de mercado – suas liberdades, seu tipo de inovação, sua variedade individual e material, etc. Porém, por outro lado, quando o mercado reina sozinho e, especialmente, quando seus benefícios derivam da conversão de uma propriedade de dom em *commodities*, os frutos da troca de ofertas se perdem. Nesse ponto, o comércio é adequadamente associado à fragmentação da comunidade e supressão da vivacidade, fertilidade e sentimento social.[40]

A economia compartilhada abrange o espectro mercado-dom

Hyde retira muitos dos exemplos em seu livro dos estudos antropológicos de pequenas economias. De acordo com ele,

> não [...] porque ofertas são uma forma de propriedade primitiva ou aborígene (afinal, não são), mas porque a troca de ofertas tente a ser uma economia de pequenos grupos, de parentes, pequenas cidades, comunidades fortemente coesas, irmandades e, obviamente, tribos.[41]

A economia compartilhada contemporânea está dando atenção a comportamentos e formas de troca que antigamente pertenciam a tais "comunidades fortemente coesas", e levando tais ações para uma comunidade digital mais

---

40 Lewis Hyde, *The Gift*, 47.

41 *Ibid.*, pp. xxi-xxii.

ampla e menos coesa, com indivíduos quase desconhecidos. Ao perguntar se deveríamos esperar a integração natural das práticas e motivações da oferta, que caracterizam a economia compartilhada dessas comunidades menores, descobri que é importante olhar para as novas atividades econômicas como existentes em um entre as economias de dom e as economias de mercado. Em alguns casos, em ambas as pontas do espectro e, frequentemente, no meio. Ilustrarei esse ponto com alguns exemplos.

Hospedagem: Couchsurfing, Airbnb, OneFineStay

As plataformas de hospedagem de curta duração estão entre as mais conhecidas e utilizadas plataformas *peer-to-peer*. Elas mudaram a forma como as pessoas viajam dentro e fora de seus países. Na ponta da economia de dom está o Couchsurfing, uma plataforma que muitas pessoas entendem ser a plataforma original da economia compartilhada. Ao se inscrever nela, há uma verificação e você recebe uma conta. Como membro, você pode dormir no sofá de outros membros. Você também pode deixar que eles durmam no seu sofá, se estiverem na sua cidade e precisarem de um lugar para ficar. Não há troca de dinheiro, não há um sistema verificando formalmente se você está dando o tanto que está recebendo. Uma pessoa pode receber hóspedes todas as semanas, mesmo que nunca se hospede no sofá de outro membro – e vice-versa.

Antigamente, você poderia ligar para um velho amigo e pedir para dormir em seu sofá quando estivesse visitando sua cidade. O Couchsurfing permite que você faça a mesma coisa, mas com uma diferença: seu velho amigo pode ser um desconhecido. Portanto, a plataforma foi criada para conectar você e outros indivíduos ao redor do mundo e com a garantia de que eles realmente sejam quem eles dizem que são – e não alguém que pode lhe fazer mal. O que isso difere da hospedagem informal em tempos passados é sua dependência de tecnologias em rede e a possibilidade de construir confiança por meio de uma plataforma, em vez de exigir uma história de relações pessoais.

Tive uma longa conversa com Jennifer Billock, a carismática CEO do Couchsurfing no OuiShare Fest, em 2015. Executiva veterana na web e professora de yoga e meditação há muito tempo, ela não vê o Couchsurfing como uma plataforma de hospedagem mas sim como uma rede social. "Se você perguntar às pessoas que usam o Couchsurfing, elas explicarão que utilizam a plataforma para conhecer pessoas ou fazer novos amigos. Secundariamente, eles dirão que usam a plataforma para encontrar um lugar para ficar", explica Billock.

> A rede é uma forma de conexão social, seja você um viajante, seja um entusiasta do turismo, o que inclui pessoas viajando de bicicleta, viajando sozinhas mas que querem se conectar com alguém para passear ou apenas ficar na casa de alguém. Esse é o objetivo do Couchsurfing.

Em outras palavras, a hospitalidade e o desejo de se conectar com outros seres humanos é a motivação do Couchsurfing. Há quem nunca tenha ficado na casa de outro membro, mas que já hospedaram inúmeras vezes. Da mesma forma, há membros que nunca hospedaram, mas que são hóspedes frequentes. O ato de hospedar ou de ser um hóspede não inclui nenhuma expectativa de reciprocidade, mas é um indutor para a troca de valor social. Inúmeros membros se conectam ao Couchsurfing quando chegam a uma nova cidade sem nenhum interesse em encontrar uma acomodação, apenas para se conectar à comunidade. Durante a escrita deste livro, esse foi o mais puro exemplo de economia de dom que encontrei na economia compartilhada contemporânea.

O Couchsurfing recebeu capital de risco e compartilha um membro do conselho com o Airbnb: Joel Cutler, um veterano da indústria do turismo. Diferindo das motivações sociais de um anfitrião do Couchsurfing, um anfitrião do Airbnb entra na plataforma porque espera ganhar dinheiro com locações. Os hóspedes, da mesma forma, frequentemente entram na plataforma porque estão procurando acomodações maiores, mais bem localizadas, menos artificiais ou mais baratas que hotéis.

Contudo, isso não quer dizer que o Airbnb seja apenas motivado pelo mercado, certamente há um aspecto de economia de dom. Mesmo que o dinheiro troque de mãos, há uma grande quantidade de anfitriões que está, de certa forma, oferecendo o dom de seus espaços pessoais para alguém. Há certa intimidade associada a uma estadia no Airbnb. Você pode ver as fotos de família, as lembranças de uma viagem para outro país, as escolhas para as roupas de cama e banho, os temperos na cozinha. Os espaços variam, de algo pessoal a algo que está entre o pessoal e o público. Como destaca Hyde: "A forma como tratamos algo pode mudar sua natureza".[42]

---

42 *Ibid.*, p. xvii.

Adicionalmente, o aspecto de dom das trocas no Airbnb altera nossos comportamentos. Anfitriões fazem de tudo para que os hóspedes sempre se sintam à vontade, oferecendo diversos extras – como uma taça de vinho na chegada, um tour pelo bairro ou uma cortesia para a academia mais próxima. Hóspedes também fazem um esforço extra trazendo um presentinho para o anfitrião ou oferecendo um jantar. Você deixaria as toalhas no chão de um quarto de hotel sem pensar duas vezes, mas não o faria em um Airbnb. Muitos hóspedes já me disseram ter passado horas limpando o apartamento antes de partirem.

As avaliações na plataforma também operam, de certa forma, como ofertas. Avaliações positivas dão aos anfitriões mais respaldo, gerando negócios futuros, e ajudam hóspedes a conseguir acomodações mais facilmente no futuro. Como já discutimos, esses são exemplos de ofertas na visão de mundo de Hyde.

Na ponta da economia de mercado do espectro está OneFineStay, uma plataforma britânica que tem o Hyatt Hotels entre seus investidores e permite que pessoas aluguem residências de luxo, iates e mansões de férias. Quando conversei com seu fundador, Evan Frank, em 2014 e em 2015, ele disse que não via o Airbnb como seu concorrente direto. Ele entende que o OneFineStay desafia os mercados de hotéis de luxo, como o Ritz Carlton. Ao se debruçar sobre o serviço, tal distinção começa a fazer mais sentido. A plataforma garante que seus sofisticados hóspedes aproveitem todos os confortos que poderiam esperar de um hotel de luxo, incluindo limpeza, roupa de cama limpa (todos os dias, se necessário) e serviços disponíveis 24 horas por dia. Ou seja, embora o espaço seja fornecido pela multidão, a hospitalidade não é fornecida pelos proprietários, mas pela própria plataforma.

Financiamento: Kickstarter, Kiva, Funding Circle, AngelList

O cenário de financiamento *peer-to-peer* traz exemplos adicionais para o espectro mercado-dom. A plataforma de financiamento coletivo mais canônica, Kickstarter, dá meios para que as pessoas financiem os mais variados projetos, ou seja, um novo filme, um espetáculo, o desenvolvimento de um novo aplicativo ou um novo produto. Uma sequência típica do financiamento funciona da seguinte forma: empreendedores criativos lançam seu projeto com uma meta de financiamento. Então, os membros da plataforma que gostarem do projeto contribuem com o valor que melhor lhes aprouver. Frequentemente, o empreendedor oferece recompensas para os diferentes níveis de contribuição. Se a meta de financiamento é atingida, o empreendedor criativo recebe o dinheiro. Entre 2009 e 2015, quase 9 milhões de pessoas pediram cerca de 2 bilhões de dólares pra centenas de milhares de projetos no Kickstarter.* Em inglês, a palavra já entrou para o léxico popular, e *kickstart* se tornou um verbo que significa *financiar um projeto coletivamente pelo site*.

E o que ganham os financiadores? Em partes, é a simples alegria de ver uma boa ideia receber o financiamento de que precisa para decolar. Também é a chance de ter acesso antecipado a coisas bacanas. Entretanto, mesmo que seja um projeto comercial, contribuir para um financiamento coletivo no Kickstarter não lhe dá direitos de propriedade. Conversei com o fundador e CEO do Kickstarter Yancey Strickler sobre isso na primavera de 2014 e, à época, ele me garantiu que não tinha intenção de levar a plataforma para o mundo do capital de participação societária. Na verdade, ao final de 2015, a empresa reafirmou sua posição ao se tornar uma *benefit corporation*,** renovando seu compromisso de longa data com o apoio às artes e à cultura, e articulando outros valores e compromissos que se propõe a seguir.[43]

Ao se olhar para a composição dos projetos financiados pelo Kickstarter, algumas das motivações relacionadas ao dom ficam muito claras. Grande parte seria tradicionalmente financiada por uma fundação ou empresa com dinheiro sobrando e que estivesse buscando apoiar as artes, por meio de um evento beneficente ou de um grupo de amigos. O fundador e CEO do RocketHub, concorrente do Kickstarter, Brian Meece, me contou, em 2013, que o financiamento coletivo é como um evento social, sendo que um projeto com sucesso passa por curadoria da mesma forma que você faria com uma boa festa. Portanto, a psicologia por trás do financiamento de projetos no Kickstarter é mais social que comercial. É muito mais relacionada à economia de dom que à economia de mercado, e mais alinhada à lógica da filantropia.

---

* N. E. Uma plataforma brasileira semelhante é o Catarse. Disponível em http://www.catarse.me/. Acesso em 2-7-2018.

** N. E. Instituição similar a uma entidade filantrópica.

43 Disponível em https://www.kickstarter.com/blog/kickstarter-is-now-a-benefit-corporation. Acesso em 3-4-2018.

A motivação da oferta também é fundamental para os financiadores da plataforma de microcrédito Kiva. Fundada por Jessica Jackley e Matt Flannery em 2004, a plataforma conecta pessoas que têm dinheiro com pessoas e empresas que precisam de crédito. Entretanto, os financiadores são predominantemente de países ricos, enquanto os tomadores geralmente estão em países mais pobres. Os valores solicitados de crédito são tipicamente baixos (para empresas), indo de algumas centenas a poucos milhares de dólares. Além disso, os créditos normalmente são financiados por um grupo de pequenas contribuições de diversos credores.

Com base nos números, um empréstimo no Kiva é um excelente investimento. As taxas de adimplência são extremamente altas. Frequentemente, há entidades consolidadas e presenciais de verificação, grupos comunitários (e frequentemente microcredores comerciais) que aprovam os projetos no Kiva antes de serem listados. Ademais, os projetos na plataforma competem pelas mesmas fontes de financiamento. Portanto, claramente há elementos de economia de mercado. Porém, os credores também contribuem para se sentirem conectados às vidas dos tomadores, essa motivação se reflete claramente nas descrições dos projetos que os tomadores em potencial postam. São histórias fortemente pessoais, mas com poucas informações financeiras. Portanto, o posicionamento do Kiva na economia compartilhada está em algum lugar do espectro entre a economia de mercado e a economia de dom.

O Funding Circle, assim como o Kiva, é uma plataforma de crédito *peer-to--peer* que oferece empréstimos financiados por grupos de credores que entram com pequenas contribuições. Geralmente, são centenas de credores que concedem crédito a pequenos negócios. Na plataforma britânica original do Funding Circle, os financiadores – tenham eles algumas centenas ou alguns milhares de libras – selecionam projetos para apoiar e recebem juros pelo crédito concedido. Em geral, são taxas consideravelmente mais altas do que as recebidas em uma poupança tradicional. Os empreendedores que recebem os empréstimos devem devolver o dinheiro em um prazo definido. Diferentemente do Kiva, há poucas – se houver – histórias pessoais nos documentos de empréstimo, que são recheados de informações financeiras. Embora a plataforma elimine os terceiros credores tradicionais (como bancos e corretoras), ela permanece sendo basicamente uma economia de mercado. Talvez alguns dos credores se sintam bem por apoiar negócios locais, mas veem sua contribuição como um investimento, não como uma oferta, e avaliam sua performance a partir dessas lentes.

Finalmente, no lado oposto do espectro estão as plataformas de financiamento coletivo para compra de participação societária, como AngelList. Ela conecta *startups* e investidores que injetam dinheiro em empresas iniciantes. Os financiadores ganham uma participação societária em troca de seus investimentos. O AngelList e outras plataformas semelhantes quase sempre servem à mais pura economia de mercado, trazendo para o *on-line* a atividade tradicional de financiamento com capital de risco, estruturando tais ideias de financiamento a partir do capital privado e talvez expandindo o grupo de pessoas que podem participar. Alguém pode eventualmente encontrar uma motivação para apoiar determinado negócio ou determinada área ou setor, mas não é nada diferente do que aconteceria no financiamento com capital de risco tradicional.

Plataformas de serviços: Trade School, TimesFree, TaskRabbit, Handy

O último exemplo de plataformas *peer-to-peer* que eu apresento aqui foca puramente os serviços e, mais notadamente, o aproveitamento do tempo livre dos participantes junto a seus conhecimentos, suas habilidades e seus talentos. A iniciativa de aprendizado entre indivíduos com base no Brooklyn Trade School e o mercado de escambo como OurGoods, ambas comunidades para artistas e outros profissionais da indústria criativa, foram criadas por Caroline Woolard e Jen Abrams no bairro nova-iorquino do Brooklyn. São ótimos exemplos de plataformas que são mais da economia de dom que da economia de mercado. Na Trade School, os professores da plataforma compartilham conhecimentos e habilidades em troca dos conhecimentos e habilidades de outras pessoas, ou em troca de bens materiais – mas não em troca de dinheiro.[44] Por exemplo, você pode querer trocar uma aula de reforço em matemática por uma ajuda para comprar o melhor par de esquis para neve dentro da sua faixa de preço. Outra pessoa pode oferecer aulas de *personal training* em troca de lições de culinária francesa. Em resumo, na Trade School, conhecimento e habilidades são reimaginados como trocas que não envolvem dinheiro.

[44] Disponível em http://tradeschool.coop. Acesso em 3-4-2018.

O conceito de Lessig para a economia compartilhada, conforme discutido anteriormente neste capítulo, está bem alinhado com as motivações da Trade School e da OurGoods. Em uma conversa em 2014, Woolard me explicou como o valor do que é criado por um artista não é mensurado adequadamente pelo dinheiro tradicional. Algumas obras de arte custam muito caro, e grande parte delas nem pode ser trocada por dinheiro. Portanto, a precificação da arte que emerge da comparação entre oferta e demanda não chega a uma alocação de dinheiro adequada para os artistas. Consequentemente, são necessárias alternativas de troca (que não envolvam dinheiro) para que suas comunidades recebam prestação de serviços básicos, como educação e atendimento de crianças.

De forma similar à Trade School, o aplicativo cooperativo de serviços de babá TimesFree, criado por Francis Jervis, doutorando da Universidade de Nova York, representa uma economia de dom com elementos de economia de mercado. As comunidades criam cooperativas com uma moeda virtual, cada participante recebe uma carteira com fichas e pode ganhar mais fichas trabalhando como babá, e gastar suas fichas chamando babás.

Entretanto, os mercados de mão de obra, como TaskRabbit e Handy, quase não possuem nenhuma dimensão da economia de dom. Na TaskRabbit, os futuros prestadores de serviços (chamados de *taskers*) são contratados pelos clientes a valores por hora definidos pelos próprios *taskers*. Eles podem utilizar filtros para garantir que sejam chamados apenas para trabalhos que atendam suas preferências (como valor mínimo por hora ou disponibilidade de tempo). Portanto, a TaskRabbit é um mercado de conexão de mão de obra. Você pode até fazer amizade com seu *tasker*, da mesma forma que faria amizade com o caixa da quitanda perto da sua casa.

Economia compartilhada e conectividade humana

Há inúmeros outros setores nos quais vemos plataformas ao longo do espectro mercado-dom. Yerdle e Listia são plataformas para trocar bens utilizando moedas virtuais que representam um meio-termo interessante entre as economias de dom e de mercado, pois são substitutos para se comprar de um varejista. Enquanto Rent the Runway e StyleLend estão na ponta mercado, diversas outras plataformas de troca de roupas se encontram no extremo dom. Uber é uma economia de mercado, assim como a Getaround (embora haja questões ambientais que possam levar uma pessoa a utilizar esses serviços como substituto à posse de um automóvel). BlaBlacar e Lyft possuem alguns aspectos de economia de dom, da mesma forma que o Bandwagon, uma plataforma para compartilhar táxis amarelos em Nova York, e o Hitch, uma rede de compartilhamento de veículos adquirida pela Lyft em 2015. Natalie Foster, a fundadora da (então) plataforma Peers.org, de ação coletiva da economia compartilhada, cita um membro da Peers chamado Justin, que trabalhava como motorista de carros compartilhados em Los Angeles. Ele definia a experiência de compartilhar um carro como algo positivo em sua vida: "Frequentemente, por nos mantermos tão fechados em nossos círculos, acabamos nos isolando das interações com novas pessoas. O compartilhamento de carro me permitiu interagir com pessoas que eu jamais teria conhecido".[45]

A economia compartilhada, portanto, é diversa não só em seus segmentos, serviços e modelos de negócios, mas também ao longo do espectro mercado-dom. Não é domínio exclusivo dos doadores altruístas, tampouco praia privativa de capitalistas em tempo integral.

É claro que tal diversidade também pode explicar a popularidade da economia compartilhada e seu potencial futuro. Embora não seja politicamente neutra, ela está criando um novo modelo econômico, um interessante meio-termo entre capitalismo e socialismo que também parece atender as necessidades e os desejos das pessoas que se identificam com ambos os extremos dos espectros político e econômico. Ainda mais importante é o fato de ser um modelo econômico que parece atender os desejos e as necessidades das pessoas que não se identificam com nenhum desses dois extremos.

Em 2013 eu entrei para um coletivo recém-formado na Universidade de Nova York, o Project for the Advancement of our Common Humanity (Projeto para o avanço da nossa humanidade compartilhada – PACH), fundado pelos professores Niobe Way, Carol Gilligan e Pedro Nguera. O PACH foi formado para melhorar nosso entendimento "do que está por trás de nossa crise de conexão e o que podemos fazer para criar um mundo mais justo e mais humano".[46]

---

45 Natalie Foster, "It's Time for CPUC to OK Ride Shares". Em *SFGate*, 13-9-2013. Disponível em http://www.sfgate.com/opinion/openforum/article/It-s-time-for-CPUC-to-OK-ride-shares-4825997.php. Acesso em 3-4-2018.

46 Disponível em http://steinhardt.nyu.edu/pach/. Acesso em 3-4-2018.

Diversos problemas no mundo, desde violência até resultados educacionais, parecem emergir de um nível insuficiente de conexão entre as pessoas. Eu entrei para o PACH para tentar entender se as tecnologias digitais pertenciam à solução ou ao problema.

Meu contato frequente com a economia compartilhada me levou a questionar se estamos revertendo uma narrativa agora familiar sobre os efeitos isoladores das tecnologias digitais. A socióloga do MIT, Sherry Turkle, a principal acadêmica nessa área, explica em seu livro de 2011, *Alone Together*, que "as conexões digitais e o robô sociável podem oferecer a ilusão de companhia sem as demandas da amizade. Nossa vida conectada em rede nos permite nos esconder uns dos outros, mesmo que estejamos amarrados uns aos outros".[47]

Entretanto, essa narrativa é familiar. Em 1953, Robert Nisbet lamentava que, embora não tivesse certeza se era a "presença da máquina e sua disciplina de ferro que cria, como muitos defendem atualmente, as condições para despersonalização e alienação na cultura de massa moderna, o fato é que o senso contemporâneo de ansiedade e insegurança não está associado somente a um controle mecânico do ambiente sem precedentes".[48] Nisbet então cita o clássico do século XIX, *O suicídio*, no qual Émile Durkheim relata suas preocupações de que as forças do progresso tecnológico tivessem "sucessivamente destruído todos os contextos sociais; um após o outro, eles foram banidos, seja pela lenta usura do tempo, seja por violenta revolução".

Será que estamos em um ponto de inflexão do impacto social das tecnologias digitais, no qual uma sociedade mais conectada emergirá por meio das hospedagens no Airbnb e do Couchsurfing; do compartilhamento de veículos da Lyft, que removem o peso de enfrentar o trânsito sozinho; dos jantares em grupo do VizEat, em vez de lasanha congelada em frente à TV; e dos encontros na La Ruche Qui Dit Oui, em vez de compras solitárias em um mercado vazio? Ou será que nos isolaremos cada vez mais com os mordomos da Alfred, os *personal shoppers* da Instacart e as entregas da Munchery atendendo a

---

[47] Sherry Turkle, *Alone Together: Why We Expect More from Technology and Less from Each Other*. Nova York: Basic Books, 2011, p. 1.

[48] Robert Nisbet, *The Quest for Community: A Study in the Ethics of Order and Freedom*. Wilmington, DE: Intercollegiate Studies Institute, 2010, p. 21.

todas nossas necessidades e nos deixando isolados em nossos moderníssimos arranha-céus?

O CEO Scott Heiferman da Meetup, uma plataforma social cuja sede fica a um quarteirão do meu escritório na Universidade de Nova York, enfatiza constantemente que a Meetup oferece serviços motivados por propósito – e não serviços sociais. São milhões de pessoas que se unem em pequenos grupos para aprender ou discutir um interesse compartilhado e encontrar sua comunidade, por consequência. Talvez sejam o equivalente digital do século XXI de um Clube Rotary altamente personalizado, reconstruindo comunidades fragmentadas em torno de seus interesses compartilhados.

Ou, talvez, na economia compartilhada do amanhã, o fim das fronteiras claramente definidas entre o comercial e o dom organicamente tecerá níveis cada vez maiores de conexão em nossas atividades econômicas cotidianas. Coisas como buscar um lugar para se hospedar, uma forma de se chegar ao trabalho, uma refeição ou fazer compras talvez criem novos contextos sociais, substituindo aqueles que Durkheim lamentou que tenhamos perdido em meio à Revolução Industrial.

Quem sabe, com o tempo, isso se torne o verdadeiro dom da economia compartilhada.

2

Construindo os alicerces: fundamentos digitais e socioeconômicos

> Há um novo tipo de relação de confiança para as pessoas desenvolverem: a confiança com base em perfis *on-line*. Não é uma mudança incremental em nossa sociedade, não se trata de algo a mais que já existia antes, ou de uma versão melhorada, mas sim de uma mudança disruptiva. Nada jamais será igual novamente. O bloco construtivo mais básico da sociedade, a confiança interpessoal, se transformou de um recurso escasso em um recurso abundante. Nosso potencial para colaborar e criar valor também foi transformado.
>
> Frederic Mazzella, entrevista para a revista *OuiShare*, 14 de janeiro de 2013

A internet já existia como espaço para trocas comerciais há mais de duas décadas. No momento atual do novo milênio, é fácil esquecer que na segunda metade dos anos 1990 a internet era tanto algo entusiasmante quanto um motivo de preocupação, medo e pânico moral. Afinal de contas, embora alguns entusiastas como Howard Rheingold estivessem apostando na internet como "a fronteira virtual", outras pessoas temiam que ela fosse um reduto de negócios ilícitos, pornografia e, obviamente, atividades fraudulentas.

Nas duas últimas décadas, as especulações utópicas e os equívocos paranoicos perderam força, e a internet se tornou parte integral de nossas vidas cotidianas. Entretanto, embora quase tão antiga quanto a própria internet, a troca *peer-to-peer* (entre indivíduos) recentemente deixou de ser apenas um suplemento ou extensão das formas existentes de comércio para criar modelos de negócios e comportamentos de consumo completamente novos, que ainda não eram totalmente concebíveis nos primórdios da internet.

E por que demorou tanto tempo? O comércio *on-line* para o consumidor já era *mainstream* na virada do século XXI. A Amazon.com, o maior varejista *on-line* do mundo em 2015, começou a negociar suas ações em 1997 e já gerava mais de 3 bilhões de dólares de faturamento em 2001. Entretanto, a economia compartilhada que conhecemos atualmente surgiu apenas recentemente.

Neste capítulo, explicarei como o surgimento da economia compartilhada contemporânea se deve, sobretudo, à confluência de um conjunto de facilitadores que tardaram muito a aparecer. Entre eles, a massificação dos smartphones, a ampla disponibilidade de banda larga e os sistemas de confiança que incluem redes sociais do mundo real digitalizadas. Também discutirei como o potencial do capitalismo de multidão está sendo expandido pela digitalização continuada dos objetos físicos cotidianos e pela maturidade dos protocolos descentralizados de mercado, como os que dão suporte ao Bitcoin.

Para entender melhor porque demorou tanto e como o potencial está se expandindo tão rapidamente, é importante iniciar o capítulo considerando alguns dos precursores *peer-to-peer* da economia compartilhada contemporânea, como eBay, Alibaba, Craigslist e Kozmo. Nos anos seguintes ao nascimento da internet comercial, eles apresentaram a um grupo de consumidores apreensivos a promessa do *peer-to-peer*. De certa forma, foram os ancestrais conceituais das plataformas da economia compartilhada atual.

Precursores: eBay, Craigslist, Kozmo

Começaremos com o eBay, fundado em setembro de 1995. Em suas primeiras iterações, a empresa oferecia um espaço comercial para que indivíduos levassem suas atividades para o universo *on-line*. Adicionalmente, bazares de fundo de quintal, vendedores de livros isolados e donos de brechós poderiam expandir seus mercados potenciais criando lojas *on-line* que funcionassem em paralelo às suas lojas físicas. Atualmente, o eBay gera mais de 80 bilhões de dólares em atividades de mercado a cada ano, maior que o Produto Interno Bruto (PIB) de mais de 100 países. Contudo, apesar de seu tamanho e escopo, ele ainda é um grão de areia ao lado da gigante Taobao, do Alibaba, o principal mercado de varejo *peer-to-peer* da China, que intermedia cerca de 300 bilhões de dólares de transações a cada ano – maior que o PIB da Finlândia, Irlanda ou Portugal.

Enquando ambos, eBay e Alibaba, continuam a representar importantes *hubs* econômicos na internet, nenhum deles exemplifica as atividades econômicas mais interessantes da economia compartilhada. As transações são bem diferentes do que acontece na Uber, Airbnb, Handy ou Getaround. Tais diferenças explicam porque eBay e Alibaba amadureceram muitos anos antes da economia compartilhada. Em primeiro lugar, eles focam amplamente nas trocas no varejo. Os compradores fazem lances (algumas vezes, compram sem precisar fazer lances) e os vendedores encaixotam os objetos e os enviam pelo correio. Entretanto, a economia compartilhada da atualidade está mais relacionada à facilitação ou prestação de serviços do que na troca de objetos. O dinheiro é gerado a partir da locação em vez da venda, e o que pode ser locado vai desde um quarto ou uma residência (Airbnb) a um lugar no carro de alguém (BlaBlaCar) ou algumas horas do dia de alguém (Postmates).

Em segundo lugar, com o eBay, as trocas são assíncronas e com baixo risco. O comprador adquire um produto, o vendedor posta o produto e o comprador o recebe. Nesse sentido, embora *peer-to-peer*, o eBay ainda tem muito em comum com formas mais antigas de vendas a distância – como as vendas por catálogo. Embora exista o risco de você não receber o produto que esperava (talvez a bola de baseball autografada por Babe Ruth seja uma réplica produzida em massa, talvez os *jeans* não sirvam muito bem ou tenham uma cor diferente do esperado), a troca provavelmente não resultará em um dano muito sério. Os riscos não são muito grandes – nesse sentido, é uma troca de baixo risco. No entanto, a economia compartilhada geralmente envolve trocas síncronas e de alto risco. Você frequentemente está frente a frente com a pessoa que presta o serviço, e há um risco muito maior. Por exemplo, é muito mais arriscado dormir na casa de um estranho do que pedir para um desconhecido lhe enviar uma caixa. Entretanto, como a economia compartilhada envolve serviços cotidianos do mundo presencial, ela tem o potencial de impactar o cotidiano das pessoas muito mais profundamente.

Por fim, com o eBay, a proximidade entre as partes que estão negociando tem pouco impacto na qualidade da troca. Embora a proximidade possa reduzir os custos de postagem, não há outras vantagens para que compradores e vendedores estejam localizados próximos uns aos outros. Na economia compartilhada, entretanto, a proximidade frequentemente é um fator decisivo. Como explicarei mais adiante neste capítulo, os mercados *peer-to-peer* são especialmente sólidos em áreas urbanas densamente povoadas. Também são mais vantajosos nessas áreas porque funcionam mais eficientemente quando seus participantes vivem próximos uns dos outros.

Por diversos motivos, o eBay pode ser visto como um primo distante da economia compartilhada contemporânea. Embora ele possa ter transformado os consumidores em uma manifestação digital das fábricas individuais propostas por Adam Smith no século XVIII, e além de ter ajudado a construir uma forma primária de familiaridade com a ideia de confiar em pessoas do outro lado de uma interface digital, foi apenas um passo adiante em relação às vendas por catálogo. Em contrapartida, o Craigslist, que começou como serviço de e-mail em 1995, e se tornou um serviço com base na internet em 1996, está mais alinhado com a economia compartilhada contemporânea.

Em um infográfico de 2012 que ganhou celebridade, David Haber, da SupplyDemanded.com, mapeou os diferentes serviços do Craigslist para os mercados *peer-to-peer* especializados que estavam começando a dar escala para as trocas em cada vertical da indústria[1]. Um subgrupo desses mercados que operava em dezembro de 2015 inclui diversos segmentos e está resumido na Figura 2.1

Figura 2.1
Plataformas da economia compartilhada em alguns segmentos, 2015.

---

[1] Disponível em http://minus.com/lbg98QhH9AALlU. Acesso em 3-4-2018.

Quem já usou sabe que o Craigslist é um mercado *peer-to-peer* absolutamente generalista, um bazar digital onde vale tudo. Você pode comprar eletrônicos novos e usados, móveis, bicicletas e também pode contratar serviços, como van com motorista, faxina, manutenção de computador ou afinação de piano. Se o eBay é um primo distante da economia compartilhada, o Craigslist é um primo em primeiro grau.

Obviamente, primos nem sempre têm muito em comum. Da mesma forma que o Craigslist serve para comprar e vender produtos, também serve para oferecer e procurar serviços. Além do mais, a proximidade é relevante. É por isso que o Craigslist, embora tenha um escopo global, sempre foi organizado com base geográfica.

Porém, o Craigslist não tem muito dos elementos dos mercados da economia compartilhada contemporânea. Um deles é o mais gritante: confiança. Você pode se sentir confortável em contratar alguém no Craigslist para levar algumas caixas de livros da sua casa para o seu escritório, talvez para pintar sua cozinha. Porém, à medida que novos serviços *peer-to-peer* surgem, utilizar o Craigslist para contratar serviços parece ser cada vez mais perigoso. Afinal de contas, por que contratar uma pessoa pelo Craiglist para fazer uma limpeza ou um conserto, se você pode contratar alguém que foi verificado pela TaskRabbit ou pela Handy?[2]

Obviamente, a pessoa que você contratou na TaskRabbit para fazer a limpeza ou reparo pode acabar tendo as mesmas habilidades que alguém que você encontraria no Craigslist. Você pode ficar satisfeito ou não com qualquer um deles. Entretanto, no Craigslist, não há verificações e avaliações, e você estará deixando qualquer um entrar em sua casa. Se você não gostar do serviço executado por eles, pode escolher não chamar novamente essa pessoa em específico. Contudo, não terá como reclamar se algo foi danificado ou roubado.

Isso também significa que os faxineiros e freteiros contratados no Craigslist têm menos motivos para fazer um bom trabalho. Afinal de contas, embora não fidelizem um cliente, eles não perderão futuros clientes. No entanto, se você contratar um faxineiro ou freteiro na TaskRabbit ou na Handy, você será conectado

2 O surgimento de sistemas de confiança para mercados via *blockchain* pode revitalizar o potencial de mercados similares ao Craigslist. Retornarei a este ponto no Capítulo 4.

a alguém que foi avaliado pela plataforma. Mas, acima de tudo, se a pessoa não fizer um bom trabalho, você também poderá dar a ela uma má avaliação. Um desempenho ruim tem consequências, tornando-se parte do perfil daquele profissional na plataforma. Como explicarei no capítulo 8, é uma nova forma de evolução darwinista que se baseia em dados. Desse modo, se você é um prestador de serviços na TaskRabbit ou na Handy, não precisa se preocupar em receber um calote após prestar um serviço, já que a própria plataforma intermedia a transação. Isso resolve uma grande preocupação dos trabalhadores *freelancers*. Sara Horowitz, a fascinante fundadora da Freelancers Union, nota que quase 8 entre 10 *freelancers* já receberam calote de clientes em algum ponto de suas carreiras. Como ela disse para o presidente dos EUA, Barack Obama, em um congresso sobre trabalho em 2015, "*freelance* não é de graça".[3]

Nesse sentido, embora o Craigslist expandiu as plataformas *peer-to-peer* de trocas e nos preparou para a economia compartilhada contemporânea, isso não aconteceu para criar confiança da população nos serviços obtidos por meio de plataformas digitais. Apesar disso, o Craigslist gerou tantos encontros estranhos e até mesmo perigosos nas últimas duas décadas que há blogs e fóruns *on-line* dedicados apenas a compartilhar histórias desastrosas do Craigslist.

Um último precursor das plataformas contemporâneas da economia compartilhada é o Kozmo. Mesmo sendo menos conhecido, foi pioneiro de muitos dos serviços de entrega *peer-to-peer* de hoje. Criado na década de 1990, Kozmo estava à frente do seu tempo em muitos sentidos. Foi o primeiro serviço sob demanda para qualquer coisa, oferecendo coleta, entrega de diversos itens em sua casa em até uma hora. A empresa levantou 250 milhões de dólares de investimento em capital de risco e chegou a empregar mais de mil entregadores. Em 2000, fez parceria com a Starbucks para promover seus serviços e usar suas lojas como pontos de entrega e coleta de itens alugados.

Atualmente, um entregador Kozmo provavelmente seria um prestador de serviços independente ou empregado de meio período que tem seu próprio smartphone com GPS. Entretanto, em 1999, a Kozmo teve de contratar seus funcionários e dar a eles equipamentos parecidos com o que os entregadores da UPS utilizam. Uma estrutura de custos insustentável, preços que começaram muito baixos e um plano que ascendeu rápido demais forçaram a

---

3 Disponível em https://twitter.com/digitalarun/status/651878601177079811. Acesso em 3-4-2018.

empresa a declarar falência em 2001.[4] Um concorrente análogo, UrbanFetch, fechou em 2000.

O Postmates atualmente é um dos diversos serviços de entrega *peer-to-peer* que florescem nos EUA. Já levantou 80 milhões de dólares em investimentos de capital de risco em 2015 e opera um serviço praticamente idêntico ao que a Kozmo concebeu. Tudo o que você precisa para ser um *postmate* é de tempo livre, um smartphone e o aplicativo da Postmates para acompanhar seus clientes, entregas e valores. Em 2015, o pagamento passou a ser por entrega, mantendo seus custos fixos alinhados à demanda.

Determinantes digitais da economia compartilhada

Como ilustrado pelo exemplo anterior, a gênese da economia compartilhada contemporânea remonta há cerca de duas décadas, e alguns desses precursores continuam existindo (como eBay e Craigslist). Porém, a promessa não poderia ser integralmente cumprida até que a economia estivesse suficientemente digitalizada.

Mas o que está por trás dessa digitalização da economia, tão óbvia atualmente, e como exatamente ela se relaciona à explosão do capitalismo de multidão? Em 2007, meu colega Vasant Dhar e eu publicamos um artigo no qual tentamos explicar as forças fundamentais que estavam moldando a evolução da economia digital, as consequências que tais forças poderiam ter e o que isso nos mostrava em relação às possíveis implicações da tecnologia da informação sobre a sociedade e sobre os negócios.[5] Em suma, argumentamos que há três fatores invariáveis que distinguem as tecnologias digitais das outras tecnologias revolucionárias de aplicação geral do passado. Ao longo de quatro décadas, eles definiram a evolução da tecnologia e explicaram diversas de suas consequências, tais forças servem de base para o pensamento sobre o que esperar das tecnologias digitais no futuro. Elas também explicam parte dos determinantes digitais mais visíveis da economia compartilhada.

---

[4] A operação da Kozmo em Manhattan estava começando a dar lucro quando a empresa fechou.

[5] Vasant Dhar e Arun Sundararajan, "Information Technologies in Business: A Blueprint for Education and Research". Em *Information Systems Research*, v. 18, 2007, pp. 125-141. Disponível em http://dx.doi.org/10.1287/isre.1070.0126. Acesso em 3-4-2018.

Três forças fundamentais

Começaremos por essas três forças fundamentais que distinguem as tecnologias digitais das outras tecnologias de aplicação mais geral que moldaram a economia e que as precederam. A primeira delas é a que transforma coisas em informação, em especial, a representação digital dessa informação. Um número crescente de coisas com importância econômica e social passaram a ser digitais. Por exemplo, seu dinheiro é uma informação sobre riqueza armazenada em um computador no banco, em um servidor do PayPal ou no *blockchain* do Bitcoin, que pode eventualmente ser transformada em dinheiro físico – notas e moedas. Hoje em dia, música, voz e vídeo são traduzidos em informações representadas digitalmente sobre frequência, tom, cor e suas variações. Uma estratégia de negociação é atualmente definida por regras e algoritmos que agem sobre informações. Um medicamento comercial inicia sua vida como informação e então é transformado em produtos químicos, que são colocados em um comprimido. Uma gama cada vez maior de produtos físicos surge como um projeto digitalmente representado, que então é convertido, por meio de um processo de manufatura, em sua forma física para consumo humano, podendo ser uma cadeira, um telefone, uma joia, um avião, etc. Cada um desses tipos de informação pode ser digitalizado atualmente. Uma vez digital, tal informação é passível de ser utilizada nas mais variadas formas de manipulação e transporte.

A segunda força é o crescimento sustentado e exponencial do poder do hardware, da banda larga, do armazenamento e a respectiva miniaturização dos dispositivos digitais. Nos anos 1960, Gordon Moore previu que o número de transistores em um microchip dobraria a cada dois anos, aproximadamente. É a famosa Lei de Moore, que frequentemente foi interpretada como uma afirmação de que a relação entre preço e performance dos computadores cairia pela metade a cada dois anos, e é uma interpretação empírica dessa segunda força. Embora haja indícios de uma desaceleração na Lei de Moore em relação ao hardware há alguns anos, uma gigantesca paralelização e a mudança nas funcionalidades e na confiabilidade para o software (o que pode ser notado na abordagem introduzida pela Google e adotada amplamente por empresas como Facebook para gerar computação de larga escala utilizando hardware de massa e softwares como Hadoop e Hive) continuam a sustentar a tendência de crescimento exponencial no poder digital puro.

A terceira e última força é mais sutil, mas potencializa e fortalece as duas primeiras. É o aumento sustentado e modular na programabilidade, o que permite que uma crescente complexidade seja agregada, transformada em código e posteriormente integrada às plataformas padronizadas de software. Em outras palavras, as máquinas digitais são fundamentalmente diferentes de todas as outras máquinas que as precederam, porque é possível fazer que elas realizem coisas absolutamente novas sem que seja necessária a reconstrução física. Apenas é necessário enviar novas instruções codificadas. É possível adicionar novos recursos a dispositivos digitais existentes, bastando instalar um software. Por exemplo, as coisas que o seu smartphone pode fazer são aprimoradas cada vez que você baixa um novo aplicativo sem precisar fazer nenhuma alteração material no aparelho. A crescente programabilidade e modularidade do hardware, por exemplo computadores, smartphones ou tablets, já tem efeitos transformadores poderosos para os negócios e para a sociedade. A adição e o aperfeiçoamento das camadas modulares podem dar suporte a recursos e modelos de negócios que não existiriam sem eles.

Já observamos que há diversas consequências decorrentes diretamente dessas três invariáveis. Por exemplo, a separação entre a informação e seus artefatos físicos, como observado nas indústrias da música, vídeo e publicações, com o surgimento de produtos totalmente digitais entregues via iTunes, Netflix e Kindle. Ou a criação de poderosas plataformas digitais compartilhadas, que vão do Google Maps à Amazon. Ou o surgimento de espaços digitais cada vez mais sofisticados para interação humana, de complexidade crescentemente maior, como Facebook, Snapchat e WeChat.[6]

Apresento, também, quatro consequências adicionais dessas forças digitais, que acredito serem fundamentais para o surgimento e evolução sustentada do capitalismo de multidão. São elas: (1) a consumerização do digital; (2) a digitalização do físico; (3) o surgimento do *peer-to-peer* descentralizado; (4) a digitalização da confiança.

Consumerização do digital

No final dos anos 1980 e começo dos anos 1990, a convergência de computadores pessoais nos locais de trabalho, tecnologias de servidores e acesso às

---

[6] O professor Dhar e eu discutimos muitas dessas consequências iniciais detalhadamente em nosso artigo de 2007.

redes Ethernet corporativas resultaram em uma feroz reformulação dos fluxos de trabalho dentro das organizações. Os arquivos em papel dos anos 1980 foram progressivamente transformados em documentos puramente digitais. Atualmente, os consumidores são o foco das indústrias digitais, cada dia mais equipados com seus próprios dispositivos digitais – os smartphones, que são poderosos computadores de aplicação genérica. Além disso, redes de comunicações de alta velocidade, sejam elas celulares, sejam de banda-larga residencial, estão sendo construídas para eles. Parece que estamos atualmente fadados à fase 2 dessa reengenharia – a diferença é que, dessa vez, presenciaremos a reengenharia da vida cotidiana.

As tecnologias digitais têm sua origem no processamento de informações do período de guerra na década de 1940, mas foi apenas na década de 1960 que suas aplicações comerciais amadureceram. Durante as décadas de 1960, 1970, 1980 e 1990, surgiram as gigantes da tecnologia da informação, como IBM, Hewlett-Packard, Apple e Microsoft. À exceção da Apple, os consumidores preferenciais dessas empresas não eram os indivíduos – eram empresas privadas e órgãos públicos. E embora os equipamentos e softwares criados para essas empresas eventualmente fossem adaptados para consumidores, os computadores criados por essas empresas para uso doméstico eram tentativas de personalização das tecnologias concebidas para clientes corporativos e governamentais, por exemplo, a onda de computadores domésticos nos anos 1990, adaptada dos PCs desenvolvidos para empresas. Da mesma forma, os softwares da Microsoft eram construídos para uso comercial e, posteriormente, uma versão pessoal poderia ser criada.

Então, esse ciclo se reverteu subitamente na virada do século XXI. As forças do crescimento exponencial no poder digital haviam progredido suficientemente para criar dispositivos pessoais com custos competitivos, massificados e acessíveis. A música já havia sido digitalizada para os CDs alguns anos antes. A separação da música digital desses artefatos e sua transposição para arquivos MP3, que as pessoas poderiam armazenar em seus computadores domésticos, aconteceu ao final da década de 1990. Associada a uma suficiente adoção generalizada da internet pelas pessoas, isso fez que o mercado de dispositivos pessoais digitais de música se tornasse comercialmente viável.

A Apple é a exceção em seu foco no consumidor. Quase que radicalmente à frente de seu tempo por duas décadas, era unicamente focada em construir produtos que tivessem boa usabilidade e que fossem belos – e conseguiu capturar esse mercado com o iPod. Mas ele não se tornou um sucesso com os consumidores instantaneamente. Sendo o primeiro produto digital massificado desenvolvido primordialmente para consumidores (em vez de clientes corporativos ou governamentais) a ter sucesso, ele representou um ponto de inflexão, uma revolução no foco do desenvolvimento digital.

Na década seguinte, muitos dos mais relevantes e inovadores produtos digitais (como smartphones, tablets, plataformas de mídias sociais, incluindo YouTube e Facebook, e aplicativos, como Google Maps) foram desenvolvidos para consumidores e depois adaptados para clientes corporativos ou governamentais – não o contrário. E essa tendência continua. Muitos dos meus colegas e eu nos referimos a isso como uma "consumerização" das tecnologias digitais. Não se presume mais que o desenvolvimento de hardware ou software tenha de considerar inicialmente as necessidades de clientes corporativos ou governamentais. As forças que impelem a indústria de TI atualmente estão nos produtos que têm em mente as necessidades dos consumidores individuais.

Consequentemente, os conceitos que, no passado, tínhamos como certos, por exemplo propriedade ou compra de grandes marcas corporativas, não são mais universais hoje em dia. As empresas começaram a repensar o que podem entregar para essa base consumidora com acesso às tecnologias digitais (seria simplesmente impossível dar escala à Uber sem smartphones com GPS), e quais modelos de mão de obra poderiam ser atualmente viáveis. De forma sem precedentes, uma multidão de prestadores de serviços independentes, munidos de smartphones, pode entrar e sair dos mercados de mão de obra.

Digitalização do físico

Junto à "consumerização" do digital, estamos presenciando outra mudança paralela e igualmente importante: a digitalização do que é físico. Dois acontecimentos atuais ilustram como as mesmas três forças invariáveis e, portanto, as mesmas lógicas econômicas, que levaram à "consumerização" do digital podem reconfigurar nossos objetos físicos cotidianos: a Internet das Coisas e o surgimento da manufatura aditiva.

A Internet das Coisas

Em um futuro não tão distante, todas as coisas terão o potencial de serem digitalizadas e colocadas em rede. Um exemplo icônico disso (embora talvez não seja o mais economicamente viável) é a caixinha de leite que está para vencer. Ela se comunica com a geladeira, que se comunica com a sua lista de compras da FreshDirect. Na sequência, é enviada uma nova caixinha de leite para a sua casa, permitindo que você dedique seu tempo para coisas mais importantes. É assim que funciona a Internet das Coisas, um mundo no qual objetos de todos os tipos, como caixinhas de leite, eletrodomésticos e roupas, terão algum tipo de inteligência digital dentro de si e estarão conectados em rede. A caixinha de leite não terá um computador embutido, apenas algum tipo de transdutor que informará à geladeira, que também está conectada à rede, que o vencimento está próximo. A geladeira então registrará essa informação e adicionará *leite* a uma lista de compras de um serviço *on-line* de entregas.[7]

Em outras palavras, em um futuro próximo, um número cada vez maior de objetos cotidianos terá a capacidade de conversar entre si utilizando uma rede. Que fique muito claro que não estou falando de ficção científica. Além do mais, a Internet das Coisas não promete que tenhamos conversas inteligentes com nossas geladeiras ou caixinhas de leite – pelo menos, ainda não. Os elevadores inteligentes provavelmente não ficarão entediados com seus empregos banais de subir e descer a ponto de se fecharem deprimidos no fundo do fosso, como disse o humorista Douglas Adams. Ainda assim, a Internet das Coisas inevitavelmente expandirá o capitalismo de multidão – mesmo sem eletrodomésticos cultos e articulados que sofrem de depressão eletrônica.

Como a inteligência pode ser embutida cada vez mais econômica e facilmente nos objetos físicos, ainda que a pequenos incrementos, a habilidade de rastrear tais objetos crescerá. Paralelamente, a habilidade de monitorar sua utilização também crescerá. À medida que as tecnologias de drones se tornam mais avançadas e mais aceitas, os custos com transportes de objetos

---

[7] No momento da escrita deste livro, esse exemplo icônico ainda não tem aceitação comercial ampla. Veja Folasade Osisanwo, Shade Kuyoro e Oludele Awodele, "Internet Refrigerator – A Typical Internet of Things (IoT). Disponível em http://iieng.org/siteadmin/upload/2602E0315051.pdf. Acesso em 3-4-2018. Conheça a visão geral histórica de Fred Butcher, "What Is a Smart Refrigerator". Disponível em https://fredsappliance.com/2014/06/smart-refrigerator/. Acesso em 3-4-2018.

entre indivíduos cairão. Em outras palavras, um objeto físico saberá onde está, o quanto está sendo usado e conseguirá providenciar transporte automatizado e digitalizado até seu locador, sem qualquer intervenção humana.[8] Um objeto físico funcionará, de certa forma, como um arquivo inteligente de filme do iTunes.

Consequentemente, as possibilidades de que ele seja locado também se expandem, pois serviços sob demanda, de todos os tipos, se tornam mais viáveis, mais eficientes e mais comuns com a Internet das Coisas.

Impressão 3D e manufatura aditiva

Até recentemente, se você quisesse comprar e vender objetos físicos, precisava ter capacidade de manufatura e encontrar uma forma de distribuir e vender tais objetos, por exemplo, por meio de um atacadista ou varejista. Estamos agora entrando em um mundo no qual você não precisa mais de uma fábrica, armazém ou rede de distribuição para vender objetos físicos. Não é mais necessário ter uma rede de distribuição para conseguir peças de reposição para máquinas em cidades afastadas. Tudo o que você precisa é de um projeto.

A tecnologia que muda tudo aqui é a impressão 3D. A manufatura da era industrial é geralmente subtrativa, ou seja, ela começa com matéria-prima física, como madeira, metal ou resina aquecida, e remove partes dela para criar os componentes de um futuro produto utilizando ferramentas, máquinas ou um molde. A manufatura aditiva é o contrário. Ela começa com um projeto e utiliza uma impressora para construir de fato o objeto físico.

E como isso pode reconfigurar a economia? Vamos fazer uma analogia digital (gosto de utilizar essas duas palavras juntas). Há vinte anos, a maioria das cidades tinha inúmeros varejistas de música com lojas físicas. Discos e CDs eram manufaturados e distribuídos para essas lojas de forma centralizada, onde eram vendidos em bancas e prateleiras. Para se ter sucesso como músico era necessário ser um desses poucos privilegiados que conseguiam chegar até essas lojas. Da mesma forma, para se ter um jornal de sucesso, era necessário ter tecnologias de impressão em larga escala e uma rede de distribuição para os jornais impressos. Qual foi a última vez que você foi a uma loja de discos?

---

[8] Saiba mais sobre a tecnologia de entrega por drone testada pela Amazon em 2014. Disponível em http://www.amazon.com/b?node=8037720011. Acesso em 3-4-2018.

Quantas pessoas você conhece que ainda recebem o jornal impresso em casa? Você está lendo este livro em um Kindle?

A digitalização da música e das publicações alterou radicalmente a lógica econômica dessas indústrias, transferindo a vantagem competitiva para quem controla a interface, o iTunes da Apple, o Kindle da Amazon ou a plataforma do YouTube. Ela também possibilitou que emergisse uma variedade muito maior de músicos, autores, bloggers e youtubers de nichos específicos.[9] Como previu o professor da Universidade de Rochester, Ravi Mantena, em sua tese de doutorado na Universidade de Nova York, em 2004, o amadurecimento da manufatura aditiva pode, da mesma forma, alterar radicalmente a lógica econômica de muitas indústrias físicas.

Imagine, por exemplo, que você está procurando uma nova capa para o seu celular. Atualmente, a maioria das pessoas fica confinada às opções disponíveis na Apple Store, BestBuy, nos camelôs ou no que há no estoque da Amazon. Com acesso à impressão 3D, agora você pode comprar o projeto, em vez da própria capinha. Em outras palavras, o que antes era a compra de um objeto físico, agora apenas envolve a compra de um projeto que, por sua vez, pode ser manufaturado pelo próprio comprador em uma impressora 3D em casa ou em uma lojinha próxima. Se nem você nem a lojinha perto da sua casa tiverem uma impressora 3D, você pode imprimir o projeto na casa de alguém que tenham, em um mercado, como o 3DHubs, ou procurar alternativas no Shapeways, um varejista *on-line* de projetos 3D para impressão.*

Logo, o potencial para interações comerciais *peer-to-peer* aumenta drasticamente. A troca envolve apenas dados, não objetos físicos. A necessidade de distribuidores atacadistas e varejistas tradicionais diminui. A lógica econômica da manufatura em pequena escala realizada por microempreendedores (que podem, então, vender seus produtos manufaturados aditivamente em mercados, como o Etsy) aumenta drasticamente.

---

9 Marc Andreessen, "Why Bitcoin Matters". Em *New York Times*, 21-1-2014. Disponível em http://dealbook.nytimes.com/2014/01/21/why-bitcoin-matters/. Acesso em 3-4-2018.

* N. E. Um movimento que tem se popularizado no Brasil é o Fab Lab, que fornece acesso a ferramentas para a criação de projetos digitais em pequena escala, incluindo a impressão em 3D. Já há laboratórios ligados ao movimento em diversas cidades, como o FabLive SP, em São Paulo. Disponível em http://fablablivesp.art.br. Acesso em 2-7.2018.

Peer-to-peer *descentralizado e* blockchain

No Capítulo 4, falarei sobre o surgimento de uma nova forma de atividade econômica descentralizada e *peer-to-peer* que pode reduzir a necessidade de intermediários centralizados. Para que você tenha uma ideia do impacto potencialmente revolucionário desse tipo de descentralização, faço uma analogia ilustrando as diferenças entre o Napster, a primeira rede *peer-to-peer* de compartilhamento de arquivos da internet que se tornou verdadeiramente popular, e as redes de compartilhamento de arquivos *peer-to-peer* "puro" que vieram em seguida.

O Napster foi criado por Shawn Fanning e lançado em junho de 1999, quando ele tinha 19 anos e estudava na Universidade Northweastern, em colaboração com seu amigo Sean Parker e seu tio John Fanning. Por meio da internet, os usuários do Napster podiam encontrar arquivos (basicamente arquivos de música em MP3) que estavam armazenados nos computadores de outros usuários e, então, baixar um ou mais desses arquivos MP3 diretamente dos outros computadores. O serviço se tornou instantaneamente popular e rapidamente atingiu 80 milhões de usuários.

Em 2000, um ano após seu surgimento e ascensão meteórica, o Napster foi alvo de ódio da banda de *heavy metal* Metallica. Um dos membros da banda descobriu que uma música que estava para ser lançada já era compartilhada entre os fãs e até mesmo tocada nas rádios dos EUA. O Metallica então abriu um processo contra o Napster e, logo após, o *rapper* Dr. Dre fez a mesma coisa. Em julho de 2000, foi criado o *Artists Against Piracy* (Artistas Contra Pirataria), que começou a soltar anúncios de página inteira em publicações como *USA Today*, *New York Times*, *Los Angeles Times* e em dezenas de outros jornais, expressando sua preocupação com o aumento do roubo de música na plataforma *peer-to-peer* Napster.

Consequentemente, não é nenhuma surpresa que, em apenas um ano, o Napster – pelo menos aquele Napster que quase 80 milhões de usuários tinham passado a utilizar para compartilhar música – estivesse efetivamente morto. Processado pela Recording Industry Association of America (Associação da Indústria Fonográfica da América) e diante de uma medida cautelar, o Napster fechou sua rede em julho de 2001.

Juntamente do eDonkey, o Napster pode ser entendido como a primeira geração do *peer-to-peer*. Embora a indústria fonográfica possa ser responsável pelo processo contra o Napster, seu calcanhar de Aquiles era sua concepção tecnológica. Ele era um índice centralizado de música e um conjunto de regras que permitia que indivíduos (*peers*) transferissem arquivos diretamente entre si. Tal centralização do índice significava que ele tinha uma falha central: se o índice fosse fechado, então mesmo que dois *peers* quisessem compartilhar músicas, eles não conseguiriam se encontrar.

A rede Gnutella, sucessora imediata do Napster de maior sucesso, de certa forma resolveu esse problema fragmentando o índice e distribuindo múltiplas cópias de cada fragmento para múltiplos *peers* na rede. A base de dados central não existia mais. O índice era distribuído por conceito. Ou seja, as máquinas da rede informavam umas às outras as músicas que estavam disponíveis. Em uma situação semelhante àquela enfrentada pelo Napster, seria impossível derrubar a rede. Não havia um ponto central que pudesse falhar. A própria multidão, manifestada por um índice distribuído e parcialmente replicado, e não um servidor centralizado, era quem faria a combinação entre um *peer* buscando determinada música e o *peer* que tinha aquela música.

Todas as redes de compartilhamento de arquivos posteriores, que tiveram sucesso, utilizaram alguma variação dessa abordagem descentralizada e replicada de indexação. Em 2009, o surgimento da moeda digital Bitcoin foi um passo considerável para a descentralização da tecnologia *peer-to-peer* por meio da descentralização e distribuição não apenas de um índice, mas também do próprio livro anônimo de registro de transações financeiras, o *blockchain*. Quando combinado às tecnologias *peer-to-peer* de compartilhamento de arquivos, técnicas de criptografia e um sistema inovador de incentivos, o Bitcoin demonstrou como um sistema com base em *blockchain* poderia ser utilizado como base para transações *peer-to-peer* confiáveis sem um terceiro intermediário, mas utilizando uma rede descentralizada de verificadores para efetivar as transações.

A promessa de sistemas baseados em *blockchain*, como Bitcoin, foi muito bem descrita em um artigo para o *New York Times* de janeiro de 2014, escrito pelo investidor de capital de risco Marc Andreeseen, um empreendedor da internet e investidor já veterano, que criou o primeiro navegador da internet, o Mosaic, em 1993:

> O Bitcoin nos dá, pela primeira vez, uma forma de utilizar a internet para transferir uma propriedade digital única para outro usuário da internet, de forma que tal transferência tenha a garantia de ser segura e confiável: todo mundo sabe que a transferência aconteceu e ninguém questiona a legitimidade dela. Nunca será demais enfatizar as consequências de tal reviravolta.
>
> E que tipos de propriedade digital podem ser transferidas dessa forma? Assinaturas digitais, contratos digitais, chaves digitais (para fechaduras físicas ou armários conectados), propriedade digital de bens físicos, como carros, imóveis, ações e títulos virtuais... e dinheiro digital.[10]

Os exemplos que consideramos até este ponto do livro se constituem na multidão de novos fornecedores de bens, como imóveis do Airbnb, dinheiro ou seu próprio tempo ou mão de obra. O *blockchain* é a promessa de levar o papel da multidão da periferia para o epicentro. Os *peers* se tornam os responsáveis pelo mercado. Falarei sobre esse assunto mais profundamente no Capítulo 4.

Digitalização da confiança

A economia compartilhada nos fez confiar uns nos outros em níveis que são até surpreendentes. O editor da revista *Wired*, Jason Tanz, falou sobre essa tendência intrigante em sua matéria de capa de abril de 2014, *"How Airbnb and Lyft Finally Got Americans to Trust Each Other"*:

> Uma consequência já é clara: muitas dessas empresas nos fazem ter comportamentos que seriam inconcebivelmente temerários poucos anos atrás. Entramos nos carros de desconhecidos (Lyft, Sidecar, Uber), convidamos desconhecidos para ficarem em nosso quarto de hóspedes (Airbnb), deixamos nossos cachorros em suas casas (DogVacay, Rover) e comemos sua comida na sua sala de jantar (Feastly).[11]

Além dos facilitadores digitais básicos que já apresentamos até agora, a explosão do capitalismo de multidão nos últimos anos pode ser atribuída ao

---

10 Chris Anderson, *The Long Tail: Why the Future of Business Is Selling Less of More*. Nova York: Hyperion, 2008.

11 Jason Tanz, "How Airbnb and Lyft Finally Got Americans to Trust Each Other". Em *Wired*, 23-4-2014. Disponível em http://www.wired.com/2014/04/trust-in-the-share-economy. Acesso em 3-4-2018.

avanço drástico de nossa capacidade de fazer que as pessoas confiem em desconhecidos utilizando os mais variados sistemas com indicadores digitais que, juntos, podem ser chamados de infraestrutura digital de confiança.

Mas o que é a confiança exatamente? A resposta depende do contexto. Confiança em uma relação romântica pode significar uma coisa diferente da confiança em uma transação comercial. Honestamente, espero que sim. Uma definição especialmente útil no contexto da economia compartilhada vem do livro de 1990, do sociólogo James Coleman, que define confiança como *a disposição a se comprometer com um esforço colaborativo antes de saber como a outra pessoa se comportará.*[12]

É necessário tempo e diversos outros fatores para estabelecer a confiança, aparentemente. Em um contexto virtual (algumas vezes, no presencial, também), primeiro é necessário garantir a autenticidade. Esta pessoa é real, ela é quem ela diz ser? Em segundo lugar, é necessário avaliar as intenções. Esta pessoa tem boas intenções? Esta pessoa realmente quer ser um hóspede pelo Airbnb ou quer me roubar? Em terceiro lugar, é preciso avaliar seu *expertise* ou qualidade. Esta pessoa é um bom encanador? Esta pessoa realmente representa como o seu bairro é bacana? É uma pessoa gentil? Esta sala é tão arejada como parece? O carro tem todo esse espaço no banco de trás como parece?

Para algumas interações, a consideração inicial é descobrir se a pessoa sabe fazer o que ela diz saber – por exemplo, se você está contratando alguém para pintar o muro da sua casa. Para outras interações de alto risco, como receber uma carona de um estranho, as intenções podem importar mais que o *expertise*. Provavelmente você estará mais interessado em saber se a pessoa é um criminoso, e até aceitando que não seja o melhor motorista da plataforma. Em outras interações de alto risco, como contratar uma babá para seus filhos, talvez você queira satisfazer todas as três dimensões: ter uma garantia de que a pessoa é quem diz ser, de que tem boas intenções e que sabe o que está fazendo.

Quando você interage repetidas vezes com alguém, acaba descobrindo esses aspectos ao longo do tempo. Mas quando está tentando realizar uma transação com um indivíduo semiautônomo pela primeira vez, como você vai poder verificar sua identidade, suas intenções e suas capacidades? Quanto menor o risco da interação, mais fácil é de se estabelecer confiança. É por isso

---

[12] James Coleman, *Foundations of Social Theory*. Cambridge, MA: Harvard University Press, 1990.

que vimos surgir em escala plataformas como eBay já no início da evolução da internet. Contudo, foram necessários mais 15 anos para que plataformas como BlaBlacar tivessem sucesso massificado.

Acredito que a confiança nos contextos semi-anônimos entre indivíduos pela internet surge de, pelo menos, cinco indicadores: (1) interações anteriores de cada um; (2) aprendizado por meio da experiência alheia; (3) certificação de uma marca; (4) confiança em capital social digital; (5) validação de instituições externas, digitais ou não, governamentais ou não. Temos acesso às três primeiras fontes de confiança já há algum tempo, pelo menos desde que o eBay foi criado, em 1995. Porém, as duas últimas se tornaram digitalmente disponíveis em escala apenas mais recentemente.

A familiaridade é um processo cumulativo, algo que se desenvolve ao longo do tempo. Portanto, a confiança cresce a cada experiência positiva. Por exemplo, quando você ganha um leilão no eBay e recebe exatamente o produto que estava esperando, há mais probabilidade de você retornar à plataforma para fazer novas compras no futuro. Steve Tadelis, da UC Berkeley, e Chris Nosko, da Universidade de Chicago, quantificaram essas "externalidades de reputação" no eBay, as quais também tendem a existir com maior frequência nas plataformas mais recentes da economia compartilhada.[13] Quando você tem uma experiência positiva com determinado fornecedor, é muito mais provável que volte a comprar dele. Claro que uma experiência positiva no eBay também pode lhe preparar para confiar na nova geração de plataformas. Os *early adopters* do Airbnb provavelmente já tiveram experiências positivas com alguma plataforma anterior à economia compartilhada.

Desde o meio da década de 1990, também temos a vantagem de aprender digitalmente com as experiências alheias. Veja, por exemplo, a função de *feedback* de comprador e vendedor no eBay. Um vendedor que consistentemente deixe de entregar produtos terá avaliações ruins. A mesma coisa se aplica para arrematantes que nunca concluem suas transações. Quando as experiências dos outros são digitalizadas e divulgadas publicamente por meio de um sistema *on-line* de reputação, nossa capacidade de confiar em desconhecidos é

---

13 Chris Nosko e Steven Tadelis, "The Limits of Reputation in Platform Markets: An Empirical Analysis and Field Experiment". Em *Steve Tadelis Personal Web Site*. Disponível em http://faculty.haas.berkeley.edu/stadelis/EPP.pdf. Acesso em 3-4-2018.

maior pois, de certa forma, conseguimos aprender com as experiências alheias de quando interagiram com os avaliados. Nos últimos 20 anos, aprofundamos nosso entendimento sobre os potenciais e as limitações desses sistemas de reputação com base em *feedback*.[14]

Também existe a confiança construída por meio de reconhecimento de uma marca. Como veremos em detalhes nos capítulos 4 e 6, ainda estamos em um momento no qual o consumo nas economias ocidentais se baseia grande parte em sua confiança nas marcas. O eBay reconheceu isso há muito tempo, quando lançou a funcionalidade Power Sellers (Supervendedores) como forma de mostrar para possíveis compradores que alguns vendedores haviam sido avaliados pela plataforma e, portanto, mereciam mais confiança. Além disso, o reconhecimento da própria marca eBay dá a muitos usuários uma sensação de conforto.

É importante reconhecer o importantíssimo papel que a certificação da marca e da plataforma continuam a ter na economia compartilhada contemporânea. Embora haja outras plataformas de hospedagem de curta duração (como o Airbnb) ou transporte urbano (como Lyft e Uber), o reconhecimento da marca dessas plataformas continua sendo um fator poderoso para seu crescimento.

Nesse sentido, o *branding* funciona de forma muito semelhante às economias tradicionais – com uma exceção. A marca é construída por uma plataforma conectada a centenas de milhares (quem sabe milhões) de fornecedores e prestadores de serviços. Isso significa que tais pequenos fornecedores e prestadores conseguem se atrelar a uma grande marca muito mais facilmente. É uma versão menos formal daquilo que os franqueados obtêm quando se tornam parte de uma franquia. Eles ganham dinheiro alavancando uma marca amplamente

[14] Conheça algumas visões gerais iniciais e importantíssimas: Paul Resnick *et al.*, "Reputation Systems" (em *Communications of the ACM*, v. 43, n. 12, 2000, pp. 45-48); Chrysanthos Dellarocas, "The Digitization of Word of Mouth: Promise and Challenges of Online Feedback Mechanisms" (em *Management Science*, v. 49, n. 10, 2003, pp. 1.407-1.424). Uma discussão mais recente de seu papel nas transações mediadas por computador se encontra em Hal Varian, "Computer-Mediated Transactions" (em *American Economic Review*, v. 100, n. 2, 2010, pp. 1-10). Veja também este estudo sobre a importância do conteúdo no texto de *feedback*: Anindya Ghose, Panagiotis G. Ipeirotis e Arun Sundararajan, "Opinion Mining Using Econometrics: A Case Study on Reputation Systems" (em *Proceedings of the 44th Annual Meeting of the Association of Computational Linguistics*, 2007. Disponível em http://www.cs.brandeis.edu/~marc/misc/proceedings/acl-2007/ACLMain/pdf/ACLMain53.pdf. Acesso em 3-4-2018). Conheça um estudo sobre a parcialidade introduzida por medo de retaliação: Chrysanthos Dellarocas e Charles A. Wood, "The Sound of Silence in Online Feedback: Estimating Trading Risks in the Presence of Reporting Bias" (Em *Management Science*, v. 54, n. 3, 2008, pp. 460-476).

conhecida e seguindo práticas de negócios compartilhadas em troca de uma remuneração.

Interação, *feedback* e certificação das marcas já existiam no mundo do eBay. Porém, o capital social digitalizado e os meios digitais para a validação por instituições externas, que são formas fundamentais de confiança, são avanços mais recentes.

Imagine o capital social como um tipo de agregação dos recursos ao qual temos acesso por conta de uma rede de relacionamentos. Pode ser um amigo próximo, alguém que você conhece ou que apenas conhece de vista. Tais laços lhe permitem acessar uma ampla gama de recursos atuais e potencialmente futuros. Coletivamente, tais laços e seus recursos atuais e futuros correlatos representam seu capital social.[15] Você e seu capital social são, portanto, resultado de sua credibilidade, de sua confiabilidade ao se envolver em uma interação. Alguém que tenha maior nível de capital social é mais conhecido, tem maior presença na sociedade e, como consequência, pode ser fiável para se comportar de forma consistente com o que você espera. Se você tem um amigo em comum com alguém, consegue confiar mais nessa pessoa, talvez porque sinta que ele é mais próximo de você, ou talvez porque você sabe que a amizade compartilhada provavelmente irá dissuadir os maus comportamentos.

É verdade que as plataformas *on-line* de redes sociais, como Facebook e LinkedIn, aumentaram nossa capacidade de construir novo capital social digitalmente. Contudo, isso é apenas uma pequena parte de seu poder de facilitar as trocas *on-line* entre indivíduos. O que é mais importante é que tais plataformas contêm representações digitais do mundo real, capital social do mundo presencial. Talvez você tenha conhecido alguns de seus amigos de Facebook na própria plataforma do Facebook. Talvez algum amigo seja aquele desconhecido a quem você foi apresentado em um congresso ou convenção. Entretanto, os mais importantes continuam sendo as relações de verdade do mundo presencial: amigos de infância, parentes, colegas de faculdade e de trabalho. Como Sean Moffitt e Mike Dover descreveram em *Wikibrands*, uma obra envolvente sobre como as marcas são reformuladas pelas mídias sociais,

[15] Este conceito de capital social se baseia consideravelmente na obra do sociólogo Pierre Bourdieu, sobretudo em P. Bourdieu, "The Forms of Capital". Em J. Richardson (ed.), *Handbook of Theory and Research for the Sociology of Education*, Nova York: Greenwood, 1986, pp. 241-258.

"as tecnologias colaborativas e as mídias sociais que conectam familiares, amigos, colegas e grupos de interesse não são apenas uma modinha, elas são a moeda corrente do mercado do futuro".[16]

Disponibilizar *on-line* essa rede de capital social do mundo real é uma forma poderosíssima de se obter indicadores de autenticidade, intencionalidade e credibilidade. Não é uma fonte de confiança à qual os vendedores do eBay tinham acesso. Porém, como apresentei na Introdução, é um pré-requisito para participar em diversas das plataformas contemporâneas da economia compartilhada. Ela ajuda a aumentar as apostas nas trocas *on-line* entre indivíduos semidesconhecidos.

Por fim, a confiança frequentemente vem da validação externa de instituições não conectadas à troca. Um governo pode certificar que você é quem diz ser, emitindo uma carteira de identidade. Um clube do automóvel pode fazer a mesma coisa, além de talvez afirmar que você dirige muito bem. O fato de que você possui um número de celular conectado a uma assinatura mensal indica sua autenticidade com base no processo necessário para obter tal serviço. Uma empresa que faz levantamento de antecedentes pode verificar se você possui uma ficha criminal.

Muitos desses serviços já existem há décadas. Contudo, apenas recentemente surgiram as tecnologias que permitem que você digitalize tais formas externas de validação e as disponibilize como parte de seu perfil *on-line*. Você pode segurar sua habilitação em frente à sua *webcam* e, em questão de minutos, um serviço da Jumio validará sua identidade.[17] A Jumio também verifica a autenticidade de seus cartões de crédito. O Airbnb utiliza esse serviço como parte de seu programa *Identificação Verificada*. Quando essas formas de validação do mundo real podem ser digitalizadas, elas contribuem para a infraestrutura de credibilidade, disponibilizando *on-line* os indicadores que antes estavam disponíveis apenas no mundo presencial.

Na economia compartilhada de 2015, tais estruturas de confiança são ilhas desertas em um vasto oceano. Se você é um bom vendedor no eBay, não será possível transferir sua reputação para o Airbnb: você precisará começar do zero. Uma nota 4,9 na Uber não o ajuda em nada para conseguir clientes na Lyft.

---

16 Sean Mofitt e Mike Dover, *WikiBrands*. Nova York: McGraw Hill, 2011, p. 5.

17 Disponível em https://www.jumio.com. Acesso em 3-4-2018.

Entretanto, isso pode mudar nos próximos anos. Por exemplo, a *startup* madrilenha Traity está construindo uma plataforma de reputação para uso geral portável que ela acredita que poderá ser utilizada nas mais variadas formas de troca *peer-to-peer*, *on-line* ou presenciais.[18] Uma pequena parte de sua reputação na Traity vem das suas pontuações de *feedback* de usuários em plataformas como Airbnb e eBay.[19] A Traity também verifica a sua carteira de identidade oficial e linca o seu capital social no Facebook e no LinkedIn.

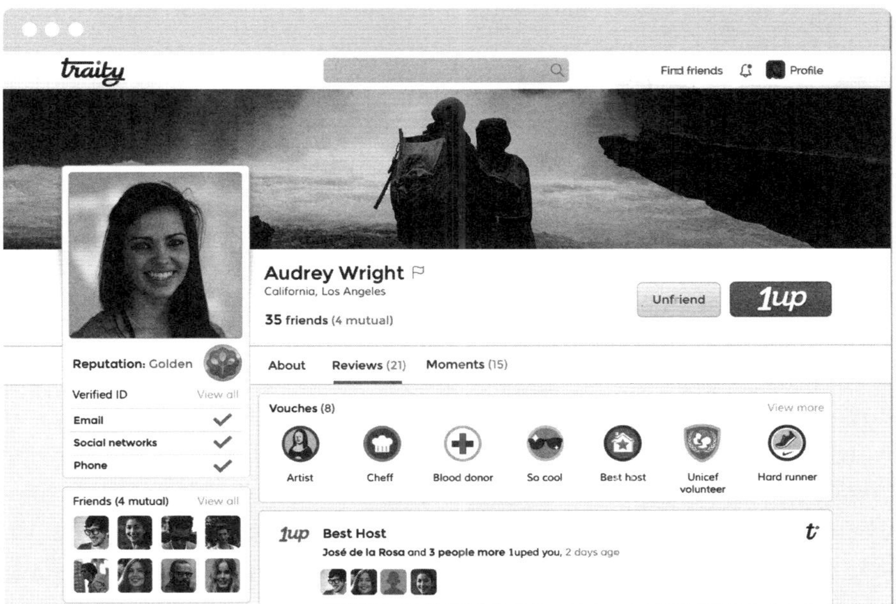

Figura 2.2
Exemplo de perfil da Traity.

Entretanto, o seu perfil vai além de suas atividades de comércio *on-line* e sua carteira de identidade. A Traity coleta e digitaliza diversos outros indicadores, incluindo seu tipo de personalidade, se é doador de sangue e as organizações para as quais voluntaria. Como descobri em 2015 por meio dos fundadores da plataforma, Juan Cartagena, José Ignacio Fernández e Borja Martín, em um jantar no estádio do Real Madrid, isso representa uma visão mais holística dos

18 Realizei pesquisa científica em colaboração com a Traity e seus cientistas.

19 Houve diversas iniciativas para agregar tais perfis individuais de reputação dos mercados. Talvez a mais conhecida delas seja a TrustCloud.

fatores que motivam a confiança *on-line*. Tudo que possa ajudar alguém que não me conhece a acreditar que farei o que disse que farei (na definição de Coleman, tudo que possa me deixar mais disposto a me comprometer com um esforço colaborativo, antes de saber como a outra pessoa se comportará) pode ser digitalizado e adicionado à sua reputação *on-line* da Traity.

Motivadores socioeconômicos da economia compartilhada

Alguns últimos fatores não digitais precisam ser considerados para se entender porque a economia compartilhada decolou apenas mais recentemente e porque cresceu mais nas áreas urbanas. Como expliquei anteriormente, os facilitadores digitais foram fundamentais. Entretanto, a predominância nas áreas urbanas também não é nenhuma coincidência.

Após a Revolução Industrial, as pessoas em todo o mundo começaram a se mudar para as cidades. A urbanização que se seguiu mudou nossa forma de viver, de obter comida e, em determinado momento, mudou os meios de transporte (inclusive de mercadorias). Após uma breve reversão em algumas das economias ocidentais na segunda metade do século XX, quando houve um movimento dos centros para os subúrbios em países como os EUA, a urbanização segue firme em todo o globo no século XXI. Em 2014, as Nações Unidas reportaram que 54% da população mundial estava vivendo em áreas urbanas, comparado a 30%, em 1950. Ela também projeta que, até 2050, 66% da população mundial estará vivendo em áreas urbanas. É importante notar que, em diversas partes do mundo, já superamos essa projeção. Na América do Norte, 82% das pessoas moram em áreas urbanas. Na América Latina e no Caribe, são 80%. Na Europa, 73%. São exatamente nessas áreas urbanas e, sobretudo, nas megalópoles (áreas urbanas com mais de 10 milhões de habitantes) que a perspectiva do capitalismo de multidão parece mais óbvia.

Cidades são economias compartilhadas. Quando você mora em uma cidade, você compartilha parques, meios de transporte (taxis, ônibus e metrôs) e as áreas comuns em seu condomínio. Como moradores de cidades, somos naturalmente acostumados a um mundo de bens compartilhados, em vez da posse exclusiva. Isso nos torna intrinsecamente mais adaptados aos comportamentos mediados por tecnologias digitais de compartilhamento.

Além disso, quanto maior e mais densamente povoada uma cidade é, mais viável ela se torna para as trocas *peer-to-peer* que requerem a proximidade geográfica. Se você mora em uma zona rural, não vai querer dirigir 100 km para alugar uma barraca para sua próxima viagem. E se você possui um depósito ou garagem (talvez até um celeiro inteiro), poderá guardar sua barraca e seu caiaque quando não estiver usando. Se você mora em um microapartamento em uma grande cidade como Londres, talvez você queira acampar, mas é menos provável que tenha espaço para armazenar os equipamentos que não estiver usando. Em vez da posse, a locação *peer-to-peer* se torna mais desejável, porque você não terá espaço para armazenar tudo aquilo que possuir. Então, é mais provável que o indivíduo que possui esses equipamentos more mais perto.[20]

Para concluir, o capitalismo de multidão, que frequentemente representa um afastamento das formas tradicionais de posse, também pode ser atraente por incentivar comportamentos com potencial de prevenir – ou, ao menos, retardar – nossa futura crise ambiental. A locação, em vez da posse, utiliza menos produtos, com melhor eficiência entre um maior grupo de pessoas. Isso é bom para o ambiente, pois os danos ecológicos causados pela manufatura, embalagem e transporte de novas mercadorias é reduzido, e menos lixo vai para os aterros.

Em sua publicação de 2015, *Peers Inc* (*Pares S/A*), a autora Robin Chase discute diversos exemplos de como a economia compartilhada pode resolver o que ela entende como uma crise ecológica iminente. Como descreve na Introdução, ela acredita que as ideias representadas pela economia compartilhada são "a única forma de atingirmos a velocidade, escala e adaptação local necessárias para enfrentar as mudanças climáticas a tempo de prevenir a mudança catastrófica que causamos."[21] A recente popularidade dos serviços UberPOOL e Lyftline, serviços de compartilhamento de veículos que conectam passageiros indo na mesma direção em um mesmo veículo compartilhado em tempo real, talvez sejam os avanços mais promissores para concretizar essa visão.

---

[20] Duncan McLaren e Julian Agyeman mergulham de cabeça nesta e em outras formas pelas quais as cidades são complementares à economia compartilhada, em seu excelente livro *Sharing Cities*. MIT Press: Cambridge, MA, 2015.

[21] Robin Chase, *Peers Inc: How People and Platforms Are Inventing the Collaborative Economy and Reinventing Capitalism*. Nova York: PublicAffairs, 2015, p. 4.

Os alicerces digitais e socioeconômicos que desenhei neste capítulo criaram um vertiginoso portfólio de plataformas que estão permitindo um capitalismo de multidão crescentemente massificado. Que forma terá a próxima reorganização da atividade econômica? Nos dois capítulos seguintes, vou levantar as paredes sobre os alicerces que construí até agora. Vamos ver os tipos de instituições que são as plataformas atuais, como elas representam uma nova forma de organização da atividade econômica entre a empresa e o mercado, e como algumas das mudanças digitais que discutimos definirão e darão escala para o mundo descentralizado e *peer-to-peer* do futuro.

3

Plataformas: os bastidores

> À medida que a empresa moderna adquiriu funções até então executadas pelo mercado, ela se tornou a mais poderosa instituição na economia dos EUA, e seus gestores, o mais influente grupo de decisores econômicos. Portanto, a ascensão da empresa moderna nos EUA trouxe consigo o capitalismo gerencial.
>
> Alfred Chandler, *The Visible Hand* (1977)

Em seu artigo de 1987 intitulado "Electronic Markets and Electronic Hierarchies", os professores do MIT, Tom Malone, Joanne Yates e Robert Benjamin, fizeram uma afirmação corajosa: as tecnologias digitais levarão a uma mudança generalizada com o distanciamento das hierarquias e das corporações modernas que permeiam as economias avançadas, e a aproximação dos mercados.[1] Foi uma previsão impressionante. Na época, os mercados eletrônicos eram totalmente inéditos e muito rudimentares. Eram organizados por provedores de BBS,[*] que facilitavam a troca de software, ou por grupos da Usenet, fóruns de discussões semelhantes a e-mails que lembram os Grupos da Google de hoje em dia, nos quais os usuários poderiam facilitar a troca de itens, como gravações de shows ao vivo.[2]

---

[1] Thomas W. Malone, Joanne Yates e Robert I. Benjamin, "Electronic Markets and Electronic Hierarchies". Em *Comunicações do ACM*, v. 30, n. 6, 1987, pp. 484-497.

* N. E. A Bulletin Board System (BBS) foi um serviço anterior à internet, que permitia a conexão entre computadores e interações rudimentares entre os usuários, por meio de uma linha telefônica.

[2] Eu me lembro de ter visto a troca de fitas cassete com gravações de shows de Bob Dylan, no grupo rec.music.dylan da Usenet (atual Google), mediada por membros influentes do grupo, em uma forma inicial da regulação por pares que apresentarei no Capítulo 6.

O surgimento de Uber, Lyft, Airbnb e Etsy pode induzir você a concluir que Malone, Yates e Benjamin tiveram uma visão especialmente perspicaz do futuro. Entretanto, será que as plataformas contemporâneas da economia compartilhada realmente são mercados? Ou elas seriam apenas organizações do século XX com uma nova forma de relação de trabalho e, consequentemente, nada além de velhas hierarquias em novas roupas digitais?

Neste capítulo, explicarei como as plataformas da economia compartilhada podem representar uma nova estrutura para se organizar a atividade econômica, uma interessantíssima forma híbrida entre mercado e hierarquia, que pode sinalizar a evolução do capitalismo gerencial do século XX para o capitalismo de multidão do século XXI. Para contextualizar essa explicação, apresentarei um panorama geral conciso e seletivo de como a atividade econômica se organiza para que possamos contrastar esses dois polos opostos: mercado e hierarquia, e entender os papéis de cada um na economia. Depois, analisarei como as tecnologias digitais (desde seus primeiros impactos organizacionais perceptíveis até o surgimento das primeiras formas de organização por multidão, como a inovação aberta) gradualmente mudaram e recombinaram tais alternativas para organizar a atividade econômica.

Para nos ajudar a situar as plataformas da economia compartilhada (ou seja, as novas instituições de capitalismo de multidão) dentro do espectro mercado-hierarquia, eu classificarei mais de vinte dimensões que podem ser úteis para se avaliar os novos híbridos e para demonstrar como são fundamentalmente diferentes entre si. Eu concluirei este capítulo com um rápido panorama de algumas outras formas de se categorizar tais instituições, focando primariamente em modelos desenvolvidos por três pensadores, cujas ideias apresentei em capítulos anteriores: Lisa Gansky, Rachel Botsman e Jeremiah Owyang.

Mercados e hierarquias

Começaremos tentando entender melhor o que significam os termos *mercado* e *hierarquia* neste contexto. As economias capitalistas têm ao menos duas formas de organizar a atividade econômica. Há os mercados (*marketplaces*), nos quais indivíduos compram e vendem entre si e investem seu tempo e dinheiro na produção de bens e serviços utilizando seus próprios equipamentos

– eventualmente financiados pelos empréstimos de outros indivíduos. Os mercados são os locais onde a famosa mão invisível de Adam Smith determina os preços que equilibram oferta e demanda. Além disso, também existe a mão visível, as hierarquias (*hierarchies*), que geralmente entendemos como empresas, organizações ou órgãos governamentais. Essas entidades contêm dentro de si um conjunto de unidades operacionais que são administradas por uma hierarquia de empregados assalariados. Cada unidade operacional tem outros empregados assalariados que se dedicam às mais variadas atividades econômicas. Então, há coordenação e troca entre as unidades, que são facilitadas por essa hierarquia de executivos – e a unidade, como um todo, interage com clientes e fornecedores por meio do mercado.

Para apreciar tal distinção entre mercados e hierarquias, vamos considerar o exemplo da compra de produtos hortifrutigranjeiros (como carnes, grãos e outros produtos frescos ou *in natura*). Alguns consumidores preferem comprar em feiras direto do produtor, que é um tipo de troca mediada por um mercado. Os produtores trazem seus produtos para o local de venda, e os consumidores chegam, analisam o que está disponível e compram o que desejam. Os preços podem ser mais altos que os de supermercado.

Entretanto, quando você compra em lojas ou supermercados, como a Whole Foods, nos EUA, você está adquirindo produtos de uma hierarquia que coordenou a entrega de itens hortifrutigranjeiros frescos, oriundos de centenas de produtores locais, talvez utilizando um departamento de compras. O preço que você paga no abacate ou no frango orgânico provavelmente foi determinado por um departamento dedicado à precificação, que pode utilizar cálculos analíticos sofisticados. A distribuição das mercadorias dentro da loja é determinada por outro departamento. A loja onde você compra talvez seja seu próprio departamento operacional para as decisões cotidianas.[3]

---

[3] Embora algumas escolhas feitas pelos agricultores sejam influenciadas pela Whole Foods, eles não podem ser considerados parte da organização. Por exemplo, em junho de 2015, a varejista introduziu um sistema de avaliação, *Responsibly grown*, para classificar suas flores e o hortifrúti como *Não avaliado, Bom, Muito bom e Excelente* com base na análise de diversas práticas agrícolas, como saúde do solo, poluição do ar, redução de resíduos, bem-estar do agricultor, conservação de água e uso de organismos geneticamente modificados. Os agricultores (sobretudo aqueles economicamente dependentes da Whole Foods para acessar o consumidor) podem mudar suas escolhas em um ou mais aspectos para melhorar sua avaliação.

É difícil encontrar outros exemplos que contrastem mercados e hierarquias pois, nas economias ocidentais modernas, as hierarquias são as estruturas predominantes para se organizar a atividade econômica. O cientista social ganhador do Prêmio Nobel, Herbert Simon, resumiu tal predominância com maestria em seu artigo de 1991 sobre organizações e mercados, no qual descreveu a mítica visita de um marciano e como ele ficaria admirado pela descrição de nossa economia como uma economia de mercado:

> Imagine que [o visitante] [...] se aproxima da Terra vindo do espaço e está equipado com um telescópio que revela as estruturas sociais. As empresas são representadas, digamos, por áreas contínuas de cor verde com contornos internos em tom mais claro delimitando seus departamentos. As transações do mercado são representadas como linhas vermelhas conectando empresas, formando uma rede nos espaços entre elas. Dentro das empresas (e talvez entre elas), o visitante que se aproxima também consegue ver linhas em um azul mais claro, que são as linhas de autoridade que conectam os chefes com os diversos níveis de trabalhadores. Quando o visitante olha mais cuidadosamente para esse cenário, consegue ver uma das massas verdes se dividir, pois um braço se desvinculou de um dos departamentos. Ou pode ver um objeto verde engolir o outro. A essa distância, o seguro desemprego talvez não fosse visível.
>
> Independentemente de estar se aproximando dos EUA, URSS, China urbana ou União Europeia, a maior parte do espaço abaixo do visitante estaria dentro das áreas verdes, pois quase todos os habitantes seriam empregados – portanto, dentro dos limites das empresas. As organizações seriam a característica predominante em nossa paisagem. Uma mensagem enviada para seu planeta de origem descrevendo a cena iria falar sobre "grandes áreas verdes interconectadas por linhas vermelhas. Ela provavelmente não mencionaria "uma rede de linhas vermelhas conectando pontos verdes".[4]

A transição das economias, indo das transações de mercado governadas pela mão invisível de Adam Smith para as que observamos na atualidade, foi gradual. Em *The Visible Hand*, livro que citei na Introdução e na epígrafe deste capítulo, o economista e historiador Alfred Chandler traça essa transição desde o começo do século XIX até o final do século XX. Embora os EUA tenham sido basicamente

---

4 Herbert A. Simon, "Organizations and Markets". Em *The Journal of Economic Perspectives*, v. 5, 1991, pp. 25-44).

uma economia de mercado na época de Adam Smith, Chandler documenta a transição consistente para hierarquias de complexidade cada vez maior e que surgiram também como consequência de diversas mudanças tecnológicas que aconteceram ao longo de 200 anos.[5] O autor fala sobre a criação das grandes propriedades monocultoras, o surgimento das tecelagens, uso de arsenais, revoluções no transporte e comunicações induzidas pelas ferrovias e pelo telégrafo no meio do século XIX, seguidas pelo surgimento da distribuição em massa, em primeiro lugar, e pela produção em massa, na sequência. Ele relata o surgimento da corporação moderna, por meio da integração da produção em massa à distribuição em massa, sua expansão no início do século XX para as mais variadas áreas da indústria (alimentos, tabaco, petróleo, químicos e máquinas), chegando ao predomínio das hierarquias gerenciais modernas no século XX.

Uma das principais conclusões da história de Chandler é que o progresso tecnológico parece reforçar o afastamento do mercado e a aproximação de hierarquias crescentemente sofisticadas. Nesse contexto, as previsões de Malone, Yates e Benjamin (a quem irei me referir apenas como MYB para simplificar), de que as tecnologias digitais nos levariam para a direção oposta, parecem ser especialmente surpreendentes.[6]

Como as tecnologias digitais reorganizam a atividade econômica

Daremos uma olhada nos argumentos de MYB. A forma como a atividade econômica está organizada se baseia na magnitude relativa dos custos de produção e de coordenação das diversas atividades no mercado, os quais iremos chamar de custos externos de coordenação. Quando tais custos externos de coordenação são baixos em relação aos custos de produção, isso favorece a organização da atividade econômica por meio do mercado, na qual um indivíduo apenas

---

[5] Alfred D. Chandler Jr., *The Visible Hand: The Managerial Revolution in American Business.* Cambridge, MA: Harvard University Press, 1993; publicado originalmente em 1977.

[6] Acredito que grande parte da obra de Malone, Yates e Benjamin, assim como a obra de Vijay Gurbaxani e Seungjin Whang, se baseia nos trabalhos seminais de Friedrich Hayek (1937), Ronald Coase (1945) e Oliver E. Williamson's. Talvez até nos trabalhos posteriores de Sanford Grossman, Oliver Hart e John Moore e diversos outros excelentes economistas e cientistas sociais. Não estou buscando fazer uma análise sistemática da literatura aqui, mas uma breve discussão de alguns dos fundamentos intelectuais.

fará produtos para vender para outros indivíduos. Quando acontece o oposto, faz mais sentido organizar a atividade dentro de uma empresa ou hierarquia.

Entretanto, MYB defendem que é ainda mais importante considerar dois fatores adicionais: complexidade da descrição do produto e especificidade do ativo. Vamos entender melhor o que eles significam. Quando uma grande quantidade de informação é necessária para descrever os aspectos requeridos para uma transação econômica (ou quando um produto é complexo, como uma apólice de seguro), então há maior complexidade da descrição do produto associada a ela. No entanto, no mercado de ações, embora o ativo subjacente possa ser complicado, a informação necessária para se avaliar uma oferta específica é muito simples, como o código na bolsa (*ticker symbol*), seu preço ou quantidade. Ainda de acordo com MYB:

> Como as descrições de produto altamente complexas requerem mais troca de informações, elas também aumentam a vantagem da coordenação de custos das hierarquias sobre os mercados. Portanto, os compradores de produtos com descrições complexas mais provavelmente trabalham em um único fornecedor com relação forte e hierárquica (seja ela interna ou externa à empresa), enquanto os compradores de produtos com descrições simples (como ações ou *graded commodities*) podem comparar mais facilmente os diversos fornecedores alternativos em um mercado.[7]

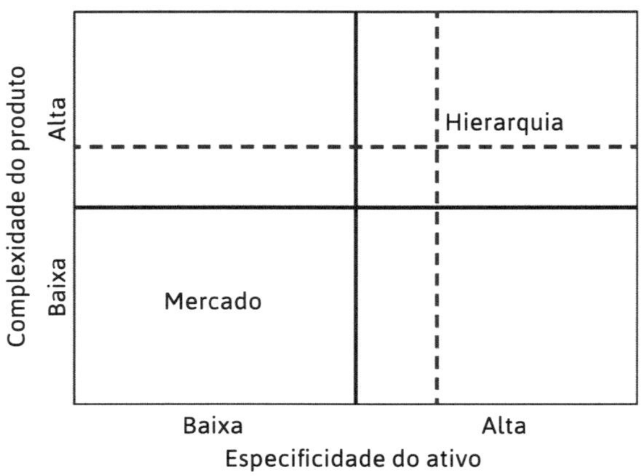

Figura 3.1
Representação simplificada do esquema de MYB.

[7] Thomas W. Malone, Joanne Yates e Robert I. Benjamin, *Electronic Markets*, p. 487.

O modelo apresentado por MYB está representado na Figura 3.1. À medida que as tecnologias digitais avançam, os custos de coordenação relativos ao processamento de descrições de produto com alta complexidade em um mercado caem, viabilizando as atividades com base no mercado para um grupo maior de atividades ou alterando a linha vertical da figura para cima, se aproximando do ponto representado como linha pontilhada.

Como a ideia de especificidade do ativo surgirá novamente, dedicaremos alguns parágrafos para entendê-la. Ela é a medida de como os investimentos feitos para suportar uma determinada transação têm maior valor para essa transação do que teriam se fossem empregados em qualquer outra finalidade.[8] A especificidade de ativos pode ter diversas formas. Por exemplo, quando algo tem um alto custo para ser movido (como o carvão de uma mina vizinha a uma fábrica), chamaremos isso de *específico de um local* (*site-specific*). Habilidades que são muito específicas a determinada empresa (saber como funcionam suas máquinas especializadas ou conhecer como funcionam seus processos) ou ativos que se depreciam rapidamente ao longo do tempo (o que MYB chamam de *especificidade temporal*) também têm maior probabilidade de ser específicos a uma atividade econômica.

Faz mais sentido organizar a atividade econômica dentro de uma organização ou hierarquia quando as entradas (habilidades ou atributos físicos) relacionadas a ela são específicas para aquela atividade econômica. A segunda parte do argumento de MYB é que o progresso das tecnologias digitais reduzirá a especificidade de ativos em muitas atividades econômicas, movendo a linha vertical da figura para a direita, e jogando um grupo de atividades econômicas para o mercado.

Nem todo mundo concordou com as previsões unilaterais de MYB. Alguns anos mais tarde, Vijay Gurbaxani e Seungjin Whang reconheceram que "os avanços recentes em TI obviamente introduziram grande eficiência operacional na economia de mercado, fornecendo mecanismos de mercado mais eficientes e, portanto, diminuindo os respectivos custos das transações de mercado". Eles também notaram que houve um toma lá dá cá.[9] Fora os

---

8 Oliver E. Williamson, *Markets and Hierarchies: Analysis and Antitrust Implications*. Nova York: Free Press, 1975.

9 Vijay Gurbaxani e Seungjin Whang, "The Impact of Information Systems on Organizations and Markets". *Em Comunicações do ACM 34*, v. 1, 1991, pp. 59-73.

custos externos de coordenação associados às transações de mercado, há um conjunto de custos internos de coordenação que as hierarquias carregam. Eles crescem à medida que as organizações ganham escala, à medida que a estrutura gerencial fica mais inchada e os interesses e incentivos dos trabalhadores perdem alinhamento ou conexão com os objetivos mais gerais da empresa. Consequentemente, a ineficiência resulta do inchaço da burocracia.

Gurbaxani e Whang sustentam que as tecnologias digitais podem reduzir os custos de coordenação tanto internos quanto externos, o que significa que os efeitos finais podem ser níveis maiores ou menores de atividades dentro das fronteiras tradicionais da organização: "Uma empresa pode utilizar sistemas de informações para descentralizar alguns direitos decisórios e centralizar outros, explorando os méritos de ambos os sistemas e chegando a uma estrutura híbrida".[10] Em um ponto de vista contrário às previsões mais definitivas, apresentado por Malone, Yates e Benjamin, eles concluem que:

> Pesquisas anteriores (por exemplo, [a publicação de Malone, Yates e Benjamin, em 1987]) focaram nos impactos da TI nos custos externos de coordenação, levando à previsão de que o tamanho vertical das empresas diminuiria, à medida que a utilização da TI aumentasse. Nosso modelo indica claramente que esse é um dos efeitos prováveis. Entretanto, nossas conclusões demonstram a importância de se desenvolver um sistema integrador que também considere os custos internos de coordenação e o papel correspondente da TI. Nosso modelo apresenta uma descrição completa da estrutura de custos de uma empresa. Com base nesse modelo, concluímos que o uso de TI por uma empresa pode resultar em um aumento ou diminuição de suas dimensões horizontais ou verticais.[11]

Em outras palavras, MYB sugerem que o progresso digital leva a um crescimento horizontal, expandindo a atividade econômica para além das fronteiras geográficas tradicionais de uma empresa, e também a uma diminuição no crescimento vertical ou uma redução no tamanho e na complexidade de sua hierarquia. Gurbaxani e Whang, entretanto, sustentam que ambos os tipos de crescimento podem ser promovidos por meio das tecnologias digitais, e que a

---

[10] *Ibid.*, 71.

[11] *Ibid.*, 71-72.

direção ou mudança da atividade econômica não pode ser adequadamente antecipada.

Mas o que aconteceu desde então? As tecnologias digitais permeiam a economia na atualidade, mas as mudanças persistentes não moveram a organização da atividade econômica para nenhuma direção específica. De acordo com os resultados das pesquisas do economista Erik Brynjolfsson e seus colaboradores (Lorin Hitt, da Universidade da Pensilvânia, Timothy Bresnahan, da Universidade de Stanford, e meu colega da Universidade de Nova York, Prasanna Tambe, entre outros), as tecnologias digitais têm o potencial de melhorar drasticamente a produtividade da atividade econômica organizada dentro das empresas. Contudo, tais ganhos de produtividade apenas se acumulam em empresas que também investem nas chamadas mudanças organizacionais complementares, que representam 20% das empresas analisadas. São a reformulação do trabalho, o aumento na remuneração baseada em desempenho, o maior empoderamento dos trabalhadores e o achatamento da hierarquia.[12] Também notamos uma ampla gama de terceirização, que se tornou possível pelas tecnologias digitais, como James Quinn, da Faculdade de Dartmouth, descreveu detalhadamente em seu artigo para a MIT Sloan Management Review.[13] Por exemplo, a ampla maioria das empresas terceiriza parte ou a totalidade das atividades de suporte de TI e das operações de *call center*, e praticamente toda a manufatura de alta tecnologia é feita por algumas empresas gigantes na China, em Taiwan e na Coreia do Sul. Muitas empresas, ao descobrirem que os custos de coordenação associados à terceirização no exterior eram altos, optaram pelo meio termo do *offshoring*, transferindo postos de trabalho para fora do país, mas mantendo tais atividades dentro de unidades operacionais próprias, baseadas em países com mão de obra mais barata.

Examinarei a evolução do *offshoring* em detalhes quando analisar como o capitalismo de multidão redefine o trabalho, no Capítulo 7. Neste livro,

---

[12] Erik Brynjolfsson e Lorin Hitt, "Beyond Computation: Information Technology, Organizational Transformation and Business Performance" (em *Journal of Economic Perspectives*, v. 14, n. 4, 2000, pp. 23-48); Timothy F. Bresnahan, Erik Brynjolfsson e Lorin M. Hitt, "Information Technology, Workplace Organization, and the Demand for Skilled Labor: Firm-Level Evidence' (em *Quarterly Journal of Economics*, v. 117, 2002, pp. 339-376); Prasanna Tambe, Lorin Hitt e Erik Brynjolfsson, "The Extroverted Firm: How External Information Practices Affect Innovation and Productivity" (em *Management Science*, v. 58, 2012, pp. 678-697).

[13] James Quinn, "Strategic Outsourcing: Leveraging Knowledge Capabilities". Em *MIT Sloan Management Review*, 15-7-1999. Disponível em http://sloanreview.mit.edu/article/strategic-outsourcing-leveraging-knowledge-capabilities. Acesso em 3-4-2018.

é importante dar linhas gerais para nosso entendimento das plataformas da economia compartilhada, analisando o surgimento concomitante de um tipo muito específico de microterceirização de atividades inovadoras. Nela, em vez de contratar um fornecedor específico, a empresa "terceiriza com a multidão": posta diversos desafios ou requisitos em uma plataforma digital e deixa que as boas ideias venham à superfície. Depois, captura e traz tais ideias para seus processos produtivos.

Um desses paradigmas com base na multidão é comumente chamado de *inovação aberta*, a noção de que as empresas podem e devem utilizar ideias externas – bem como internas – para executar suas atividades econômicas. O conceito da inovação aberta está associado mais exatamente ao trabalho de dois professores: Henry Chesbrough, da UC Berkeley, que introduziu a ideia para o grande público em seu livro *Open Innovation: The New Imperative for Creating and Profiting from Technology*, de 2003, e Eric von Hippel, do MIT, que escreveu o livro *Democratizing Innovation*, de 2005 – uma voz solitária no final da década de 1980, ao defender que clientes e usuários de fora da empresa eram importantes fontes de inovação.[14] Como explica minha colega da Universidade de Nova York, Stern Hila Lifshitz-Assaf, em seu estudo sobre inovação aberta na Nasa:

> [...] até recentemente, o consenso prevalente nas mais diversas correntes de literatura teórica e empírica era de que a inovação deveria ocorrer (e efetivamente ocorre) dentro das fronteiras da empresa. Entretanto, um novo modelo comumente chamado de *aberto* ou *produção por pares* (*peer innovation*) vem recentemente desafiando a permeabilidade de tais fronteiras.[15]

Um exemplo precoce da inovação aberta surgiu na plataforma Threadless, descrita em detalhes em um estudo de caso de 2009 da Harvard Business School, pelo professor Karim Lakhani, um importante pesquisador desse assunto na atualidade. Fundada em 2000, a Threadless faz camisetas impressas e outras peças de vestuário e acessórios, mas não tem nenhum designer como

---

[14] Henry Chesbrough, *Open Innovation: The New Imperative for Creating and Profiting from Technology* (Cambridge, MA: Harvard Business School Press, 2003) e Eric von Hippel, *Democratizing Innovation* (Cambridge, MA: The MIT Press, 2005).

[15] Hila Lifshitz-Assaf, "From Problem Solvers to Solution Seekers: The Permeation of Knowledge Boundaries at NASA". Em *SSRN*, 2-5-2014. Disponível em http://ssrn.com/abstract=2431717. Acesso em 3-4-2018.

empregado. Em vez disso, as criações são desenvolvidas e escolhidas por sua comunidade *on-line*. A cada semana, centenas de criações são enviadas para a plataforma. A comunidade então vota e escolhe. Com base nos resultados e outros *feedbacks* da comunidade, cerca de dez criações são selecionadas semanalmente. Em outras palavras, a multidão gera os concorrentes e escolhe os vencedores, enquanto a Threadless cuida da produção e comercialização. Outro exemplo precoce de inovação aberta aconteceu na IDEO, uma das mais importantes empresas de design do mundo, por meio de sua iniciativa OpenIDEO, que foi amplamente estudada por Lakhani e minhas colegas da Universidade de Nova York, Natalia Levina e Anne-Laure Fayard.[16]

A inovação aberta é um assunto fascinante e faz parte de um conjunto mais amplo de dados de pesquisa sobre a evolução das práticas que permitem que empresas utilizem recursos e habilidades fora de suas fronteiras, de acordo com Levina. Ela também nos apresenta uma perspectiva antecipada da derrubada digital das fronteiras entre o mercado e as hierarquias tradicionais, que acontece atualmente. Como explicam Linus Dahlander e David M. Gann em sua análise sobre o que o termo "aberta" (na expressão "inovação aberta") realmente significa: "a abertura é, em parte, definida pelas diversas formas de relação com agentes externos e, portanto, fortemente relacionada com um debate mais amplo sobre as fronteiras da empresa".[17] Os autores concluíram que essa derrubada de fronteiras acontece em duas diferentes dimensões: de dentro para fora (a empresa revela seus recursos para a comunidade) ou de fora para dentro (a empresa busca recursos fora de suas fronteiras), havendo ou não dinheiro envolvido em tais transações. Cada forma tem seus diferentes custos e benefícios.

Essa variação, documentada nos estudos de inovação aberta, é interessante, pois é precursora em diversas plataformas que conhecemos, à medida que os novos modelos da economia compartilhada derrubam as fronteiras entre empresas e o mercado. Voltarei para este tópico na seção seguinte.

---

[16] Veja, por exemplo, o *case* OpenIDEO da Harvard Business School, de 2012. Disponível em http://www.hbs.edu/faculty/Pages/item.aspx?num=41519. Acesso em 3-4-2018.

[17] Linus Dahlander e David M. Gann, "How Open Is Innovation?". Em *Research Policy*, v. 39, 2010, p. 700.

Plataformas são um novo híbrido empresas-mercado?

É possível entender o surgimento da economia compartilhada por diversos motivos, como o ápice natural de tais tendências em direção às organizações digitais, à terceirização, à inovação aberta e à permeabilidade das fronteiras da empresa. Uma perspectiva é que a multidão passou de uma posição na qual apenas fornecia as ideias (inovação aberta) para uma posição na qual presta serviços (capitalismo de multidão). Em outras palavras, será que é possível ver Uber e Airbnb apenas como operações gigantes de microterceirização, com centenas de milhares – em breve, milhões – microempreendedores?

Acredito que seja mais útil ver tais novas instituições como híbridas entre um mercado puro e uma hierarquia. A Tabela 3.1 apresenta algumas dimensões associadas às hierarquias e mercados, classificando quatro plataformas populares (Uber, Airbnb, Etsy e TaskRabbit) em cada uma das 22 dimensões. Irei retornar a muitas dessas dimensões no Capítulo 8, mostrando como elas podem também ser úteis para se avaliar as formas nas quais os prestadores de serviços de uma plataforma são similares a empregados, ou se as plataformas em si apoiam o empreendedorismo da economia compartilhada.

Tabela 3.1
Plataformas: hierarquias, mercados ou híbridos?

Característica	Airbnb	Uber	Etsy	TaskRabbit
Similares a hierarquias				
Plataforma fornece financiamento da "produção" para prestadores	Não	Sim	Não	Não
Plataforma fornece mentoria centralizada	Sim	Não	Não	Sim
Plataforma facilita mentoria *peer-to-peer*	Sim	Não	Sim	Não
Plataforma facilita grupos da comunidade de prestadores	Sim	Sim	Sim	Não
Plataforma fornece suporte centralizado ao cliente	Sim	Sim	Não	Sim
Plataforma cuida do processamento dos pagamentos	Sim	Sim	Sim	Não
Plataforma cuida da logística para levar o serviço aos clientes	Não	Sim	Não	Não****
Plataforma atribui prestador ao cliente	Não	Sim	Não	Não**

Característica	Airbnb	Uber	Etsy	TaskRabbit
Plataforma atribui cliente ao prestador	Não	Não	Não	Sim
Plataforma fornece seguro, caução ou outra mitigação de risco	Sim	Sim	Sim	Não
Plataforma fornece suprimentos cotidianos para prestadores	Não	Sim	Não	Sim
Similares a mercados				
É fácil começar e parar de prestar serviços	Sim	Sim*	Sim	Sim
Prestador adquire ou utiliza bens próprios para produção	Sim	Sim	Sim	Sim
Prestador assume tarefas complexas de gestão de estoque/fornecimento	Sim	Sim**	Sim	Sim
Prestador define preços	Sim***	Não	Sim	Sim
Prestador comercializa livremente como desejar (descrição, foto)	Sim	Não	Sim	Sim
Prestador tem contato presencial com cliente	Sim	Sim	Não	Sim
Prestador tem contato virtual com cliente	Sim	Não	Sim	Sim
Novas habilidades híbridas				
Sistemas de *feedback peer-to-peer*	Sim	Sim	Sim	Sim
Sistemas transparentes de *feedback peer-to-peer*	Sim	Não	Sim	Sim
Seleção de prestadores por meio de plataforma	Sim	Sim	Não	Sim
Meios para indicadores externos de confiança	Sim	Sim	Sim	Sim
Processamento de pagamentos	Sim	Sim	Sim	Sim

*Alguns motoristas da Uber são pressionados pelos financiamentos de seus veículos.

**Em determinadas cidades, os funcionários da Uber podem enviar informações para motoristas sugerindo onde e quando estar disponível.

***O Airbnb tem uma ferramenta de precificação na própria plataforma.

****A TaskRabbit apresenta sugestões e talvez restrinja clientes de navegarem por todos os prestadores disponíveis.

Meus alunos de MBA da Universidade de Nova York, Stern Andrew Covell, Varun Jain e June Khin, me ajudaram a classificar mais de cem plataformas da economia compartilhada utilizando tal modelo. Nossa pesquisa sugere que há uma enorme variação entre as diferentes plataformas. Algumas se parecem com mercados que facilitam o empreendedorismo, outras parecem ser hierarquias que utilizam prestadores de serviços. Ao lado de Airbnb, Etsy e BlaBlaCar, plataformas de mão de obra, como Upwork e Thumbtack, plataformas de gastronomia social, como VizEat e EatWith, e plataforma de contratação de guias turísticos Vayable (fundada pela pioneira da economia compartilhada Jamie Wong) são claramente mais próximas do que é um mercado. As plataformas de caronas Lyft e Uber ficam em um terreno intermediário, e os serviços ou plataformas de mão de obra, como Luxe, Postmates e Universal Avenue se aproximam mais de uma hierarquia que outras plataformas da economia compartilhada.

Claro que essa é apenas uma das inúmeras maneiras de se categorizar as plataformas. Elas poderiam ser ordenadas pelos serviços oferecidos por prestadores da plataforma, por seu modelo de negócios, pelo tipo de produto cujo modelo de consumo foi alterado, por indústrias ou segmentos passando pela disrupção – ou uma combinação de tais fatores. Encontrei três outros modelos que achei necessários para organizar minha forma de pensar. Eles são uma lente incrivelmente útil, por meio da qual é possível entender as diferenças entre as centenas – talvez milhares – de entidades que são (ou serão) chamadas de plataformas sob demanda, de multidão ou da economia compartilhada.

A rede distribuída de Gansky

Em seu livro *Mesh*, Lisa Gansky define duas dimensões nas quais seria possível avaliar um produto antes de determinar se uma plataforma de locação *peer-to-peer* provavelmente surgirá dele: o seu valor (custo) e intensidade da sua utilização pelo proprietário (frequência de uso). Em seu modelo, produtos de baixa utilização e alto valor (canto inferior direito) estão na zona dourada da rede distribuída (*mesh sweet spot*), como podemos ver na Figura 3.2. E por quê? Bem, os produtos que não são utilizados muito intensivamente por seu proprietário, como um carro ou um aspirador de pó, têm muita capacidade ociosa. Portanto, a perspectiva de locação faz mais sentido. Entretanto, se o produto não for suficientemente valioso, a coordenação de custos associados com o mercado de locação será alta demais em relação ao valor obtido pela locação (ou arrendamento). Portanto, a locação *peer-to-peer* de carros de 30 mil dólares faz sentido – mas a locação de aspiradores de 100 dólares, talvez nem tanto.

Figura 3.2
Representação esquemática do potencial de rede distribuída de Gansky.

O modelo de Gansky apresenta um ponto de partida sofisticado para se avaliar a probabilidade de surgimento do capitalismo de multidão para diferentes categorias de produto. Como apresentado na Introdução, já vimos surgir mercados de locação *peer-to-peer* de veículos em diversos países, como nos EUA (Getaround), na França (Drivy) e na Holanda (SnappCar).

Conforme a lógica de Gansky, podemos também esperar uma grande atividade no mercado de produtos de alto luxo, como relógios Rolex. Em 2013, uma nova *startup* chamada Eleven James lançou um serviço de locação para relógios de alto custo. Entretanto, para que surja uma plataforma *peer-to-peer* de verdade, é necessário haver primeiro a inovação nos modelos de seguro para aquela categoria de produto. Ambas as plataformas que lançaram a locação *peer-to-peer* de automóveis nos EUA, Getaround e Turo, passaram cada uma delas mais de um ano trabalhando com as seguradoras para desenvolver e comercializar um tipo de seguro completamente novo que cobrisse a locação por parte do proprietário para o não proprietário.

O modelo de Gansky pode ser aplicado instantaneamente para se avaliar o valor da capacidade ociosa inerente dos produtos, bastando multiplicar o valor de um produto pela fração de tempo em que ele não é utilizado para se computar o valor de locação latente de um ativo. A conclusão é que os ativos que possuem um alto valor de locação latente ("valor de capacidade ociosa", no jargão de Botsman, ou "mais compartilháveis", conforme Benkler) são aqueles para os quais surgirá um mercado de locação *peer-to-peer*. Portanto, mesmo que uma residência seja utilizada intensivamente, até uma pequena fração da capacidade ociosa pode levar a um alto valor de locação latente porque o ativo subjacente tem um valor altíssimo. O sucesso do Airbnb é a comprovação do potencial em se utilizar esse valor de locação latente.

Adicionalmente, assim como a especificidade de ativos associada a certas atividades econômicas comerciais define sua organização (em hierarquias ou mercados), frequentemente há uma especificidade de ativos que determina o valor que um cliente obterá de um produto. Quanto mais alta a especificidade, mais baixa a probabilidade de vermos mercados de locação *peer-to-peer*. Por exemplo, para uma mesma intensidade de utilização, quanto mais customizado for um produto para determinado usuário (por exemplo, um vestido de noiva feito sob medida), menos locável ele será. Da mesma forma, quanto menos investimentos específicos para determinado cliente estiverem associados a um ativo (por exemplo, um equipamento de pesca ou uma barraca), maior a probabilidade de vermos mercados de locação *peer-to-peer* emergirem. Além disso, quanto maior o nível necessário de aprendizado específico para se gerar valor com um produto, maior a probabilidade de permanecer apenas sob posse, em vez de locado.

Também é mais provável que um mercado de locação surja quando o valor de locação latente de um ativo representar um percentual mais alto da renda de seu proprietário. Sabemos que, a partir do "efeito da renda" e do "efeito da riqueza" da microeconomia clássica, pessoas com rendas mais altas e com grande riqueza têm maior probabilidade de possuir bens mais valiosos. Entretanto, há certos itens valiosos (como automóveis) de propriedade de todas as pessoas ao longo do espectro de renda. Também há itens valiosos de propriedade de pessoas que podem não possuir uma renda especialmente alta, por terem importância profissional ou serem altamente cobiçados. Por exemplo, cineastas independentes podem possuir comumente equipamentos valiosos de filmagem e fotografia que representam um percentual muito alto de sua renda. Da mesma forma, *early adopters* de equipamentos criativos, que gastam muito tempo e dinheiro com produtos novos e descolados, podem comprar, por exemplo, o mais recente Oculus Rift. Como apresentado na Introdução, o KitSplit é um mercado de locação *peer-to-peer* para esse tipo de equipamento.

Fora isso, a maior parte dos itens, até mesmo aqueles que tenham apelo de *status*, transmite valor por meio do que eu chamo de valor de consumo. É o que você obtém ao utilizar o seu iPhone ou Rolex. Contudo, outros itens possuem valor de propriedade quando a simples posse do produto possui significado pessoal (por exemplo, um anel de noivado ou a primeira edição autografada do seu livro favorito) ou porque molda a identidade de alguém (uma joia com significado cultural, por exemplo, embora a identidade também possa estar conectada ao carro que alguém possui). Um produto com um baixo valor de propriedade é especialmente adequado para a locação *peer-to-peer*.

A taxa de depreciação de um ativo tem uma relação complicada com sua rentabilidade. Por um lado, os proprietários de bens que se depreciam rapidamente (como roupas de alto luxo, cujo valor está associado à estação atual) têm maiores incentivos para ceder esses itens em locação e obter o maior valor possível antes de decaírem. Acredito que veremos maior prevalência de serviços de locação operados por empresas (como a Rent the Runway) para esse tipo de produto. Por outro lado, bens que retêm seu valor ao longo do tempo têm uma capacidade ociosa mais alta em sua vida útil e são, portanto, mais adequados para locação *peer-to-peer*.

Voltarei para a lógica econômica dos mercados de locação *peer-to-peer* com mais profundidade no Capítulo 5.

Os quatro quadrantes de Botsman

Em 2013, Rachel Botsman propôs um modelo para se organizar a economia colaborativa definindo quatro grandes áreas de atividade econômica: produção colaborativa, consumo colaborativo, finanças colaborativas e educação colaborativa.[18] Produção colaborativa é relativa à concepção, produção e distribuição de bens por meio de redes colaborativas. Já o consumo colaborativo busca maximizar bens por meio de sua distribuição compartilhada (Airbnb e Getaround são bons exemplos). A terceira categoria envolve as formas colaborativas de

---

18 Rachel Botsman, "The Sharing Economy Lacks a Shared Definition". Disponível em www.fastcoexist.com/3022028/the-sharing-economy-lacks-a-shared-definition. Acesso em 3-4-2018.

financiamento, como Funding Circle, Kiva ou Bitcoin (que permitem que se realizem transações sem os intermediários tradicionais). A quarta e última área consiste nas formas colaborativas de educação, como Coursera e edX (que permitem que pessoas no mundo todo façam cursos em universidades de ponta, sendo alunos matriculados ou não) ou Skillshare e Trade School (que oferecem modelos *peer-to-peer* alternativos para se obter conhecimento).

A colmeia de Owyang

À medida que o capitalismo de multidão evoluiu em 2012 e 2013, Jeremiah Owyang desenvolveu uma classificação com base no setor-segmento das diversas atividades econômicas que ele entendeu como colaborativas. Seu modelo de colmeia da economia colaborativa apresenta uma categorização matizada relativa a 2015. E é uma forma útil de se acompanhar o escopo e o impacto dessa nova forma de se organizar a atividade econômica nos diversos setores da indústria.[19]

Até a escrita deste livro, as amplas categorias de Owyang incluíam apoio ao trabalhador, aprendizado, beleza e bem-estar, municipal, dinheiro, mercadorias, saúde, espaço, alimentação, infraestrutura, mobilidade, serviços, logística, compartilhamento de veículos, corporativo e análise e reputação. Entretanto, cada uma dessas categorias tem subdivisões, ou seja, para cada categoria, há matizes que detalham a especificidade das diversas atividades da economia compartilhada. A Colmeia de Owyang também demonstra claramente que, da mesma forma que a economia compartilhada está sendo utilizada para fomentar o compartilhamento e microempreendedorismo mais puro, ela também está sendo abarcada pelas grandes corporações.

O capitalismo de multidão da atualidade parece criar novas instituições para organizar a atividade econômica, as quais oferecem valor para as mais diversas pessoas no espectro econômico, sejam consumidores sejam produtores. A mesma coisa se pode dizer da nova geração de tecnologias descentralizadas *peer-to-peer*, que são o assunto do próximo capítulo.

---

[19] Jeremiah Owyang, "Collaborative Economy Honeycomb 2 – Watch it Grow". Em *Web Strategist*, 7-12-2014. Disponível em http://www.web-strategist.com/blog/2014/12/07/collaborative-economy-honeycomb-2-watch-it-grow. Acesso em 3-4-2018.

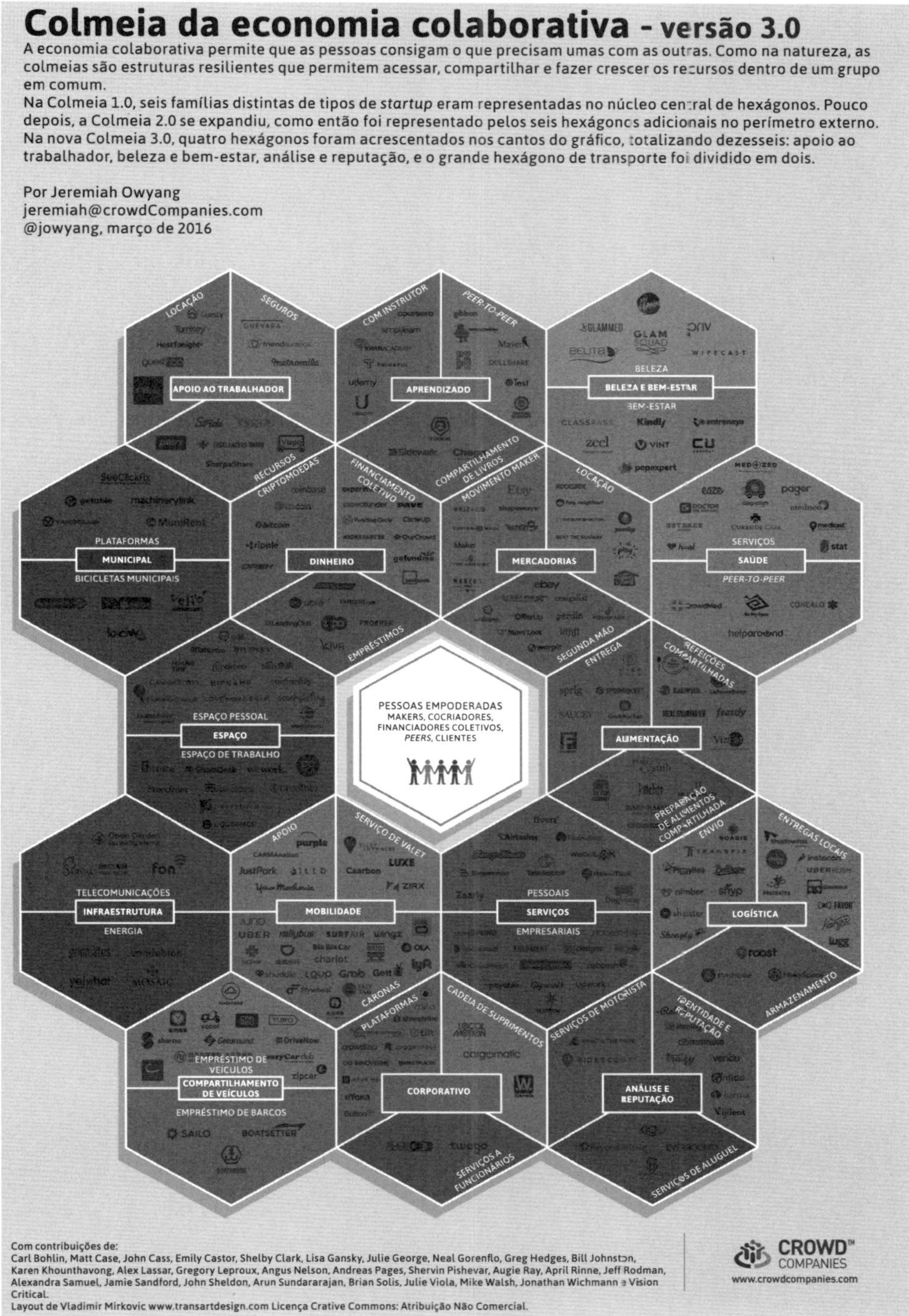

Figura 3.3
Colmeia da economia colaborativa.

4

Economias de *blockchain*: a multidão como criadora dos mercados

> Imagine como seria fazer apostas sem um cassino, negociar ações sem uma bolsa, transações imobiliárias sem escrituras, compensação sem câmaras de compensação – é o mundo para o qual estamos caminhando. Atualmente, estamos apenas boiando na superfície.
>
> Fred Wilson, em uma palestra na Collaborative-Peer-Sharing Economy Summit (Conferência de economia colaborativa-*peer*-compartilhada), Universidade de Nova York, 30 de maio de 2014

Em junho de 2015, a empresa nova-iorquina de capital de risco Union Square Ventures (USV), conhecida por ter investido no início da gigante em mídia social Twitter e na plataforma de *microblogging* Tumblr, anunciou um investimento inicial de 3,4 milhões de dólares em uma nova empresa chamada OB1.[1]

Quando o investimento foi anunciado, havia poucas informações públicas sobre a OB1. As pesquisas na internet traziam mais resultados de grupos de discussão sobre a forma de se escrever o nome do personagem Obi-Wan Kenobi, de Guerra nas Estrelas. O site da empresa, uma página *clean*, serena e de um branco Zen não apresentava nenhum detalhe adicional, apenas dava a promessa de "Ajudar a tornar gratuitas as negociações para qualquer um, em qualquer lugar".

[1] Veja o link para a OB1 disponível em https://www.usv.com/portfolio#2015. Acesso em 3-4-2018.

Brad Burnham, o sócio da USV que liderou o investimento, explicou em um post que a OB1 foi criada para fazer avançar o desenvolvimento do OpenBazaar, um protocolo descentralizado e *open-source* de mercado. Para os desavisados, uma visita ao site da OpenBazaar daria a impressão de que a iniciativa é subversiva, até sinistra. "Embora a internet seja global, governos e corporações estão restringindo a livre negociação", diz uma voz em *off* em um vídeo promocional da OpenBazaar.[2] "Eles coletam seus dados e violam sua privacidade. Eles censuram suas transações para conseguir sua fatia do bolo. Chegou a hora de tomar de volta o controle."

Não ajuda muito olhar para a história da OpenBazaar. Ela evoluiu de um protótipo de mercado *peer-to-peer* chamado DarkMarket, desenvolvido em abril de 2014 por Amir Taaki, fundador do grupo anarquista da internet unSYSTEM. Taaki criou o DarkMarket após o fechamento de um mercado chamado Silk Road, mais conhecido por facilitar as vendas ilegais de drogas e cujo fundador, Ross Ulbricht, está atualmente em prisão perpétua nos EUA.[3] "Como uma hidra, aqueles de nós na comunidade que fazem avançar o empoderamento individual estão em uma corrida armamentista para dar às pessoas as ferramentas de que elas precisam para a próxima geração de mercados negros digitais", explicou Taaki para o repórter da Wired Andy Greenberg em 2014.[4]

Em seu site, a OpenBazaar se compromete a ter zero taxa, indicando que, como não há partes intermediando as transações, não há taxas a pagar. Como Burnham explica sobre a OpenBazaar em seu post, "não há como uma autoridade central utilizar o poder de mercado do efeito de rede para gerar renda sobre os participantes".[5]

Na atualidade, a maior parte dos investidores de capital de risco parece estar despejando dinheiro nas plataformas da economia compartilhada que parecem conseguir fazer exatamente o que Burnham afirma que a OpenBazaar

---

[2] Esse vídeo foi postado no YouTube e está disponível em https://youtu.be/nuRgHbTU9pk. Acesso em 3-4-2018.

[3] Benjamin Weiser, "Ross Ulbricht, Creator of Silk Road Website, Is Sentenced to Life in Prison". Em *New York Times*, 29-5-2015. Disponível em http://www.nytimes.com/2015/05/30/nyregion/ross-ulbricht-creator-of-silk-road-website-is-sentenced-to-life-in-prison.html. Acesso em 3-4-2018.

[4] Andy Greenberg, "Inside the 'DarkMarket' Prototype, a Silk Road the FBI Can Never Seize". Em *Wired*, 24-4-2014. Disponível em http://www.wired.com/2014/04/darkmarket. Acesso em 3-4-2018.

[5] Brad Burnham, "Introducing OB1". Em *USV Blog*, 11-6-2015. Disponível em https://www.usv.com/blog/introducing-ob1. Acesso em 3-4-2018.

torna impossível ("utilizar o poder de mercado do efeito de rede para gerar renda sobre os participantes"). Portanto, por que uma empresa de capital de risco de sucesso e com grande visibilidade, como a USV, iria querer investir em uma empresa que tem como objetivo desenvolver uma tecnologia que, além de ser desconectada da rede (*off the grid*), é *open-source* e tem um compromisso com zero taxa? Burnham explica:

> É necessário entender como a OB1 pode ser um negócio com fins lucrativos, que gerará retorno sobre o investimento que estamos anunciando hoje. Como é possível que uma empresa intencionalmente criada para desfazer a defensabilidade do efeito de rede, que está derrubando fronteiras e retirando as barreiras que todos os artigos sobre competição de mercado insistem serem fundamentais, tenha sucesso?
>
> A OB1 oferecerá um portfólio de serviços com valor agregado para compradores e vendedores no mercado OpenBazaar. Eles acreditam que terceiros oferecerão serviços aos participantes da OpenBazaar, e não esperam ter nenhuma vantagem proprietária sobre esses competidores. Como investidores, esperamos que sua familiaridade com o mercado e o ágio que será gerado como investidores iniciais do projeto *open-source* deem a eles uma vantagem. Contudo, entendemos que deve ser executado muito bem ou seremos deixados para trás.[6]

O tempo dirá se a USV considera a OB1 uma história de sucesso, mas é um investimento mais promissor do que parece. OB1 é parte de uma nova geração de sistemas *peer-to-peer* que prometem expandir consideravelmente o potencial do capitalismo de multidão nos próximos anos, mudando o papel de fonte de capital e mão de obra da multidão para um papel de propriedade e execução do mercado, de forma descentralizada. Muitos desses sistemas nascentes se baseiam nas ideias e tecnologias de *blockchain* que dão suporte à famosa moeda digital Bitcoin.

E a USV está longe de ser a única interessada nessa tecnologia. Adam Ludwin, um sócio da RRE Ventures, atualmente dirige uma *startup* chamada Chain, também financiada pelo famoso investidor do Vale do Silício, Vinod Khosla. A RRE, juntamente à empresa de capital de risco Andreessen Horowitz, já investiu na Ripple Labs, que está construindo um mercado com base

---

[6] *Ibid.*

em *blockchain* para compensação bancária. Os sócios da Andreessen Horowitz, Marc Andreessen e Chris Dixon, sempre expressam sua empolgação com a promessa comercial do *blockchain*.

Esses são apenas alguns exemplos de um novo paradigma de tecnologia de mercado que dará suporte à próxima geração do capitalismo de multidão. Para entender melhor os impactos econômicos e sociais de tais mercados, primeiro precisamos entender como alguns deles funcionam. Começaremos analisando o Bitcoin.

Entendendo as trocas *peer-to-peer* descentralizadas

A forma curta de explicar *bitcoin* é que ele é uma moeda virtual. Irei me referir à moeda utilizando b minúsculo e utilizarei B maiúsculo para a plataforma, a tecnologia e o ecossistema. É possível comprar *bitcoins* com dólares, euros ou ienes, prestando um serviço ou fornecendo um produto a alguém que queira lhe pagar em *bitcoins* ou fazendo mineração de *bitcoins* (explicarei isso melhor mais adiante). A aquisição e posterior posse de *bitcoins* existem como entradas no registro público (o *blockchain*), no qual você é identificado por uma chave segura e anônima. A cada vez que você utiliza suas *bitcoins*, uma nova transação é registrada em uma nova entrada no registro público.

Grande parte do interesse no Bitcoin está em sua capacidade de criar uma moeda sem um garantidor governamental, nas flutuações de seu valor medido em moedas tradicionais ao longo do tempo (embora sua cotação tenha se estabilizado consideravelmente em 2015), e talvez no uso de *bitcoins* no comércio, o que muitos governos consideram ilegal. Em vez de reintroduzir esses assuntos, discorrerei sobre o Bitcoin como uma das muitas aplicações de um novo conjunto de tecnologias facilitadoras. Também discutirei outras duas aplicações conexas: OpenBazaar e La'Zooz. Por meio dessa discussão, alguns dos principais elementos das lógicas econômicas e tecnológicas dos mercados *peer-to-peer* descentralizados ficarão mais evidentes.

Bitcoin

Muitos dos componentes fundamentais do mercado *peer-to-peer* descentralizado são parte do Bitcoin. Vamos imaginar que você quer enviar dinheiro digital para seu amigo Claudio. Normalmente, isso aconteceria assim: "Eu possuo ao menos uma unidade de moeda, obtida com a transação anterior X, e darei a Claudio uma unidade". Isso mostra que você tem o dinheiro, vincula você à transação e dá a Claudio acesso ao dinheiro. O equivalente do mundo presencial seria dar a Claudio uma cédula de dinheiro.

A criação de um equivalente digital requer, a princípio, a utilização de uma assinatura digital. Vamos imaginar que haja dois números únicos (chamados de chaves, como as chaves que você utiliza em uma fechadura) associados a você. Apenas você conhece um deles, que também pode ficar armazenado em um de seus dispositivos, chamado de chave privada. O segundo, disponível para qualquer pessoa consultar, é a sua chave pública. Se alguém chaveia uma mensagem (ou seja, codifica essa mensagem com um algoritmo de criptografia) utilizando sua chave pública, essa mensagem criptografada apenas poderá ser destrancada utilizando sua chave privada. E vice-versa, quando uma mensagem é criptografada com sua chave privada, ela apenas poderá ser descriptografada com sua chave pública. É uma forma simples de se criar uma assinatura: como você é a única pessoa com acesso a sua chave privada, então uma mensagem criptografada com ela apenas poderia vir de você. E como a outra chave é pública, qualquer um poderá verificar que é sua assinatura.

Também precisa existir uma forma de impedir que você arbitrariamente gaste dinheiro que não possui. No mundo presencial, isso é possível com cédulas de dinheiro que são difíceis de serem falsificadas. Em um sistema como o PayPal, um terceiro garantidor (por exemplo, um órgão central ou o próprio PayPal) mantém o registro de quem tem o quê, e atualiza algum tipo de registro digital a cada vez que alguém envia dinheiro para outra pessoa.[7] Todo usuário do Bitcoin tem uma cópia desse *blockchain*, que contém todas as transações com *bitcoins* desde que a moeda foi criada. Quando você afirma que "Eu possuo ao menos uma unidade de moeda, obtida com a transação anterior X, e darei a Claudio uma unidade", Claudio pode verificar se a mensagem está vindo de você conferindo sua assinatura, então ele pode verificar na sua cópia do *blockchain* se você, de fato, possui *bitcoins* para gastar.

[7] Por exemplo, vamos considerar o que acontece quando você passa o seu cartão de crédito ou débito. Os dados sobre a transação são comunicados via redes construídas por empresas como VISA e MasterCard. Sua conta, então, é debitada e a conta do vendedor é creditada. O banco que emitiu o cartão de crédito ou débito é o terceiro de confiança que verifica e compensa a transação.

Contudo, essa abordagem cria um problema. Imagine que você possui uma unidade de moeda para gastar e envia simultaneamente uma mensagem assinada para Claudio e para Tomas, dando a cada um deles uma unidade de moeda. Se ambos conferirem sua cópia local do *blockchain*, verão a transação anterior indicando que você possui o dinheiro, então ambos atualizariam seus registros, o que levaria a um problema mais adiante.

Uma possível solução seria delegar a manutenção da integridade dos registros à multidão, como ilustrado neste cenário: após ambos, Claudio e Tomas, receberem sua mensagem e verificarem suas cópias locais do *blockchain* para garantir que você possui o dinheiro para gastar, eles então transmitem a transação para toda a rede de usuários. A transação então entra para uma lista de transações pendentes, que serão compensadas apenas quando um número suficiente de pessoas na rede compararem a transação com sua cópia local do *blockchain* e indicarem que ela está correta. Durante esse período de espera, provavelmente será descoberto que você tentou (talvez por engano) gastar sua unidade de moeda duas vezes.

É como preencher um cheque no mundo presencial. Quando você entrega um cheque seu a outra pessoa, ela o tem em sua posse, mas até que o banco compense o cheque, ela não terá o dinheiro em si. No exemplo anterior, a rede de usuários (que possui cópias individuais do *blockchain*) funciona coletivamente como um banco.

E o que impede que você crie milhões de identidades *on-line* e assuma o comando da rede controlando a maioria das contas de usuário? Se você conseguisse inserir transações falsas sugerindo que você tem dinheiro para gastar na maioria das cópias do *blockchain*, então isso não permitiria que você efetivamente falsificasse dinheiro?

O Bitcoin resolve esse problema de forma engenhosa: utilizando um método de compensação de operações executado pela multidão e adicionando complexidade ao processo de validação. Vamos ver como isso funciona. Quando um usuário (por exemplo, o Claudio) verifica a lista de transações pendentes e confirma sua validade, ele também precisa resolver problemas computacionais altamente desafiadores (chamados de desafios). A resolução de tal desafio pode ser a fatoração de um gigantesco número – a geração dos dois fatores é difícil, mas uma vez que isso esteja concluído, é fácil verificar que seu produto resulta no número original. Um desafio do Bitcoin é consideravelmente mais difícil, mas, quando resolvido, é relativamente simples verificar que a resposta está correta.[8]

Nesse meio de tempo, Tomas e outras pessoas também podem ter validado a lista de transações pendentes de *bitcoin* e, paralelamente a Claudio, também estariam tentando resolver o desafio. Se Claudio conseguir vencer (resolver o desafio primeiro), então outras pessoas verificarão que sua resposta está correta e atualizarão seus *blockchains* com a lista de transações validadas de Claudio. Na verdade, demora um pouquinho mais para que um conjunto de transações seja aceito pelo *blockchain*, mas é um detalhe menos relevante para nossa discussão.

Consequentemente, Claudio não poderá simplesmente (ou arbitrariamente) gerar identidades falsas para tomar o controle da rede e inserir entradas falsas no registro. Ele precisaria de um vasto poder computacional enquanto os outros estivessem resolvendo o desafio para validar as transações. E há aleatoriedade suficiente no desafio para que a pessoa que tenha mais poder computacional não necessariamente seja o vencedor (embora esse poder, de uma forma geral, crie uma vantagem). Portanto, embora haja o risco de que alguém invista muito mais que todas as outras pessoas em poder computacional e comece a tomar conta da rede, isso é muito mais difícil e caro que criar milhões de identidades falsas.

Então se cria ainda mais um problema. O poder computacional não é de graça. Que incentivos Claudio e Tomas têm para investir seus recursos para resolver o desafio repetidamente? Bem, ao vencedor do desafio é emitida uma nova *bitcoin*! Em 2015, essa recompensa era de 25 *bitcoins*, ou alguns milhares de dólares. Esse processo de validação de transações resolvendo o desafio e coletando recompensas é chamado de mineração de *bitcoins*. Considerando que há uma nova lista (ou bloco) de transações a serem verificadas a cada 10 minutos aproximadamente, a mineração pode significar um retorno considerável sobre o investimento em poder computacional.

---

8 Os detalhes do problema não são relevantes para o ponto que se faz aqui. Resumindo, a Clay gera um número chamado *nonce* o qual, quando anexado ao número identificador associado à lista de transações (o *block*) é "hasheado" utilizando a função de *hash* SHA-256, gera um resultado que atende a determinadas propriedades matemáticas (por exemplo, tem um valor menor que certo mínimo ou uma quantidade X de zeros antes dele). É necessária muita intensidade computacional para efetivamente chegar a tal combinação do identificador *nonce*. Entretanto, quando ela é descoberta, é muito simples de verificar se ela atende às propriedades matemáticas.

Em outras palavras, o *blockchain* facilita a "inovação sem permissão", de forma semelhante ao que o TCP/IP faz pela internet. Em um post de 2013 sobre *blockchain* que ganhou muita notoriedade, o sócio da nova-iorquina Union Square Ventures, Albert Wenger, explica a importância de tais protocolos:

> Legisladores precisam entender a importância de tais protocolos para se facilitar a inovação distribuída sem permissão – ou seja, a inovação executada por muitos indivíduos e *startups*. Por exemplo, o protocolo de transporte de hipertexto (HTTP) é o que permite que um navegador converse com um servidor da rede. Se o servidor implementar o protocolo, ele consegue entregar conteúdos ou serviços inovadores para qualquer navegador. O próprio HTTP se baseia em diversos outros protocolos de nível mais baixo, como DNA e TCP/IP. Historicamente, os protocolos surgem de projetos de pesquisa ou de pequenos grupos ou indivíduos que apenas criaram algo que "pegou". O debate acerca do *bitcoin* é fundamental para se entender que essa tecnologia tem o potencial de ser um protocolo que permitirá que uma fabulosa quantidade de inovações ocorra.[9]

Embora os detalhes exatos de funcionamento do Bitcoin sejam um pouco mais complicados que essa minha breve explicação, alguns de seus principais conceitos foram listados: assinaturas digitais que facilitam a identificação; registro distribuído (o *blockchain*) armazenado nos dispositivos de todos os clientes; compensação coletiva de cada transação pela multidão; necessidade de tornar a compensação das transações uma atividade desafiadora para evitar uma potencial tomada do *blockchain*; necessidade de incentivos (um equivalente a dinheiro, tipicamente chamado de moeda, que é gerado pelo próprio sistema) para a multidão se interessar em realizar os desafios que acompanham a verificação das transações.

Entretanto, pagamentos *peer-to-peer* são uma aplicação comercial consideravelmente simples. Após estabelecer a identidade, construir um sistema de compensação de transações e convencer as pessoas de que não perderão dinheiro, já há confiança suficiente para fazer as coisas funcionarem. O que está sendo transferido é uniforme (o dinheiro). Não há variedade de produtos para complicar as coisas. Não há ativos físicos. Não é necessário descobrir o

---

9 Albert Wenger, "Bitcoin as Protocol". Em *USV Blog*, 31-10-2013. Disponível em https://www.usv.com/blog/bitcoin-as-protocol. Acesso em 3-4-2018.

que há em estoque ou comparar preços. Não é necessário pensar como o bem irá do vendedor ao comprador. Não há incerteza sobre qualidade – dinheiro é sempre dinheiro. Não há contratos complexos sobre entrega e qualidade. Não é necessário revelar sua presença ou localização no mundo físico e não há risco de cruzar com alguém desagradável.

Logo, não é nenhuma surpresa que o foco inicial do desenvolvimento do mercado de *blockchain* tenha sido a criação de novos sistemas não físicos de negociação de ativos: ativos digitais e financeiros. Em uma conversa em 2015 com Adam Ludwin, o CEO da Chain, uma *startup* de *blockchain*, ele descreveu o *blockchain* como uma "nova tecnologia de base de dados, construída especificamente para a negociação de ativos", e disse que vê um imenso potencial nos novos mercados suportados por *blockchain* para programas de fidelidade, minutos de planos de celulares, cartões de presente e, obviamente, uma diversidade de ativos financeiros. Ludwin descreveu os diversos sistemas atuais de negociação de ativos que poderiam se beneficiar enormemente de um novo mercado descentralizado. "Não estou dizendo que há problemas com uma instituição centralizada, mas ela aumenta os custos, engessa a possível inovação e requer camadas de reconciliação", disse ele, destacando como a inovação pode ser impulsionada pela simples ameaça de descentralização do mercado. O mesmo aconteceu com as redes *peer-to-peer* ilegais de compartilhamento de arquivos, que levaram ao surgimento do iTunes, Pandora e Spotify.

Quando se considera a história dos mercados eletrônicos, o foco inicial nos mercados financeiros não é nenhuma surpresa. Muitas bolsas de valores foram *early adopters* das tecnologias digitais, mais de uma década antes do surgimento do eBay ou da Amazon. Entretanto, todas as questões (familiares), às quais eu me referi anteriormente (sobre não uniformidade, logística e incerteza, entre outros), emergem e precisam ser abordadas para se chegar a alternativas descentralizadas sérias para as interações mais complexas do mercado e para se ir além dos mercados de ativos digitais, atingindo os mercados de bens e serviços mais amplos do mundo real.

OpenBazaar e contratos inteligentes

A plataforma OpenBazaar é um primeiro passo na direção para se criar um mercado *peer-to-peer* descentralizado. Se você quer vender um item, você o coloca à venda na parte do cliente da OpenBazaar (um programa ou aplicativo que você baixa em seu dispositivo) com uma descrição e preço (em *bitcoins*). Assim que você confirma a postagem do item, ele é listado para todos os outros clientes do OpenBazaar.

Mas como é possível saber o que está disponível? Além do elemento de infraestrutura crítica mais fundamental de um mercado distribuído (ou seja, o registro compartilhado), há um segundo ponto: uma tabela de *hash* distribuída. Para contextualizar isso, voltaremos à discussão do Capítulo 2 sobre a diferença entre Napster e Gnutella. O Napster tinha um índice centralizado de música arquivado em um computador central do próprio Napster. Já a Gnutella distribuía esse índice entre os *peers* em sua rede. Embora ela tenha sido a pioneira no índice distribuído, seu problema era que levava muito tempo para que os usuários conseguissem encontrar o que estavam buscando. Além disso, cada vez que alguém fizesse uma busca, isso causaria um *flood* na rede. E como os *peers* não estavam todos reciprocamente cientes de sua existência mútua, não havia garantia de que tal abordagem encontraria uma música que estivesse realmente disponível.

Uma tabela de *hash* distribuída é resultado dos esforços para se melhorar o método Gnutella, uma forma mais sofisticada de se indexar o que está disponível em uma rede distribuída. É mais inteligente ao dividir o índice, tornando a replicação e distribuição de informação entre os *peers* mais confiável. A tecnologia *peer-to-peer* mais popular atualmente para compartilhamento de arquivos, o BitTorrent, utiliza tal abordagem. O próprio Facebook a utiliza para obter as fotos de seus amigos em um de seus milhões de servidores de bases de dados.

Mas voltando ao OpenBazaar: se você encontrar um produto de que gosta, pode pagar com *bitcoins*. Assim como o PayPal, que era fundamental para o funcionamento do eBay no início da evolução dos mercados *peer-to-peer*, o Bitcoin fornece a infraestrutura de pagamentos necessária para o OpenBazaar. E de forma análoga ao sistema de leilões do eBay, se o preço no OpenBazaar estiver muito alto para você, há a possibilidade de propor um valor mais baixo para o vendedor.

Uma vez que você (o comprador) chegar a um acordo sobre o preço com o vendedor, há um novo desafio. Como garantir que você efetivamente receberá os produtos que comprar? É aqui que entra um terceiro elemento fundamental dos mercados *peer-to-peer* distribuídos: contratos. No OpenBazaar, os contratos são relativamente simples, utilizando um tabelião como terceiro garantidor – e esse tabelião pode ser qualquer outro cliente. Uma vez que o contrato esteja criado, você pode enviar seu pagamento em *bitcoins*, que fica retido como garantia. Você, como comprador, notifica o vendedor dizendo "Enviei o pagamento". Então, o vendedor envia o produto, cuidando de toda a logística. Quando o produto chega, você confirma seu recebimento. Logo, o pagamento é liberado para o vendedor. Se há uma contestação, o tabelião serve de mediador. Uma decisão de duas das três partes, comprador, vendedor ou tabelião, liberará o pagamento. Isso pode acontecer, por exemplo, quando o comprador e o vendedor conseguirem resolver a contestação entre si. Há um sistema de avaliação para ajudar a escolher vendedores, compradores e tabeliões. É um pouco diferente do que acontece em um mercado centralizado, e não está completamente livre da possibilidade de manipulação.[10]

Há uma classe mais sofisticada de contratos surgida para as transações via *blockchain*: os contratos inteligentes. Na obra *Blockchain: Blueprint for a New Economy*, a autora Melanie Swan explica que um contrato tradicional é um acordo entre duas ou mais partes para que façam algo. No caso de um contrato inteligente, os mesmos termos se aplicam, porém, com uma exceção: a confiança vinda de terceiros é menos importante.[11] Isso acontece porque o protocolo de contratos inteligentes pode especificar, como código de computador, termos sob os quais determinadas obrigações serão consideradas atendidas e pode tomar ações (como enviar um pagamento ou desativar um arquivo) quando houver evidência de que os termos do contrato tenham sido cumpridos. Um precursor dos contratos inteligentes é o método implementado no sistema de gestão de direitos digitais (*digital rights management* - DRM) pelas lojas *on-line* de mídia, como iTunes, no qual um filme que você aluga é automaticamente desativado após 24 horas.

E como um contrato inteligente consegue executar isso? Como explicou Primavera De Fillipi, em sua célebre palestra em 2014 no Berkman Center da Universidade de Harvard, os riscos associados aos contratos *peer-to-peer* podem

---

10 Dionysis Zindros, "A Pseudonymous Trust System for a Decentralized Anonymous Marketplace". Em *GitHub Gist*, 2015. Disponível em https://gist.github.com/dionyziz/e3b296861175e0ebea4b. Acesso em 3-4-2018.

11 Melanie Swan, *Blockchain: Blueprint for a New Economy*. Sebastopol, CA: O'Reilly Media, Inc., 2015.

ser reduzidos pela introdução de três novas cláusulas: autonomia, autossuficiência e descentralização.[12]

Os contratos inteligentes são autônomos quando, após serem finalizados, os agentes inicializadores teoricamente nunca precisarem ter contato novamente. Eles são autossuficientes à medida que ordenam seus próprios recursos. Finalmente, contratos inteligentes são descentralizados quando são distribuídos em nós de uma rede, em vez de ficarem armazenados em um local central, e são autoexecutáveis. Isso significa que serão válidos independentemente de sua jurisdição – de certa forma, não têm fronteiras. Portanto, podemos estar nos aproximando ainda mais da realização do memorável mantra do professor da Universidade de Stanford, Lawrence Lessig: "o código é a lei".[13] Nesse sentido, contratos inteligentes resolveriam um tipo de dilema que temos enfrentado desde a expansão inicial da internet na década de 1990: a transcendência das fronteiras políticas na implementação de jurisprudência. No final das contas, a resposta é o próprio código – não que isso seja exatamente uma surpresa.

Entretanto, há razões para se ter cautela. Até hoje, a regulação por meio do código obteve resultados variados. Com a internet, veio o *spam*. Ao longo do tempo, tentamos acabar com ele utilizando os mais variados métodos automatizados. Contudo, como o próprio Lessig explica, os esforços para se bloquear o *spam* também começaram a bloquear a circulação de outros tipos de informações na internet. De certa forma, o código falhou ao regular sem comprometer um dos mais fundamentais princípios sobre os quais a internet foi fundada: a liberdade de expressão. Não está muito claro se as limitações humanas semelhantes restringiriam o escopo de utilidade dos contratos inteligentes.

Plataformas de serviços descentralizadas

Uma moeda como *bitcoin* ou um mercado como o OpenBazaar se fortalecem à medida que têm mais usuários. Entretanto, os primeiros usuários do Bitcoin entraram nessa empreitada sem a garantia de que suas contribuições de tempo, apoio ou poder computacional renderiam qualquer valor real.

---

12 Primavera De Fillipi, "Ethereum: Freenet or Skynet?" (palestra no Berkman Center for Internet & Society, Universidade de Harvard, Cambridge, MA, 15-4-2014).

13 Lawrence Lessig, *Code and Other Laws of Cyberspace*. Nova York: Basic Books, 1999.

Obviamente, algumas pessoas foram compensadas enormemente, pois as *bitcoins* que mineraram agora valem milhões de dólares. De certa forma, como me explicou no verão de 2015 o físico Matam Field (um empreendedor em série e pensador do *blockchain*), esses primeiros usuários adicionaram um valor tremendo ao sistema (provavelmente muito mais que um novo usuário adicionaria hoje) e foram muito bem compensados de forma correspondente. Assim como um investidor de capital de risco, que é compensado por arriscar seu capital financeiro em uma empresa nos estágios iniciais, os primeiros usuários aceitaram um enorme risco (utilizando capital humano e investimentos em poder de processamento) e obtiveram enormes retornos.

Indo além dos usuários e das pessoas que verificam as transações, há muitas outras partes do sistema Bitcoin que agregaram ao seu valor atual. Pessoas contribuíram para a escrita do código de computador *open-source* subjacente. Outras pessoas o divulgaram. Outras, ainda, escreveram guias de usuário. Possivelmente, muitos desses *stakeholders* também contribuíram para seu sucesso. Entretanto, embora talvez mais equitativo que uma empresa privada, o sistema foi criado de forma a dar enormes retornos financeiros apenas aos mineradores.

Isso apresenta outro desafio no mercado *peer-to-peer* descentralizado. Na falta de um terceiro centralizado que seja dono da rede, como é possível garantir que os diversos *peers* tenham os incentivos adequados para contribuir? Como garantir que as recompensas valham o esforço e o risco? Como manter as pessoas motivadas para sustentar a contribuição de esforços e recursos necessários para continuar a compensar as transações? A presença de um tipo de moeda gerada internamente parece ser fundamental, mas como garantir que ela retenha seu valor – e como seria possível distribuir esse valor?

Cofundado em 2013 por Matan Field, Oren Sokolowsky e Shay Zluf, o La'Zooz é (desde 2015) um mercado *peer-to-peer* descentralizado de caronas, que tem uma abordagem nova para o problema. A sede da plataforma está localizada em Israel, e *lazuz* significa *se mover* em hebraico.

Pense em um serviço como a Uber. Obviamente, há valor na tecnologia, mas o sistema tem maior valor para os passageiros quando tem mais motoristas, e tem maior valor para os motoristas quando tem mais passageiros. Portanto, um dado crítico nos sistemas de carona é a participação. Da mesma forma, os usuários que utilizaram o sistema em seu início têm maiores chances de ser mais valiosos do que aqueles que entraram posteriormente.

O La'Zooz parece ser um aplicativo de carona como qualquer outro, mas com uma diferença básica: dentro de cada aplicativo há um tipo de aplicativo para mineração feito para incentivar a participação no início. Funciona da seguinte forma: você baixa, instala e abre o aplicativo enquanto estiver dirigindo para ir ganhando *zooz*, a moeda do La'Zooz. Simplesmente por estar dirigindo com o aplicativo aberto. Quanto mais dirigir, mais *zooz* você ganha. Também é possível ganhar mais moedas convidando outras pessoas para o aplicativo, e os líderes do projeto até venderam *zooz* para levantar dinheiro. Quando o nível de adoção em um determinado bairro está suficientemente alto, a funcionalidade de carona do aplicativo é ativada. Então você pode utilizar os seus *zooz* acumulados para comprar caronas, como você utilizaria uma moeda para pagar uma carona da Uber ou da Lyft.

Como explicou em um post o fundador da plataforma descentralizada de contratos inteligentes, Ethereum, Vitalik Buterin, que também escreve sobre sistemas *peer-to-peer* descentralizados, "a ideia de se lançar uma nova moeda como mecanismo de financiamento para o desenvolvimento de protocolo talvez seja uma das mais interessantes inovações a surgirem no espaço das criptomoedas" [14] Entretanto, um fator determinante para o sucesso é a concepção adequada dessa distribuição de valor.[15] Também parece ser importante que a manifestação desse valor – a moeda – mantenha seu valor à medida que a plataforma cresce e amadurece. Além disso, é importante ver a criptomoeda não apenas como moeda em si, mas como forma de se armazenar valor, como ações de uma empresa privada. A moeda trará retornos para os contribuidores iniciais de capital humano, de participação inicial de risco, de ações de publicidade da plataforma e de facilitação da massa crítica, um novo tipo de investidores movidos por propósito.

---

14 Vitalik Buterin, "Decentralized Protocol Monetization and Forks". Em *Ethereum Blog*, 30-4-2014. Disponível em https://blog.ethereum.org/2014/04/30/decentralized-protocol-monetization-and-forks. Acesso em 3-4-2018.

15 É provável que seja impossível um desenho "perfeito" com base em diversos resultados vindos de uma área da economia chamada de desenho de mecanismos.

Geração e captura de valor nas trocas descentralizadas

Há diversas novas formas de atividade econômica que serão facilitadas pelos novos mercados *peer-to-peer* descentralizados, apenas por reduzirem os custos transacionais. Outros sistemas descentralizados, independentes ou inseridos em mercados ou corporações privadas tradicionais, poderão surgir em contextos nos quais previamente não havia confiança suficiente para as trocas digitais. Contextos nos quais o potencial do mercado era pequeno demais para atrair capital privado no passado, ou nos quais o *blockchain* reduz os custos operacionais. Ao final deste capítulo, apresentarei alguns exemplos atuais.

Mas antes disso, vamos considerar o futuro mais amplo dos mercados *peer-to-peer* descentralizados. Será que a promessa de democracia se sustentará ao longo do tempo? Será que veremos o surgimento de camadas de intermediação que representarão o capital privado? Será que veremos uma trajetória parecida com o que se seguiu à mercantilização da internet sem permissões, quando a promessa inicial da descentralização foi seguida por uma enorme reagregação e subsequente captura de enorme valor de mercado, manifestadas pelo surgimento de empresas como Amazon, Google e Facebook?

Já presenciamos o surgimento do Bitcoin, um sistema descentralizado de pagamentos *peer-to-peer* amplamente utilizado. É interessante olhar para as outras funcionalidades básicas que geram valor nos sistemas de trocas, digitais ou não, descentralizados ou não, para descobrir o que podemos aprender dos exemplos recentes.

Atenção, busca e descoberta

Quando a *World Wide Web* desabrochou em 1994, qualquer pessoa com uma conexão à internet poderia publicar conteúdos acessíveis a qualquer pessoa que também tivesse uma conexão à internet. Tal fluxo massivo de conteúdo descentralizado levou quase que imediatamente ao surgimento de vários mecanismos de busca e diretórios para facilitar a descoberta. Entre eles, o Yahoo (inicialmente um diretório com curadoria manual), Lycos, Infoseek e Altavista. Tais mecanismos de busca eram capazes de indexar e organizar as informações na rede com um nível de abrangência razoável. Contudo, eles ainda não conseguiam entregar informações confiáveis de qualidade de forma automatizada. Foi apenas em 1998, com o surgimento da Google, que passamos a ter um bom mecanismo de busca para encontrar o que se queria e para focar o que era realmente relevante: um sistema confiável de descoberta e hierarquização. Durante a década seguinte, à medida que as informações digitais eram criadas em unidades mais centrais, menores e mais numerosas, como posts em mídias sociais e *microblogs*, outro intermediário centralizado surgiu como árbitro mediador dominante da descoberta entre humanos e rede: o Facebook.

Google e Facebook comprovam que é possível capturar um gigantesco valor de mercado a partir da orientação da descoberta, em um mundo de publicação descentralizada de informação. Ambos continuam a ser úteis, pois permitem a descoberta de informações em sites, informações que são compartilhadas por outras pessoas e que são um produto complexo. Comparativamente, uma oferta de produto em um mercado é relativamente simples. As informações sobre um produto típico são relativamente fáceis de se descrever, pois preço e custo de envio são apenas números. Ademais, o valor conferido a uma determinada informação varia consideravelmente entre os diversos usuários finais. As atualizações de *status* de seus amigos do Facebook são muito mais valiosas que as atualizações de outra pessoa qualquer. As notícias que seus amigos gostam provavelmente serão mais interessantes para você.

É muito provável que surjam diferentes tipos de descoberta, à medida que se tornam mais populares os mercados *peer-to-peer* descentralizados para a troca de bens e serviços. Há diversos mecanismos de busca que se especializam em localizar conteúdos distribuídos em clientes de BitTorrent. O BazaarBay, por exemplo, é um serviço de busca para anúncios no OpenBazaar. O que os primeiros vinte anos da internet comercial nos ensinaram é que, conforme cresce a quantidade de ofertas (sejam ofertas de informação sejam de oportunidades comerciais), o principal limitador é a atenção humana. Os serviços que conseguirem direcionar a atenção, permitindo a descoberta do que é desejado com rapidez e confiança, provavelmente serão uma fonte de geração de valor.

Claro que todo varejista *on-line* ou plataforma *peer-to-peer* com variedade de produtos tem sua própria funcionalidade de pesquisa hoje em dia, manter Amazon, Airbnb ou um varejista nichado. As tabelas de *hash* distribuídas que indexam as ofertas no OpenBazaar facilitam essa forma de busca em um mercado *peer-to-peer* distribuído. Porém, parece ser razoável afirmar que novos equivalentes de Facebook e Google surgirão – a não ser que todo o comércio ao consumidor do mundo seja agregado em alguns mercados *on-line*, talvez versões descentralizadas da chinesa Taobao, do Alibaba, com amplitude global.

Confiança e reputação

Enquanto a Google era desenvolvida no departamento de ciência da computação de Stanford, outro mecanismo de busca um pouco diferente e mais desconhecido também estava sendo desenvolvido lá. O Junglee era um mecanismo de busca para comparação de preços de produtos anunciados em dezenas (ou centenas) de varejistas *on-line* que estavam surgindo. Em 1998, a Amazon comprou o Junglee de seus fundadores, Venky Harinarayan e Anand Rajaram – ambos se formaram na mesma instituição que eu, o Instituto Indiano de Tecnologia de Madras. Foi uma operação de quase 200 milhões de dólares, e a Amazon silenciosamente desativou o serviço na sequência, talvez para garantir que ninguém prestasse muita atenção aos seus concorrentes, que frequentemente tinham preços melhores à época.

Muitos de vocês devem se lembrar de outros mecanismos de busca e comparação de preços que surgiram a seguir, como o mySimon, que se tornou muito popular em 1999. Entretanto, eles não impediram o avanço e a eventual supremacia da Amazon. E por quê? Em partes porque, embora as pessoas apreciassem preços baixos, outros aspectos da transação também eram considerados. Por exemplo, datas de entrega confiáveis, entrega rápida e garantia de que seu número do cartão de crédito estaria seguro. Em 1999, a Amazon havia se tornado um intermediário de confiança nesses assuntos. A empresa também investia fortemente em logística (falarei sobre isso na sequência). Tudo isso fez nascer a marca Amazon e, associada à sua excelência operacional, sua supremacia no comércio *on-line*.

No Capítulo 2, falamos sobre o papel fundamental da confiança nas trocas *peer-to-peer*. É possível que surjam sistemas terceirizados para facilitar maior nível de confiança entre usuários nos mercados descentralizados, assim como as diversas camadas de confiança nas infraestruturas de Airbnb e BlaBlaCar facilitam as trocas *peer-to-peer* de alto risco atualmente. Por exemplo, o serviço de reputação Traity, que apresentei no Capítulo 2, já oferece, desde 2015, uma versão de seu serviço para a utilização de seu perfil em uma transação via *blockchain*. Como me explicou o ex-cientista da computação do MIT e cientista-chefe da Traity, Carlos Herrera-Yague, são "cartões" que a pessoa guarda em uma "carteira" na Traity e que podem ser acessados durante uma transação, ainda que preservando o anonimato do usuário. Em vez de ser um sistema de confiança completamente descentralizado, esse serviço de perfis de confiança é centralizado à medida que utiliza um terceiro, a Traity.

Em um futuro próximo, imagino que a maioria dos consumidores continue utilizando a marca como critério para suas escolhas. Voltando aos capítulos 2 e 3, somos lembrados de que as plataformas de sucesso da atualidade investem maciçamente em uma experiência de marca familiar, centralizada e hierarquizada em seus mercados de multidão. Talvez surjam novas marcas associadas a mercados *peer-to-peer* descentralizados específicos, construídas da forma que as marcas são normalmente construídas: por meio da criação de uma experiência de usuário consistente e de alta qualidade. Contudo, mesmo em um contexto de *peer-to-peer* descentralizado, é provável que a confiança das marcas aconteça de forma menos orgânica, mais induzida pelo capital.

Logística

Em 1998, a gigante varejista Walmart processou a Amazon por infringir seu sigilo comercial. A acusação era de que, no ano anterior, a Amazon havia contratado cerca de 15 ex-funcionários da Walmart, incluindo o então CIO da Amazon, Richard Dalzell, que estava na empresa desde 1997 depois de ser vice-presidente da Walmart. A Walmart alegou que esses ex-funcionários haviam vazado informações proprietárias sobre os renomados sistemas de gestão de cadeia de fornecimento da Walmart.

O processo foi encerrado em 1999 e destacou o fato de que a Amazon não estava apenas investindo em variedade de produtos ou em inovação na busca e descoberta, como avaliações de usuários e recomendações. Ela também estava fazendo investimentos maciços para inventar uma infraestrutura completamente nova; gestão de estoque, estocagem e entrega otimizadas para um mundo de varejo, no qual os bens pudessem ser movidos individualmente para consumidores individuais, e não em grandes quantidades para lojas ou distribuidores.

A supremacia atual da Amazon no comércio *on-line* nos EUA deve muito a esses investimentos iniciais e às habilidades que desenvolveu para mover bens físicos com maior rapidez e menor custo que seus concorrentes. Milhares de vendedores comercializam utilizando a plataforma da Amazon, se aproveitando desse *expertise* em logística e cedendo parte dos lucros. O modelo de negócios da gigante chinesa de *e-commerce* Alibaba pode parecer mais descentralizado que o modelo da Amazon – ao menos em seu principal site para o consumidor, Taobao. Entretanto, o Alibaba tem participação majoritária em diversos de seus parceiros de logística de alta eficiência. Da mesma forma, Uber e Lyft dependem de sistemas que otimizam seu repertório de motoristas disponíveis em tempo real.

Dessa forma, é improvável que acabe a necessidade de logística confiável e de baixo custo em um futuro próximo, mesmo que as tecnologias de manufatura aditiva, como as impressoras 3D, continuem a aumentar a fração dos produtos físicos que é vendida apenas como informação digital, como foi apresentado no Capítulo 2. É mais provável que, à medida que a logística *peer-to-peer* se torne mais sofisticada, plataformas como Instacart façam com o comércio local o que a Amazon fez com as vendas por correio. Elas capturarão com agressividade a comercialização e o relacionamento com o consumidor do comércio local atual reduzindo as lojas de bairro a uma rede distribuída de armazéns de pequeno porte e alta eficiência que estejam próximos das residências dos consumidores. Também é possível que surjam alternativas descentralizadas aos serviços de entrega *peer-to-peer* centralizados, adicionando uma camada de logística à economia de *blockchain*. A história sugere que, ao se movimentar pessoas ou produtos em tempo real, o equilíbrio entre controle centralizado e informações descentralizadas prevalece sobre sistemas que foquem em apenas um ou outro aspecto.

Desafios e oportunidades

Essa nova geração de tecnologias *peer-to-peer* descentralizadas reflete a visão de Michael Bauwens sobre P2P, que apresentei no Capitulo 1. É uma promessa de imensa geração de valor econômico nas próximas décadas. Como escreveu o investidor de capital de risco, Chris Dixon, em seu blog em 2014, o Bitcoin possibilita atividades, como microfinanciamento internacional, mercados de capacidade computacional, software com incentivos sociais e micropagamentos. Não porque nunca consideramos o valor de tudo isso anteriormente, mais porque os custos transacionais eram altos demais.[16]

Há sinais de que os negócios tradicionais utilizarão diversas das novas habilidades das tecnologias *peer-to-peer* descentralizadas, como o Facebook utiliza ativamente BitTorrent em suas fazendas privadas de servidores. Na primavera de 2015, a Nasdaq anunciou seus planos para fomentar as tecnologias de *blockchain*, dando apoio ao desenvolvimento de uma funcionalidade de registro distribuído para negociação de títulos. Ela melhorará a integridade, a auditagem, a governança e a transferência de capacidades de propriedade. A *startup* R3CEV reuniu um consórcio com os 25 maiores bancos do mundo para formar um modelo de utilização da tecnologia de *blockchain* nos mercados financeiros mundiais.[17] A *startup* Provenance fornece serviços de autenticação via *blockchain* nos quais, entre outros, você pode garantir a origem de um item de alto valor mantendo registros e permitindo acesso de todas as operações associadas à sua propriedade. No evento Consumer Electronic Show de 2015, IBM e Samsung demonstraram um sistema utilizando *blockchain* e contratos inteligentes que permite que uma máquina de lavar autônoma encomende sabão quando estiver acabando e faça um pagamento baseado em um contrato inteligente quando detectar que foi abastecida de detergente. Sem dúvida alguma, é uma tarefa simples, mas que demonstra o potencial dos mercados baseados em *blockchain* para uma possível Internet das Coisas (Autônomas).

Porém, ainda restam muitos desafios antes de se concluir que o *blockchain* e outras tecnologias *peer-to-peer* distribuídas possam abarcar frações consideráveis da atividade econômica do mundo, como questões de segurança. Além disso, um registro que precise ser distribuído entre todos os clientes pode se tornar muito grande com o tempo, e a escalabilidade das aplicações com base em *blockchain* permanece uma pergunta sem resposta. Sistemas de pagamento,

---

16 Chris Dixon, "Some Ideas for Native Bitcoin Apps". Em *CDixon Blog*, 4-10-2014. Disponível em http://cdixon.org/2014/10/04/some-ideas-for-native-bitcoin-apps. Acesso em 3-4-2018.

17 Ver Jemima Kelley, "Nine of the World's Biggest Bank Join to Form Blockchain Partnership" (em *Reuters*, 15-9-2015. Disponível em http://www.reuters.com/article/2015/09/15/banks-blockchain-idUSL1N11L1K720150915#k5rPvtF0AteX3fFK.97. Acesso em 3-4-2018); Jemima Kelly, "Three Banks Join R3 Blockchain Consortium Taking Total to 25" (em *Reuters*, 28-10-2015. Disponível em http://www.reuters.com/article/2015/10/28/us-global-banks-blockchain-idUSKCN0SM1U120151028#2rAUwQDFjkKbPzS1.97. Acesso em 3-4-2018).

como Bitcoin, podem precisar ser reconstruídos para lidar com pagamentos em tempo real utilizando cartões de crédito e sistemas móveis de pagamento, como atualmente o PayPal faz com facilidade, devido à forma como retardam a compensação. Parte da solução para ambos esses desafios virá da criação de mais transações "por fora" (*off-the-book*), mas isso cria uma nova camada de intermediação. Essas transações "por fora" também criam novos riscos. Um exemplo é o câmbio Mt. Gox, que mantinha de forma centralizada as *bitcoins* de seus usuários em contas próprias de Bitcoin, enquanto mantinha um sistema externo ao *blockchain* para registrar os pagamentos em *bitcoins* feitos pelos usuários.

A Mt. Gox encerrou suas atividades em 2014, após uma perda equivalente a 450 milhões de dólares das *bitcoins* de seus usuários em 2013, pois um *hacker* parece ter conseguido acessar suas contas de Bitcoin.

Também há a preocupação de que alguém consiga controlar mais de 51% do poder computacional utilizado para compensação das transações (a mineração de *bitcoins*, no caso da Bitcoin) e consiga alterar as entradas no registro construindo sua própria *chain*. Ao longo do tempo, isso substituiria o *blockchain* verdadeiro como sendo a versão aceita por consenso. Em 2014, uma fazenda de mineração de *bitcoins* chamada GAash.IO conseguiu atingir tal supremacia no poder computacional dedicado à mineração de *bitcoins*, ficando em posição de lançar um ataque desse tipo. Rapidamente, eles garantiram à comunidade que não tinham interesse em fazer isso.

Um mercado descentralizado também precisa gerar bastante valor para tornar suficientemente atraente a moeda concedida para compensação de transações. Uma alternativa seria que toda transação tivesse uma pequena comissão voluntária, adicionada ao pagamento enviado pelo consumidor ao fornecedor e enviada ao minerador como recompensa.[18] Isso também sugeriria que haveria maior atenção às economias de escala associadas aos mercados *peer-to-peer* descentralizados. A multidão precisa ser capaz de notar o *blockchain* e dar a ele importância suficiente para verificar suas transações e manter a integridade do registro. Caso contrário, o que iniciou como um sistema descentralizado pode se tornar uma plataforma terceirizada tradicional que apenas utiliza uma base de dados de *blockchain*.

---

[18] O *bitcoin* tem essa funcionalidade, embora, desde 2015, seja apenas um pequeno percentual da renda da mineração.

Talvez uma das maiores oportunidades dos sistemas *peer-to-peer* descentralizados surja das Decentralized Autonomous Organizations (Organizações autônomas descentralizadas – CDO) e Decentralized Collaborative Organizations (Organizações colaborativas decentralizadas – DCO), como o Ethereum, de Buterin, e o Backfeed, de Field e De Fillipi. Essas organizações são um modelo holístico para se organizar a atividade econômica de forma descentralizada. Talvez elas permitam propriedade e controle descentralizados e distribuídos das plataformas cooperativas que apresentarei no Capítulo 8.

Talvez você esteja se perguntando sobre as possibilidades reais de organizações que existem apenas em um código de computador. Entretanto, como Buterin explica sobre os protocolos descentralizados em geral: "Por um lado, assim como o próprio Bitcoin, eles não são claramente 'garantidos por nada'. Por outro lado, eles efetivamente possuem uma garantia robusta por trás de si, uma garantia difícil de ser desbancada".

E qual é essa garantia a qual Buterin se refere? Como ele explicou em um post do Ethereum em abril de 2014, "é importante entender que, no contexto das empresas de tecnologia e, sobretudo, nas *startups* de redes sociais, diversas delas são literalmente garantidas por quase nada além do consenso social". Então ele explica melhor:

> Em teoria, é absolutamente possível que todos os funcionários do Snapchat, Tinder, Twitter ou qualquer outra *startup* concordem em pedir demissão subitamente e começar seus próprios negócios, reconstruindo seus softwares do zero e, dentro de alguns meses, tenham um produto superior. A única razão pela qual essas empresas possuem algum tipo de valor é que há dois problemas de coordenação: a dificuldade para fazer que todos os funcionários se demitam ao mesmo tempo e a dificuldade para fazer que todos os consumidores simultaneamente mudem para a nova rede.
>
> Em termos abstratos, isso pode parecer uma justificativa frágil para explicar porque as empresas de tecnologia são valiosas. Ao imaginar algo que vale bilhões de dólares, se espera naturalmente que tais valores sejam garantidos por algo tangível, como recursos físicos ou poder governamental, e não apenas por uma representação etérea do fato de que é difícil que grupos de pessoas subitamente vão de uma configuração social para outra.[19]

---

[19] Vitalik Buterin, "Decentralized Protocol Monetization and Forks".

Buterin conclui dizendo que: "Felizmente, ainda há muitas décadas antes de sabermos exatamente como o ecossistema de protocolos descentralizados evoluirá". Realmente, parece um futuro muito interessante.

Parte II: Efeito

5

Impactos econômicos do capitalismo de multidão

Com o Napster, um computador se tornou visível, conseguia falar e ouvir. Ele conseguia dizer: "Eu tenho esta música aqui no meu HD" e reportar isso para um índice centralizado. Fanning não aumentou as despesas de capital em infraestrutura de música, ele aumentou o impacto do capital.

Clay Shirky, em uma palestra na Collaborative-Peer-Sharing Economy Summit (Conferência de economia colaborativa-*peer*-compartilhada), Universidade de Nova York, 30 de maio de 2014

Em 2001, os cerca de 100 residentes de Gigha, uma pequena ilha localizada na costa da Escócia, compraram coletivamente a ilha inteira, incluindo suas 47 casas, 4 fazendas, hotel, pedreira, parque eólico e horta com 54 acres por 4 milhões de libras esterlinas. A ilha teve seu pico populacional no século XVIII e estava em declínio desde a Revolução Industrial. Entretanto, desde que seus residentes se tornaram coproprietários da ilha por meio de um fundo de desenvolvimento, tudo melhorou. Outras pessoas começaram a se mudar para lá, e em 2003 chegou o californiano Don Dennis.

Por um valor menor que o preço médio de um apartamento de três dormitórios em Manhattan ou em São Francisco, Dennis comprou a Achamore House, uma propriedade de 1.300 metros quadrados que já foi lar do *laird* (senhor) de Gigha. Comprada do fundo de desenvolvimento da ilha, essa propriedade tinha espaço suficiente para uma pousada e para sua nova microempresa de essências de flores, criadas a partir das orquídeas que ele mesmo plantava.

Uma década mais tarde, em 2013, Dennis precisou de um empréstimo para aumentar o seu empreendimento. Talvez inspirado pelo coletivo de indivíduos que comprou a ilha, Dennis anunciou que gostaria de solicitar um empréstimo na plataforma britânica de empréstimos *peer-to-peer* Funding Circle.[1] Sua empresa, a International Flower Essence Repertoire, conseguiu um empréstimo de 18 mil libras a partir de 266 financiadores. O processo de empréstimo foi simples e transparente, e o investimento injetou capital na economia local de Gigha.

A Ilha de Gigha parece ser um cenário improvável para este capítulo sobre impactos econômicos globais do capitalismo de multidão, mas, por muitos motivos, a história de Dennis ilustra algumas das formas de atividade econômica frequentemente associadas à economia compartilhada. Dennis é um empreendedor global, embora em pequena escala, e seu sucesso depende do acesso a plataformas digitais de massa para promoção, venda e financiamento. Suas escolhas refletem um equilíbrio entre impacto local e alcance global. O modelo cooperativo representado pelo fundo de desenvolvimento de Gigha vem recebendo muita atenção como potencial modelo de propriedade na economia compartilhada. Também é notável que Dennis consiga operar um empreendimento de sucesso a partir de um local tão remoto que sua população praticamente desapareceu na virada do século XXI.

De certa forma, Dennis representa uma nova geração de empreendedores, um dono de uma microempresa de sucesso com um desafio relativamente incomum, talvez motivado pelo propósito e certamente fora do previsível. Ainda assim, uma empresa privada definitivamente capitalista e dependente do mercado.

Antes de entrar na discussão dos princípios econômicos mais amplos que sustentam o capitalismo de multidão, consideraremos alguns outros exemplos. Até agora, venho focando nas empresas de maior visibilidade da economia compartilhada, como Airbnb e Lyft. Olharemos agora para os empreendimentos de multidão que estão sendo suportados por outras plataformas *peer-to-peer*, a fim de apreciar a diversidade nas novas atividades econômicas que estão por aí.

---

1 Steven Johnson, *Future Perfect: The Case for Progress in a Networked Age* (Nova York: Riverhead Books, 2012), onde é apresentado um estudo daquilo que Johnson chama de nova visão de mundo para o coletivismo de pares.

Inicialmente, consideraremos a abrangência dos mais de 1 milhão de empreendedores na plataforma de varejo Etsy. Embora muitos deles ganhem no máximo alguns milhares de dólares a cada ano com a plataforma, outros reportam ganhos anuais de centenas de milhares de dólares. Como Yokoo Gibraan, cujos cachecóis em crochê feitos à mão ganharam popularidade suficiente para lhe render mais de 140 mil dólares em um ano.[2]

Gibraan começou a vender na Etsy porque viu a plataforma como possível forma de ter uma vida melhor seguindo sua paixão. Antes disso, ela tinha um emprego em período integral em uma copiadora. Ela explica sua transição: "Houve um momento em que a quantidade de horas que eu passava no meu emprego começou a reduzir a renda total que eu obtinha em meus 'projetos secretos' em um site relativamente desconhecido à época, chamado Etsy.com".

Gibraan é uma das dezenas de vendedores exibidos na seção Quit Your Day Job (Largue seu emprego) da Etsy.[3] Outras histórias no blog incluem Satsuma Street, que trabalhou por sete anos criando efeitos especiais para filmes de grande orçamento de Hollywood; Sara Barrett, que saiu de um emprego corporativo como design; e Mike Schmiedcke, que era engenheiro de software e passou a construir e vender móveis.

Diferentemente dos pequenos negócios do passado, embora muitos dos empreendedores da Etsy sejam micro, seu alcance é macro. A plataforma os transforma em negócios globais instantaneamente. Como relatou Althea Erickson, diretora global de políticas públicas da Etsy em uma entrevista em 2014: "Sabe, quando você fala em facilitar a operação de pequenos negócios, as pessoas tendem a focar em ajudar as pequenas empresas a entrarem em novos mercados, desenvolverem canais de distribuição, etc. Porém, o que acontece com nossos vendedores é que eles já estão em um mercado global. Pessoas no mundo todo compram seus produtos".[4]

---

2 Alex Williams, "That Hobby Looks Like a Lot of Work". Em *New York Times*, 16-12-2009. Disponível em http://www.nytimes.com/2009/12/17/fashion/17etsy.html. Acesso em 3-4-2018.

3 Julie Schneider, "Quit Your Day Job: Yokoo". Em *Etsy Seller Handbook*, 2012. Disponível em https://blog.etsy.com/en/tags/quit-your-day-job. Acesso em 3-4-2018.

4 Althea Erickson, citada em Anne Rice, "Q&A Part Two: Etsy's Public Policy Director on Trade laws and Regulations". Em *Roll Call*, 9-9-2014. Disponível em http://blogs.rollcall.com/technocrat/etsys-althea-erickson-on-trade-laws-regulations-and-etsys-sellers/. Acesso em 3-4-2018.

Gibraan continua a vender na Etsy até o momento da escrita deste livro, e também deu escala para seu negócio trabalhando mais horas. Mas esse não é o único caminho de crescimento na Etsy. Three Bird Nest, que se especializa em roupas e acessórios femininos com um estilo mais boêmio, reportou vendas anuais de quase 1 milhão de dólares, de acordo com um blog da Etsy.[5] A fundadora da empresa, Alicia Shaffer, processa entre 150 e 1200 pedidos por dia. Diferentemente de Gibraan, que já disse passar treze horas por dia fazendo crochê para atender seus pedidos, Shaffer agora emprega mais de dez costureiras e terceiriza a produção de alguns itens para atender a alta demanda. Além disso, ela "se formou" em vendas na Etsy no final de agosto de 2015 e transformou a Three Bird Nest em uma pequena empresa independente. Alicia Shaffer agora vende também por canais de atacado, além do site próprio, à medida que sua marca expande a linha de produtos e portfólio de fornecedores.[6]

A plataforma de compartilhamento de veículos Turo (fundada como RelayRides) tem uma escala de fornecedores similar. Assim como o Airbnb, que permite que as pessoas compartilhem suas próprias casas para locações de curto prazo, a Turo permite que as pessoas aluguem seus próprios veículos para outras pessoas. Diferentemente da Getaround, na qual residentes locais alugam um carro por curtos períodos, a Turo focava em 2015 nos viajantes que precisavam alugar um veículo ao visitar uma nova cidade. É mais uma versão *peer-to-peer* da Hertz do que uma versão de multidão da Zipcar. Como no Airbnb, a maioria dos fornecedores da Turo apenas aluga seu carro próprio enquanto não estão usando, ou fazem dinheiro com seu segundo veículo. Porém, assim como no Airbnb, há exceções. Em 2013, um membro da Turo, chamado David, descobriu a plataforma e decidiu alugar uma caminhonete que ele iria vender. A experiência foi tão positiva que David comprou outros veículos no Craigslist para alugar na Turo. Em 2014, David já possuía seis veículos e, ao compartilhar sua história com um blogueiro da Turo, relatou faturar cerca de 2 mil dólares mensais com sua microfrota.[7] Para enfrentar o desafio de não ter uma garagem para todos

---

5 Carey Dunne, "How One Woman Makes Almost a Million a Year on Etsy". Em *Fast Company*, 15-2-2015. Disponível em http://www.fastcodesign.com/3042352/how-one-knitter-makes-almost-1-million-a-year-on-etsy. Acesso em 3-4-2018.

6 A Etsy anunciou a saída de Shaffer de seu mercado no PRWeb. Disponível em http://www.prweb.com/releases/2015/ThreeBirdNestLeavesEtsy/prweb12924751.htm. Acesso em 3-4-2018.

7 A história de David está disponível em http://blog.relayrides.com/2014/03/pro-tip-make-thousands-renting-out-your-own-vehicle-fleet. Acesso em 3-4-2018.

os seus veículos, David utiliza a SpotOn – uma empresa da economia compartilhada que, assim como a JustPark, conecta pessoas que precisam de vagas de estacionamento com pessoas que tenham vagas subutilizadas.

Será que a pequena frota de carros e caminhonetes de David é uma ameaça para a Hertz? Provavelmente ainda não, mas sua microempresa (com a qual ele espera conseguir cobrir seus custos mensais com moradia em breve) já está tendo um impacto na economia local. David comprou veículos usados, contratou um mecânico local para fazer a manutenção dos veículos e compartilhou seus lucros com pessoas que têm vagas livres de estacionamento.

Essa tendência de crescimento de empresas de pequena escala vem sendo notada em diversos países. Por exemplo, um estudo de 2015 da Royal Society of Arts sugeriu que as microempresas (entendidas como empresas com até 9 funcionários) são responsáveis pela maior parte dos empregos em alguns dos segmentos de crescimento mais rápido do Reino Unido, como educação, programação de computadores e serviços pessoais.[8] Da mesma forma, o estudo de 2009 de Dane Stangler e Robert Litan, da Fundação Kauffmann, indicou que cerca de dois terços da criação de novos empregos nos EUA, em 2007, vieram de empresas jovens. O estudo também indicou que "sem dúvida alguma, sem as *startups*, o saldo de empregos criados na economia dos EUA seria negativo em quase todos os anos". Além disso, o número de empresas sem funcionários (empresas individuais) cresceu dramaticamente nos EUA, indo de cerca de 18 milhões em 2003 para mais de 23 milhões em 2013.[9]

Tais exemplos destacam ao menos quatro impactos econômicos gerais relevantes que a mudança para o capitalismo de multidão provavelmente terá: (1) aumento no impacto do capital; (2) mudanças no consumo motivadas por uma maior variedade e diversidade dos modelos de acesso; (3) mudança na natureza das economias de escala e dos efeitos de rede que caracterizam as economias industriais; (4) democratização das oportunidades econômicas que podem trazer o crescimento inclusivo.

---

8 Royal Society of Arts, "Microbusinesses Outgunning Large Firms in the UK's Fastest Growing Industries". Em *RSA*, 3-2-2015. Disponível em https://www.thersa.org/about-us/media/2015/microbusinesses-outgunning-large-firms-in-UK-fastest-growing-industries. Acesso em 4-4-2018.

9 Dane Stangler e Robert E. Litan, "Where Will the Jobs Come From?". Em *Kauffman Foundation Research Series: Firm Foundation and Economic Growth*, 11-2009. Disponível http://Kauffman.or/~/media/kauffman–org/research%20 reports%20and%20covers/2009/11/where_will_the_jobs_come_from.pdf. Acesso em 4-4-2018.

Os exemplos também ilustram outro ponto central deste capítulo. As motivações para que as pessoas se engajem no capitalismo de multidão nem sempre são puramente financeiras. Isso sugere uma necessidade de se focar não apenas no crescimento econômico, medido pelo valor em dólares do faturamento e da produção, mas também no desenvolvimento econômico como conceito mais amplo.

Organizei este capítulo da seguinte forma: começo falando sobre essa necessidade de melhores formas de se medir o progresso econômico. Importante notar que não sou o primeiro a falar sobre este assunto, ou a notar que o progresso induzido pelas tecnologias digitais destaca os problemas de medição que sempre tivemos. Apesar de suas falhas, acredito ser essencial entender como os efeitos dessa transição em curso são avaliados através das lentes das medições econômicas tradicionais, como o Produto Interno Bruto (PIB). Na sequência, falarei sobre os quatro motivadores principais do impacto econômico: mudanças no impacto do capital; mudanças no consumo, motivadas por maior variedade e diversidade nos modelos de acesso; mudanças nas economias de escala e efeitos de rede; e a promessa de crescimento inclusivo – no contexto amplo do capitalismo de multidão. Concluirei me aprofundando em uma área específica da economia compartilhada: os mercados de locação *peer-to-peer*. Com base na pesquisa que desenvolvi com o ex-doutorando da Universidade de Nova York, Samuel Fraiberger, apresento um modelo de análise rigorosa dos efeitos de longo prazo dos diversos aspectos do capitalismo de multidão sobre o crescimento econômico, o bem-estar do consumidor e a desigualdade.

O problema do PIB

Todas as histórias apresentadas no começo deste capítulo ilustram como as plataformas *peer-to-peer* já estão transformando o financiamento, a produção, a distribuição e a prestação de serviços no mundo todo. Onde (e com quem) realizamos transações está mudando, assim como nossa abordagem para a formação de capital. Há uma nova e emergente fusão entre local e global.

As fontes tradicionais de financiamento ainda são vastamente maiores que a Funding Circle e suas equivalentes dos EUA, Lending Club e Prosper. Embora esses mercados de empréstimos *peer-to-peer* provavelmente não levem bancos à falência, eles reduzirão suas margens, trazendo maior transparência e eficiência à agregação e atribuição de capital financeiro distribuído para seus destinatários. Como disse o CEO da Funding Circle, Sam Hodges, em uma entrevista em 2015, "a diferença entre o crédito *peer-to-peer* e o de mercado é a transparência. De um lado, há pequenas empresas que querem emprestar. Do outro, há uma grande gama de investidores. Como mercado, não há incentivo para cobrar mais ou menos, graças à garantia baseada em dados. Isso gera preços de liquidação que são mais justos ao tomador, garantindo retornos suficientes".[10]

Os mercados financeiros *peer-to-peer* também aumentarão o número de indivíduos que obtém parte de sua renda como credores e investidores comerciais. Além disso, eles podem viabilizar empréstimos para desenvolver pequenos negócios inovadores que, de outra forma, não teriam acesso ao crédito. Essa inclusão pode ter um efeito equalizador ao longo do tempo. Adicionalmente, assim como acontece com o Airbnb – que não levou hotéis à bancarrota, mas ampliou a gama de escolhas para viajantes e criou opções para pessoas que, em outros contextos, não teriam dinheiro para viagens longas –, plataformas como a Funding Circle podem ser mais bem compreendidas como uma diversificação e expansão de um modelo econômico existente, não como uma substituição a ele.[11]

Obviamente, tais plataformas acabam mudando o comportamento dos consumidores. Uber, Lyft e Gett reduziram a utilização dos táxis convencionais porque baratearam o serviço, tornando-o mais conveniente, e criaram variedade por meio de seus serviços compartilhados. Juntamente da Getaround, provavelmente mudarão os hábitos de consumo ainda mais radicalmente, ao permitir que as pessoas considerem a locação e o acesso sob demanda de

---

10 Sam Hodges, citado por Midori Yoshimura, "Interview: Funding Circle Co-Founder Sam Hodges Talks Regulations, Factors Driving P2P Lending in the US". Disponível em https://www.crowdfundinsider.com/2015/05/68361-interview-funding-circle-co-founder-sam-hodges-talks-crowdfunding-regulations-factors-driving-p2p-lending-in-the-us/. Acesso em 4-4-2018.

11 No longo prazo, o Airbnb provavelmente mudará as oportunidades de negócios das pousadas tradicionais, dado que esses estabelecimentos já começam a ver uma queda em sua demanda, sobretudo nos mercados nos quais eram a única opção na cidade. Em Manhattan, em 2014, parece que o Airbnb já tem um impacto considerável no setor de pousadas, porém, não por meio de concorrência direta. Tais negócios parecem receber danos colaterais na batalha regulatória atual entre o Airbnb e o município de Nova York. Por exemplo, ver Heather Dubin, "Manhattan Bed & Breakfast Face Extinction" (em *Observer*, 22-12-2014. Disponível em http://observer.com/2014/12/manhattan-bed-breakfasts-face-extinction. Acesso em 4-4-2018); e Lisa Fickenscher, "B&B be gone" (em *Crain's*. Disponível em http://www.crainsnewyork.com/article/20140921/HOSPITALITY_TOURISM/140919814/bb-be-gone. Acesso em 4-4-2018).

veículos como alternativas viáveis à posse de veículos particulares. Isso nos levaria à mobilidade compartilhada de âmbito global, por meio da tecnologia que a professora da Universidade da Califórnia (Berkeley), Susan Shaheen, prevê e pesquisa há quinze anos.

O desafio está obviamente nas formas de se aferir o impacto dessas diversas mudanças, como efeitos econômicos, mudanças qualitativas nos hábitos de consumo e outras melhorias na vida econômica das pessoas. Será que nossos modelos consolidados de aferição de impacto econômico estão à altura disso tudo?

Começaremos avaliando o método de aferição de atividade econômica mais comumente utilizado, o PIB. Ele avalia o consumo e a produção, calculados por meio dos preços de todos os bens e serviços produzidos em dada economia. Em suma, o PIB captura o valor de vendas da produção de bens finais na economia, subtraindo formas intermediárias de consumo e resultando em uma descrição clara da atividade econômica.[12] Ele foca as variáveis agregadas, como a soma total de dinheiro gasto em bens e serviços, a soma total das rendas destinadas aos domicílios ou a soma total de gastos. Embora não sejam perfeitas, essas abordagens combinadas apresentam um cenário completo da saúde geral de economias tradicionais.

Embora o PIB continue sendo uma métrica fundamental para se tomar decisões nas políticas fiscais e monetárias, diversas falhas no PIB como aferidor da saúde econômica são conhecidas. Em primeiro lugar, o PIB é uma medição agregada. Ele não apresenta indícios de como a renda, o consumo ou a riqueza são distribuídos. Grandes mudanças na desigualdade podem não ser refletidas nas médias do PIB, ou estatísticas agregadas. Em segundo lugar, o PIB não captura completamente o tamanho do impacto negativo na qualidade de vida que pode ter o crescimento econômico. O congestionamento do trânsito nas cidades pode aumentar o consumo de combustíveis, o que agrega ao PIB, mas os impactos de longo prazo dos congestionamentos geralmente

---

[12] Há, ao menos, três formas de se computar o PIB. A abordagem da produção soma o dinheiro gasto em bens e serviços subtraindo as formas intermediárias de consumo (por exemplo, custo dos insumos). A abordagem da renda soma todos os salários pagos aos domicílios por meio de fatores como produção, mão de obra, capital e rendimentos. A abordagem dos gastos soma o valor monetário de todas as compras realizadas partindo da premissa de que todos os bens e serviços são produzidos para venda. Cada país utiliza uma combinação diferente para reportar seu PIB. Por exemplo, a Grã-Bretanha combina as três em uma única medição. Os EUA reportam a primeira medição como PIB e a segunda como RIB (Renda Interna Bruta).

não são positivos. Eles reduzem a qualidade de vida das pessoas, aumentando sua jornada de trabalho e comprometendo seu equilíbrio entre vida pessoal e profissional. Em terceiro lugar, o PIB foca apenas as medições de mercado, enquanto as atividades fora do mercado (por exemplo, trabalho doméstico não remunerado, consertos feitos por conta própria e as diversas formas de escambo) ficam de fora. Portanto, se atividades econômicas anteriormente fora do mercado, como compartilhamento de veículos, cooperativas de babás, clubes de jantar e troca de apartamentos se tornam comerciais, o PIB pode representar desproporcionalmente tais mudanças na atividade econômica. Em quarto lugar, o PIB, de certa forma, não consegue enxergar a qualidade dos gastos – ou seja, os gastos em educação, saúde ou jogos de azar são tratados da mesma forma, independentemente do diferente impacto que têm no crescimento futuro ou no bem-estar. Certamente, a quantidade – não a qualidade – é o foco do PIB, o que significa que as melhorias na qualidade de vida frequentemente escapam do radar. Em quinto, como o PIB não considera recursos finitos em seu cálculo, os gastos considerados insustentáveis (por exemplo, com carvão, petróleo, gás ou outros recursos não renováveis) não são adequadamente capturados. De forma correlata, outras externalidades, como poluição e superpopulação, também são negligenciadas nas medições.[13] Por último, o PIB não captura as mudanças no excedente do consumidor, um ponto que explicarei melhor na próxima seção deste capítulo.

As deficiências do PIB não são nenhuma novidade, mesmo que se tornem ainda mais aprofundadas com a ascensão da economia compartilhada. Consequentemente, já há algumas alternativas propostas. O Índice de Desenvolvimento Humano (IDH) do Banco Mundial parece aferir indicadores sociais mais amplos (como avanços na educação e saúde) e de padrões de vida (como tempo de lazer). O Office for National Statistics (Departamento de estatísticas nacionais do Reino Unido) adotou as Measures of National Well-being (medidas de bem-estar nacional) e agora divulga um painel de indicadores trimestrais, que buscam capturar os impactos econômicos que vão além dos limites das medições capturadas pelo PIB. O Índice para uma Vida Melhor,

[13] Há outros problemas com o PIB, mas escolhi focar apenas aqueles que possuem consequências específicas para se capturar os impactos econômicos da economia compartilhada. A melhor referência para tais questões que eu encontrei vem da Comissão Stiglitz-Sen, disponível em https://www.vorarlberg.at/pdf/berichtderstiglitz-kommis.pdf. Acesso em 4-4-2018.

da Organização para a Cooperação e Desenvolvimento Econômico (OCDE), considera ainda outros fatores, incluindo engajamento cívico e equilíbrio entre vida pessoal e profissional. Uma mudança mais radical na forma de pensar é proposta pelo Índice de Progresso Social, que substitui as métricas econômicas por métricas socioambientais. Nele, as necessidades humanas básicas, como nutrição, acesso à saúde, água, saneamento e segurança, são consideradas com outros fatores, como sustentabilidade, direitos humanos (por exemplo, direito de associação), tolerância (por exemplo, com imigrantes) e acesso ao ensino superior.

Desafios adicionais nos indicadores para a Economia Digital

A digitalização da economia agrava ainda mais algumas dessas deficiências do PIB. Imagine a medição do impacto econômico de mecanismos de busca, como a Google. Seu uso se tornou tão generalizado que os consumidores se tornaram mais empoderados. Agora, podem fazer escolhas com acesso a melhores informações, mais mercados, *feedback* e avaliações atualizadas sobre os produtos. Entretanto, parte dessa melhor qualidade da experiência de consumo é frequentemente percebida de forma intangível, como um produto mais relevante, ou por meio de um aumento no que os economistas chamam de excedente do consumidor. Em poucas palavras, é a medição da diferença entre o valor máximo que um consumidor estaria disposto a pagar por um produto ou serviço e o valor efetivamente pago. Portanto, grande parte do impacto da Google na economia não é capturada, dado que as mudanças no excedente do consumidor não são refletidas no PIB.

Essa questão é detectada nos mercados digitais de forma geral. Uma livraria de rua tradicional pode ter de 40 a 100 mil títulos, enquanto a Amazon oferece acesso a mais de 3 milhões de livros. Essa mesma expansão em variedade se aplica para música, filmes, eletrônicos e inúmeros outros produtos. Além do mais, como a Amazon utiliza diversos sistemas de recomendação de usuários para ajudar a promover seus produtos, não é apenas a variedade de produtos que aumentou, mas também sua relevância cresceu.[14] Todavia, é difícil de capturar os impactos econômicos de uma melhor variedade e automação da promoção boca a boca, dado que, novamente, o que mudou foi a qualidade da

[14] Veja uma excelente pesquisa das diversas abordagens para as recomendações automatizadas disponível em http://ieeexplore.ieee.org/xpls/abs_all.jsp?arnumber=1423975&tag=1. Acesso em 4-4-2018.

experiência de consumo. Como apresentam Erik Brynjolfsson, Yu (Jeffery) Hu e Michael Smith em seu estudo sobre excedente do consumidor na economia digital, tais benefícios podem ser especialmente difíceis de ser medidos, dado que diferentes consumidores são impactados em diferentes graus:

> Realmente, o surgimento de varejistas *on-line* coloca uma loja especializada e um vendedor dentro do computador de cada pessoa. Isso melhora o bem-estar desses consumidores, permitindo que localizem e comprem produtos especiais, que não conseguiriam adquirir de outras formas, devido aos altos custos transacionais ou ao pouco conhecimento sobre o produto. Esse efeito é especialmente benéfico aos consumidores que vivem em áreas mais remotas.[15]

Aumentos análogos no excedente do consumidor foram documentados por Anindya Ghose, Rahul Telang e Michael Smith em sua pesquisa de 2005 sobre mercados eletrônicos para livros usados.[16] Esses efeitos são acerados por uma ampla gama de sistemas de recomendação, que utilizam algoritmos de *machine learning* para direcionar melhor as escolhas do consumidor. Como documentaram Alexander Tuzhilin e Gedas Adomavicius, esses sistemas são onipresentes nos mercados digitais.[17] É natural esperar mudanças semelhantes, por exemplo, ao tentar englobar os diversos impactos econômicos de uma maior variedade e relevância do Airbnb, maior conveniência da Lyft ou maior acesso de Dennis ao crédito na Ilha de Gigha.

Diversos estudos nos últimos quinze anos vêm provando as mudanças no excedente do consumidor que as tecnologias digitais criam. Trabalhos mais recentes começaram a introduzir uma dimensão adicional: os ganhos em capital humano que surgem com a digitalização. Nesse sentido, a pesquisa do meu colega na Universidade de Nova York, Prasanna Tambe, é especialmente

---

15 Eric Brynjolfsson, Yu Hu e Michael D. Smith, "Consumer Surplus in the Digital Economy: Estimating the Value of Increased Product Variety at Online Booksellers". Em *Management Science*, v. 49, n. 11, 2003, pp. 1.580-1.596, 1.581.

16 Anindya Ghose, Rahul Telang e Michael D. Smith, "Internet Exchanges for Used Books: An Empirical Analysis of Product Cannibalization and Welfare Impact". Em *Information Systems Research*, v. 17, n. 1, 2006, pp. 3-9. Disponível em http://pubsonline.informs.org/doi/abs/10.1287/isre.1050.0072. Acesso em 4-4-2018.

17 Alexander Tuzhilin e Gedas Adomavicius, "Toward the next Generation of Recommender Systems: A Survey of the State-of-the-Art and Possible Extensions". Em *IEEE Transactions on Knowledge and Data Engineering*, v. 17, n. 6, 2006, pp. 734-739. Disponível em http://ieeexplore.ieee.org/xpls/abs_all.jsp?arnumber=1423975&tag=1. Acesso em 4-4-2018.

esclarecedora. O trabalho de Tambe com Lorin Hitt, da Universidade da Pensilvânia, aponta para uma hipótese nova fascinante: parte dos retornos com as tecnologias digitais é frequentemente capturada pelos funcionários das empresas na forma de capital humano, o qual pode ser específico à função em vez de ser específico a uma determinada empresa. Esse tipo de efeito seria disseminado para outras empresas à medida que os funcionários vão para outros empregos. Essa descoberta inclui uma terceira possibilidade: além de aparecer nos números de produção e excedentes do consumidor, parte dos retornos com a digitalização vem da transmissão de capital humano transferível e específico a uma função para os trabalhadores de uma empresa. Isso é intuitivamente atraente, pois parece natural que funcionários tenham ganhos com os investimentos em TI de suas empresas e sirvam como veículos por meio dos quais os retornos de tais investimentos sejam dispersos entre as empresas.[18] Como uma parcela cada vez maior da atividade econômica é realizada por indivíduos que têm relações mais fluídas com híbridos empresa-mercado, como Uber, Airbnb e Etsy, ou estão ganhando *expertise* como empreendedores em pequena escala (como David, do RelayRides), é cada vez mais complexo de se quantificar os impactos da digitalização. Falarei mais sobre os desafios relacionados às medições no Capítulo 8.

Também há os efeitos da localização das trocas, que pode ter implicações distributivas. Por exemplo, um vendedor na Etsy pode comprar matérias-primas de um armarinho do bairro em vez de comprá-las de um atacadista. Em um mercado tradicional, esse varejista venderia materiais apenas para amadores, não necessariamente para pequenos negócios. Paralelamente a isso, como os microempreendedores geralmente trabalham em pequena escala, a distribuição dos retornos entre pequenos varejistas e grandes atacadistas pode se tornar ainda maior – mas também pode haver perdas em economias de escala.

Há outra questão ainda mais complexa relativa à forma como medir os ganhos afetivos da economia compartilhada. Quando conversei com o CEO do Airbnb, Brian Chesky, em 2015, ele mencionou tal benefício não financeiro: "A hospitalidade é a ideia de fazer uma pessoa se sentir em casa, de dar as boas -vindas a alguém". Chesky também disse que o Airbnb "não está necessariamente mudando as pessoas completamente, mas estamos mudando um pouco sua forma de pensar". Então, ele explicou que

18 Prasanna Tambe e Lorin M. Hitt, "Job Hopping, Information Technology Spillovers, and Productivity Growth". Em *Management Science*, v. 60, n. 2, 2013, pp. 338-355.

Eu mesmo mudei como pessoa por causa do Airbnb, não pelo negócio, mas pelo serviço em si. Eu me vejo cuidando mais das pessoas. Porque quando alguém está em sua casa, ele está completamente vulnerável. Você precisa cuidar dessa pessoa. E isso é uma coisa profundamente importante: cuidar e receber bem as pessoas.

Quatro efeitos econômicos fundamentais

Se uma plataforma *peer-to-peer* está efetivamente mudando nossa forma de pensar, mudando positivamente nossa atitude em relação aos outros, como é possível capturar tais impactos afetivos? A resposta para essa pergunta provavelmente não virá de nós, economistas. Não obstante, resta pouca dúvida de que a expansão do capitalismo de multidão ressalta ainda mais a necessidade de se expandir as medições dos impactos econômicos de forma a incluir indicadores que não sejam bem capturados pelo PIB.

Até que isso aconteça, há alguns impactos econômicos tradicionais e amplos que podemos esperar. A seguir, delinearei os quatro impactos mais notáveis que consigo perceber.

Alteração do impacto do capital

Se tudo se mantiver estável, é possível aumentar a produtividade econômica acessando a capacidade disponível, como a capacidade do ativo (a capacidade ociosa de Botsman) dos mercados de locação *peer-to-peer*, a mão de obra (fornecida por mercados como TaskRabbit, Handy e Spare5) ou o capital financeiro (por meio de uma plataforma de crédito, como a Funding Circle).

Por exemplo, um anfitrião com um quarto de hóspede vazio possui mais do que apenas um quarto desocupado, possui um ativo que não está sendo utilizado em sua capacidade máxima. Com o Airbnb, ele pode transformar um espaço pequeno que está sobrando em uma fonte de renda, aproveitando ao máximo sua capacidade. Da mesma forma, com o aplicativo Spare5, o tempo que seria gasto no ônibus indo e voltando de um emprego em tempo integral poderia ser canalizado como contribuição econômica utilizando seu smartphone para colocar *tags* em imagens ou responder às pesquisas da comunidade comercial da Spare5. Quando pequenos credores redirecionam dinheiro de suas poupanças e o emprestam para pequenas empresas por meio da Funding Circle, eles potencialmente aumentam o impacto econômico de seu capital financeiro.

Entendo que todos esses exemplos demonstrem um aumento do impacto do capital, dos ativos ou da mão de obra existente.[19] Um precursor digital de tal aumento, que vemos se desenvolver nas plataformas da economia compartilhada, foi explicado com a clareza que lhe é característica por Clay Shirky no discurso de abertura da Collaborative-*Peer*-Sharing Economy Summit (Conferência de economia colaborativa-*peer*-compartilhada), na Universidade de Nova York, em 2014. Ele explicou como "no mundo digital, o grande precursor da economia compartilhada foi o Napster":

> Na década de 1990, a audiência consumidora de música nos EUA sonhava com algo chamado de "*Jukebox* Celestial": todas as músicas disponíveis, uma de cada vez. Sean Fanning, o inventor do Napster, percebeu que a parte difícil para concretizar a *Jukebox* Celestial já havia sido feita. Todas as músicas do mundo já haviam sido digitalizadas, um CD de cada vez. Uma pessoa compra um CD, converte as faixas e tem os MP3 no HD. Esse volume enorme de trabalho já tinha sido feito. Mas o enorme volume de capital fixo de infraestrutura ainda não era um agregado, ainda não era uma coleção. Os computadores nas redes eram cegos, surdos e mudos. Eram nós desconectados.
>
> O que Fanning fez com o Napster foi resolver esse problema. Ele não resolveu o problema de armazenamento, ele não resolveu o problema de transporte, ele não resolveu o problema da digitalização. Ele resolveu o problema da indexação. Com o Napster, um computador ganhou visão, fala e audição. Ele conseguia dizer "eu tenho esta música no meu HD" e reportar isso para um índice central no qual outras máquinas poderiam ouvir e conversar sobre as músicas que tinham e negociar uma transferência.

Então, Shirky resumiu seu ponto: "Fanning não aumentou o gasto de capital em infraestrutura de música, ele aumentou o impacto do capital".[20]

---

19 Também seria possível utilizar eficiência ou produtividade do capital. Entretanto, tais expressões possuem significados específicos e um tanto diferentes em economias que não transmitem completamente o que estou tentando definir aqui.

20 Clay Shirky, discurso na *Collaborative-Peer-Sharing Economy Summit* (Conferência de economia colaborativa-*peer*-compartilhada) na Universidade de Nova York, 30-5-2014.

Talvez a reserva de capital subutilizado mais surpreendente esteja nos automóveis nos EUA. As pessoas gastam anualmente cerca de 1 trilhão de dólares nos EUA comprando automóveis novos e usados, e o estoque de capital de veículos vale algumas vezes esse valor. Para colocar isso em contexto, o PIB em 2015 de toda a economia dos EUA foi de cerca de 17 trilhões de dólares. Entretanto, como expliquei na Introdução, o índice de utilização desses automóveis é lamentavelmente baixo. A Figura 5.1 mostra a distribuição de intensidade de uso dos veículos dos residentes da Califórnia em 2009. O eixo horizontal representa a intensidade de uso (por exemplo, uma intensidade de uso de 5% significa que você utiliza seu carro 5% do tempo, pouco mais de uma hora por dia). O eixo vertical representa o percentual de carros na Califórnia naquele nível de utilização. Como se pode notar, a maior parte da população utiliza o carro por menos de 10% de sua vida – ou seja, a vasta maioria dos carros fica estacionada nas ruas ou dentro de uma garagem durante 90% de suas vidas. Como expliquei na Introdução, isso também parece se aplicar para Manhattan. E é fato que os californianos tendem a utilizar seus carros com intensidade ainda maior que o residente médio dos EUA.

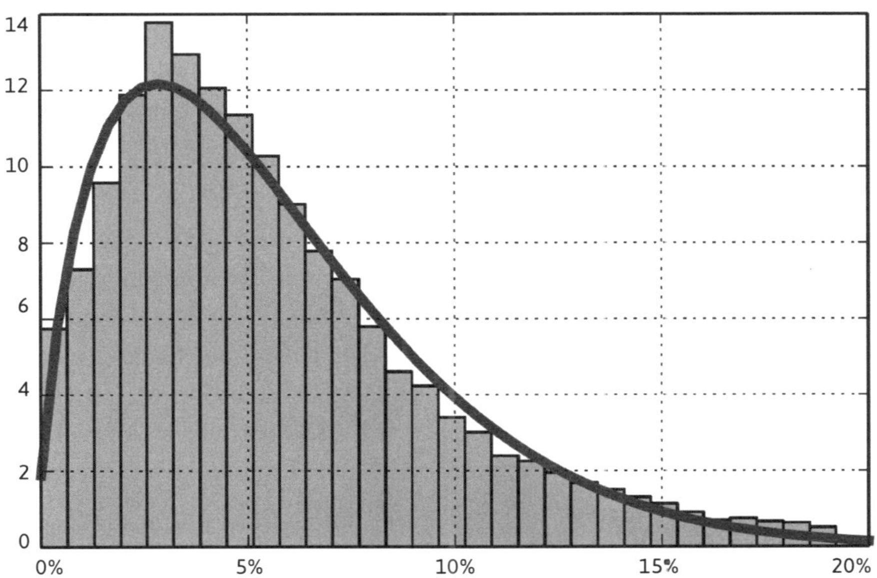

Figura 5.1
Utilização dos veículos nos EUA (compilação a partir dos dados da NHTS em 2009).

Talvez não seja necessário esperar os carros que dirigem sozinhos para vivenciar uma revolução econômica digital induzida nos segmentos de automóveis e transporte. A variedade de novos modelos *peer-to-peer* (como Uber, para chamar um carro sob demanda; Lyft, para descobrir quem mais está indo no mesmo caminho que você; Getaround, para ver qual carro em seu bairro está disponível para você mesmo dirigir; ou BlaBlaCar, para ganhar uma carona até a cidade vizinha) já está começando a impactar o estoque global de veículos. O surgimento de *players* regionais com alto nível de investimento e agilidade, como Didi Kuaidi e Ola nos mercados consumidores que mais crescem no mundo, promete impactar ainda mais os usuários que não desejam possuir automóveis. Como sugeriu o jovem cofundador e CEO da Ola, Bhavish Aggarwal, em 2015, dentre as centenas de milhões de pessoas recém-chegadas à classe média indiana, com níveis de renda que permitem considerar a compra de um veículo na próxima década, é possível que muitas delas pulem o modelo ineficiente de posse, indo diretamente para o mercado de utilização de veículos, como consumidores sob demanda.

Em uma série de palestras recentes, o economista Robert Gordon, da Universidade Northwestern, lamentou a desaceleração do aumento da produtividade nos EUA. Em especial, a falta de evidências claras de que a revolução digital das últimas duas décadas tenha tido um impacto considerável nos índices de crescimento da produtividade total dos fatores. Um slide agora célebre, de um de seus artigos mais recentes, é replicado na Figura 5.2.[21]

A Produtividade Total dos Fatores (PTF) aumenta quando, na média, há maior produção com o mesmo nível de insumos (capital físico, financeiro e mão de obra). O aumento na produtividade, por sua vez, aumenta o índice no qual uma economia cresce. As plataformas se expandem e aumentam o impacto do capital dos bens digitais, como Shirky mencionou. Assim, caminham para aumentar o impacto da mão de obra, capital financeiro e, sobretudo, o capital físico nas próximas duas décadas. Esse efeito das tecnologias digitais em específico possivelmente expandirá para outros segmentos da economia,

---

21 Robert Gordon, "US Economic Growth Is Over: The Short Run Meets the Long Run". Em *Think Tank 20: Growth, Convergence and Income Distribution: The Road from the Brisbane G-2-Summit*, Washington DC: Brookings Institute, 2015, p. 188. Disponível em http://www.brookings.edu/~/media/Research/Files/Interactives/2014/thinktank20/chapters/tt20-united-states-economic-growth-gordon.pdf?la=en. Acesso em 4-4-2018.

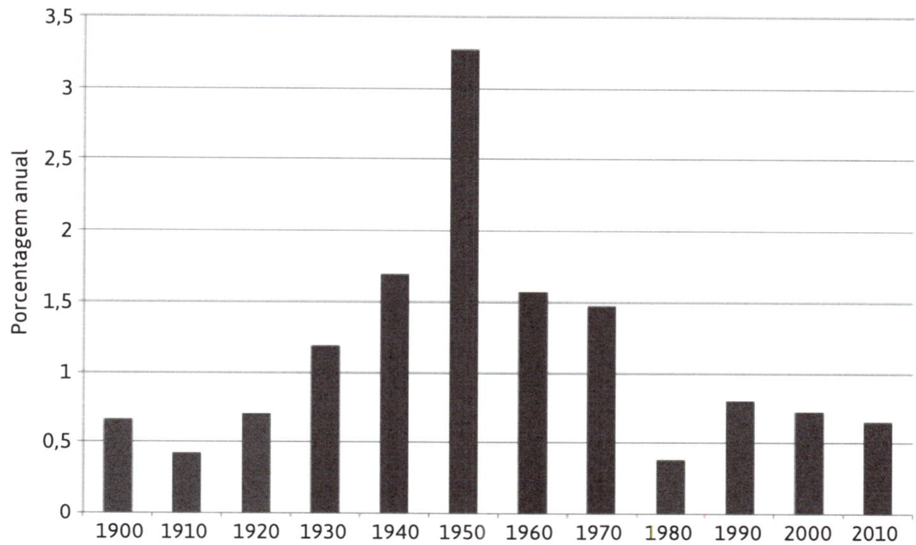

Figura 5.2
Índice de crescimento da produtividade total dos fatores em cada período de dez anos (de 1900 a 2010).

como mercado imobiliário, transportes, energia, saúde e as mais variadas formas de mão de obra.

Em outras palavras, a promessa de aumento na PTF vinda da revolução digital pode não ser um mito, como nas inquietações de Gordon. Em vez disso, esse aumento pode apenas estar esperando as forças favoráveis do capitalismo de multidão para surgirem nas estatísticas nacionais.

Economias de escala e efeitos locais de rede

Um assunto recorrente no progresso econômico possibilitado pela tecnologia nos dois últimos séculos tem sido a criação de economias de escala cada vez maiores. Vantagens de custos que as empresas obtêm à medida que sua produção cresce. As economias de escala tradicionais normalmente ocorrem quando os custos médios baixam à medida que se produz mais. Elas podem surgir pela diluição de um custo fixo, como as instalações de uma fábrica, em um número maior de unidades produzidas. Elas podem surgir de uma maior especialização da mão de obra, que é possível em empresas de maior porte. Quando você faz repetidamente uma mesma etapa do processo, a lógica nos leva a crer que será possível fazê-la com mais eficiência, uma ideia que fica bem representada nas linhas de produção de Henry Ford. Elas também podem surgir do *learn by doing* (aprender fazendo), um aumento na eficiência que surge ao se aprender melhores formas de se utilizar determinado equipamento, ou quando os trabalhadores se tornam mais proficientes no que fazem ao longo do tempo.

A documentação das economias de escala remonta às observações de Adam Smith sobre a divisão do trabalho na manufatura de alfinetes no século XVIII. Nos duzentos anos seguintes, as economias de escalas foram tradicionalmente motivadas pelos aprimoramentos da cadeia de suprimentos. Era possível superar um concorrente com maior escala se você pudesse arcar com custos fixos mais altos ou se pudesse reduzir o custo variável por unidade. Contudo, os economistas vêm documentando, desde a década de 1980, evidências cada vez maiores dos conceitos de Hal Varian e Carl Shapiro sobre economias de escala do lado da demanda. Ou seja, um aumento no valor de um produto à medida que sua utilização aumenta.[22] Esse efeito, quando a maior utilização de um produto por um usuário aumenta o valor do produto para outros usuários (algumas vezes, para todos os usuários), também é chamado de efeito de rede.[23] Os investidores do Vale do Silício desejam ver efeitos de rede nos modelos de negócio, já que frequentemente indicam um mercado do tipo "o vencedor leva mais" (*winner takes most*), como os mercados atuais e passados da Microsoft, Facebook e outras gigantes da tecnologia.

Na sequência, veremos como a mudança para o capitalismo de multidão pode afetar cada um desses tipos de economia de escala. A princípio, pode parecer que o distanciamento das corporações gigantes e a aproximação dos milhões de microempreendedores poderiam causar a perda de muitas das economias de escala surgidas em duzentos anos de progresso. Afinal de contas, será que um anfitrião do Airbnb conseguirá um dia hospedar alguém com maior eficiência do que um grupo especializado e treinado de funcionários de hotel, trabalhando em equipes altamente otimizadas, em imóveis dedicados a essa atividade? Será que uma fábrica gigante na China não terá sempre

---

[22] Hal R. Varian e Carl Shapiro chamam isso de economias de escala do lado da demanda em seu livro *Information Rules: A Strategic Guide to the Network Economy*. Cambridge: Harvard Business Books, 1999.

[23] Veja uma discussão mais aprofundada dos efeitos de rede em http://oz.stern.nyu.edu/io/network.html. Acesso em 4-4-2018.

vantagens de custo sobre os pequenos artesãos de brinquedos de madeira no Brooklyn?

A resposta parece ser sim e não. Sem dúvida, ao se mudar a organização da atividade econômica para a multidão, há uma perda de benefícios da produção em escala e da especialização. Entretanto, alguns desses ganhos serão menos relevantes, pois há menos necessidade de se fazer grandes investimentos fixos. Não é preciso construir hotéis se você pode utilizar a capacidade ociosa nas casas. Pode ser que você não precise de uma enorme fábrica se você tem acesso a impressoras 3D mais modernas. De certa forma, a curva de custos pode diminuir, mesmo que ela se torne mais inclinada.

Adicionalmente, muitas economias de escala serão preservadas e redistribuídas pelas próprias plataformas. A disseminação do *learn by doing* pode não ocorrer dentro de um hotel ou no chão da fábrica, mas pode ocorrer por meio das redes de *makers* que vendem na Etsy, ou nas comunidades de anfitriões do Airbnb, diretamente por meio da empresa ou em eventos, treinamentos, habilidades inseridas na plataforma ou outras formas de mobilização de base.

As mudanças efetivamente irão variar de setor para setor, de país para país, e ainda demorará vários anos até entendermos o lado para o qual estão pendendo essas forças. Mas é fascinante: há uma chance real de que os modelos econômicos do capitalismo de multidão possam efetivamente distribuir a produção dentre os milhões de pequenos fornecedores, sem sacrifício considerável dos ganhos de escala que as organizações do século XX obtiveram.

No entanto, parece ser inequívoco que as economias de escala do lado da demanda se tornarão mais frequentes à medida que o capitalismo de multidão ganhe fôlego. Um tipo específico de efeito de rede, o efeito de rede de dois lados, governa muitos aspectos econômicos das plataformas. Como explicam Thomas Eisenmann, Geoffrey Parker e Marshall Van Alstyne em seu importante artigo para a *Harvard Business Review*:

> Com os efeitos de rede de dois lados, o valor da plataforma para os usuários dependerá, em grande medida, da quantidade de usuários do outro lado da rede. O valor aumenta conforme a plataforma equilibra a demanda em ambos os lados. Por exemplo, desenvolvedores de videogames criarão jogos apenas para

> plataformas que possuam uma massa crítica de jogadores, pois é necessária uma base de usuários grande o suficiente para recuperar os custos prévios de programação. Contudo, os jogadores preferem plataformas com maior variedade de jogos.[24]

Um projeto ambicioso sobre a emergente economia de plataformas, liderado por Peter Evans, do Center for Global Enterprise, está reunindo dados sobre escala e interação de centenas de plataformas e certamente ajudará a desvendar sua lógica econômica na próxima década.

Minha pesquisa sugere que a natureza desses efeitos de rede de dois lados varia enormemente nas diferentes plataformas da economia compartilhada. As diferenças estão fundamentalmente relacionadas à natureza local da economia compartilhada, que apresentei na primeira metade desta obra. Vamos considerar o exemplo da Etsy. Assim como o eBay, os compradores ganham valor quando têm acesso a mais vendedores, e os vendedores preferem a plataforma à medida que ela ganha mais compradores. Realmente não importa muito onde estão os compradores e os vendedores. Para um comprador em Nova York, um vendedor em Los Angeles terá o mesmo valor que outro em Minneapolis.

Compare isso aos efeitos de rede relacionados à Uber. À medida que mais motoristas entram na plataforma da Uber em Nova York, cresce o valor da plataforma para os usuários nova-iorquinos, pois o tempo de espera será menor. Da mesma forma, quanto mais pessoas se tornam passageiras, maior o valor em ser um motorista da Uber. Provavelmente, ele poderá ganhar mais dinheiro a cada hora, pois, potencialmente, haverá mais corridas. Entretanto, os benefícios desses efeitos de rede são altamente localizados. A maioria dos usuários da Uber está preocupada apenas com a qualidade do serviço em sua própria cidade. Mil novos motoristas da Uber em Los Angeles não farão diferença alguma para o tempo de espera dos passageiros em Nova York. O processo de criação da oferta é, portanto, muito mais trabalhoso, já que é de mercado a mercado.

E o que isso tudo significa? Bem, o lado da demanda das economias de escala nessas plataformas não levaria naturalmente a um vencedor global. Em vez disso,

---

[24] Thomas R. Eisenmann, Geoffrey Parker e Marshall W. Van Alstyne, "Strategies for Two-Sided Markets". Em *Harvard Business Review*, v. 96, n. 4, 2006, pp. 581-595. Disponível em https://hbr.org/2006/10/strategies-for-two-sided-markets. Acesso em 4-4-2018.

teríamos um ou mais vencedores em cada mercado local.[25] Os mercados locais são, portanto, mais concorridos. Seria difícil para um vendedor da Etsy que apenas comercializa capas de celular, ou uma pessoa que mora em Nova York, sair da plataforma e começar seu próprio mercado sem perder uma parte enorme de sua demanda potencial. Entretanto, é totalmente concebível que todos os motoristas da Uber de Nova York mudassem coletivamente para outra plataforma (ou criassem sua própria plataforma) e levassem consigo toda a demanda.

Agora compararemos os efeitos de rede da Uber com aqueles do Airbnb. São mercados nos quais a oferta precisa ser construída mercado a mercado, em milhares de cidades. Entretanto, os benefícios de rede para os anfitriões parisienses vão muito além dos consumidores parisienses. Diferentemente do transporte local, a hospedagem de curta duração é procurada principalmente por viajantes, e não por moradores locais. As pessoas preferem uma plataforma que tenha hospedagens em qualquer lugar do mundo, não uma plataforma especializada em uma cidade. Portanto, na plataforma do Airbnb, os efeitos de rede são mais resilientes.

De certo modo, a estrutura fractal dos efeitos de rede em ambos exemplos torna suas lógicas econômicas mais complexas do que aquelas dos mercados tradicionais de dois lados, o que pode fazer que sejam mais fortes ou fracos. Como apresento no Capítulo 6, há diversos novos desafios regulatórios criados pelo surgimento da economia compartilhada. Um deles, que não discutirei, está relacionado ao poder de mercado. É fundamental aprofundar nosso entendimento da natureza de tais efeitos de rede antes de julgar se tais economias de escala levarão a um poder de mercado merecedor de investigação antitruste. Ou, nas palavras do professor Maurice Stucke, em um painel na Federal Trade Commission (Comissão Federal do Comércio dos EUA), sobre a regulação da economia compartilhada em junho de 2015: "Eu possuo as ferramentas analíticas para avaliar quais serão os impactos?".[26]

---

25 Obviamente, podem haver outras economias de escala tradicionais que poderiam eventualmente levar ao domínio de uma ou duas empresas devido a diversas circunstâncias. Por exemplo, promover a retenção dos motoristas depois de sua entrada, aprender fazendo ao se lançar um novo mercado ou aprender fazer ao se lidar com os órgãos regulatórios.

26 A transcrição do *workshop* do painel 4, intitulado "The 'Sharing' Economy: Issues Facing Platforms, Participants, and Regulators" está disponível em https://www.ftc.gov/system/files/documents/videos/sharing-economy-workshop-part-4/ftc_sharing_economy_workshop_-_transcript_segment_4.pdf. Acesso em 4-4-2018. A programação completa de *workshops* e convite para audiência pública prévia estão disponíveis em https://www.ftc.gov/system/files/documents/public_events/636241/sharing_economy_workshop_announcement.pdf. Acesso em 4-4-2018.

Maior variedade significa maior consumo

A economia compartilhada cria novas experiências de consumo com maior qualidade e variedade. Portanto, é muito provável que, em vez de apenas substituir velhas formas de comércio por novos modelos digitais, ela possibilite novas atividades econômicas. Em outras palavras, o tamanho do bolo aumenta, não apenas a formato de suas fatias.

Considere nosso já familiar exemplo, o Airbnb. Hotéis oferecem muitas opções de hospedagem. Entretanto, há muitas dimensões da experiência de um hotel que são padronizadas: quartos de hotel ficam em prédios de hotel; quartos de hotel tem uma cama, uma TV e um banheiro (com algumas exceções); em sua maioria, acomodam até duas pessoas; quanto mais caro o hotel, mais comodidades serão oferecidas. No entanto, em uma plataforma *peer-to-peer*, a hospedagem pode ou não estar dentro de um imóvel (também há barracas e *trailers*); pode ou não ter cama (também é possível ficar em colchão de ar ou sofá); a relação entre preço e comodidades é muito mais variável. E a variedade é ainda maior quando consideramos outros sites. Couchsurfing oferece hospedagens em sofás; OneFineStay oferece residências de luxo com empregados uniformizados em uma experiência completa; Love Home Swap (de Debbie Woskow) oferece residências de férias; Kozaza oferece casas coreanas tradicionais; a chinesa Tujia oferece apartamentos corporativos; a indiana Oyo oferece diversas opções similares a hotéis e outras alternativas.

É provável que tal aumento na variedade diminua a demanda dos hotéis tradicionais. Alguns especialistas do setor hoteleiro indicam que isso inclusive já pode estar acontecendo. Em uma entrevista para a PBS em agosto de 2015, Vijay Dandapani, o presidente da rede Apple Core Hotels, com cinco hotéis em Manhattan, e líder da Hotel Association of New York (Associação dos hotéis de Nova York), afirmou que tal impacto do Airbnb já era visível: "As taxas [de ocupação] não voltaram ao que eram antes da crise financeira, embora o turismo tenha aumentado", disse ele.[27]

Mas as evidências empíricas dessa mudança eram heterogêneas até 2015. Um estudo de Georgios Zervas, Davide Proserpio e John W. Byers, sobre o

---

[27] Assista ao vídeo disponível em http://video.pbs.org/widget/partnerplayer/2365538931. Acesso em 4-4-2018.

impacto do Airbnb no setor hoteleiro no Texas, documenta índices relativamente baixos de substituição: um aumento de 10% nos anúncios no Airbnb com uma redução de 0,34% no faturamento mensal com quartos de hotéis – e níveis ligeiramente mais altos em Austin.[28] Zervas e seus colegas também destacam dimensões adicionais de diferenciação na oferta do Airbnb, dado que conseguem operar em locais nos quais normalmente não há hotéis.

Os dados do próprio Airbnb documentam esse ponto em diversas cidades. Por exemplo, como demonstrado na Figura 5.3, que representa a atividade em Manhattan, 5 a cada 6 imóveis nova-iorquinos anunciados no Airbnb estão fora da região de *Midtown* Manhattan – onde estão localizados dois em cada três quartos de hotel.

A maioria dos hóspedes do Airbnb ficam em áreas das principais regiões hoteleiras da cidade de Nova York.

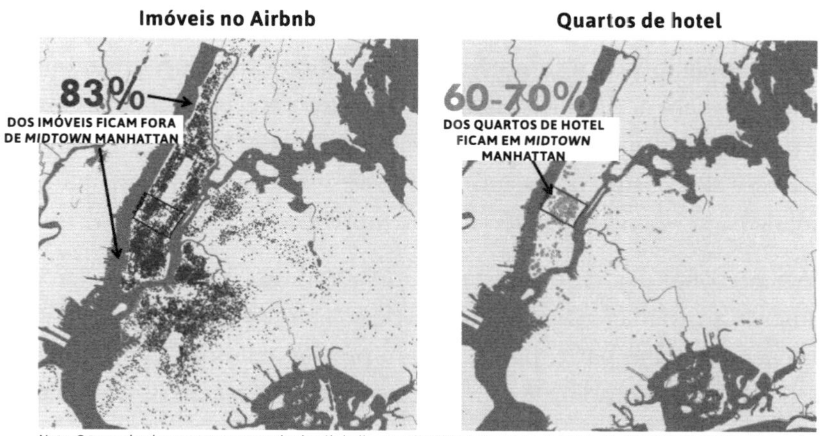

Nota: O tamanho dos pontos no mapa dos hotéis indica a estimativa de tamanho do hotel. "Midtown Manhattan" refere-se à área entre as ruas 14 e 59.

Figura 5.3
Mapa geográfico das propriedades anunciadas no Airbnb na cidade de Nova York.

Brian Chesky, o CEO do Airbnb, resumiu isso muito bem: "À medida que crescemos, a ocupação dos hotéis também cresceu. É o que eu acho que

28 Georgios Zervas, Davide Proserpio e John Byers, "The Rise of the Sharing Economy: Estimating the Impact of Airbnb on the Hotel Industry". Em *Boston U. School of Management Research Paper*, n. 2013-16, 7-5-2015. Disponível em http://dx.doi.org/10.2139/ssrn.2366898. Acesso em 4-4-2018.

acontecerá aos hotéis. Sou muito próximo a alguns executivos do setor hoteleiro, e eles não parecem estar muito preocupados". Certamente, como registrou Alison Griswold, da revista *Slate*, o setor hoteleiro em 2014 e 2015 teve as mais altas taxas de ocupação e valores médios de diárias da história.[29]

Mas a mesma coisa não se percebe no impacto da Uber e da Lyft sobre os táxis tradicionais. A principal diferença é que, além de ser um serviço diferenciado, Uber e Lyft têm mais qualidade em diversos aspectos que os consumidores prezam. Talvez a única coisa que falte é a possibilidade de chamar um carro levantando a mão. Isso não contradiz o que estou defendendo aqui, que o aumento na variedade aumentará o consumo. Entretanto, o impacto negativo para os taxistas oficiais provavelmente será sentido mais rapidamente. Muitos deles não são donos do carro ou da licença de táxi, e acabam mudando para a Uber. Há evidências de uma queda de cerca de 30% nos preços da licença dos táxis amarelos na cidade de Nova York.[30] Em julho de 2015, o maior proprietário de licenças de táxi da cidade de Nova York, Evgeny Freidman, entrou com pedido de falência para diversas de suas empresas que controlam licenças* de táxi.[31] O possível impacto dos transportes sob demanda na indústria automotiva como um todo será acelerado pela massificação comercial dos carros autônomos, que se tornará uma realidade na próxima década. Uma parte considerável dos gastos de consumidores com automóveis será redirecionada para uma quantidade cada vez maior de serviços de mobilidade sob demanda.

A lógica econômica da organização industrial nos mostra que, à medida que aumenta a variedade de produtos, as pessoas consomem mais – e não menos. Isso acontece, em parte, porque quem previamente não consumia agora tem mais acesso, ou consome com maior frequência. No caso de hospedagens,

---

[29] Alison Griswold, "Airbnb Is Thriving. Hotels Are Thriving. How Is that Possible?". Em *Slate*, 6-7-2015. Disponível em http://www.slate.com/articles/business/moneybox/2015/07/airbnb_disrupting_hotels_it_hasn_t_happened_yet_and_both_are_thriving_what.html. Acesso em 4-4-2018.

* N.E. Na cidade de São Paulo, houve uma queda semelhante no preço dos alvarás para taxistas. Disponível em https://www1.folha.uol.com.br/cotidiano/2016/07/1790006–preço-de-alvara-de-taxi-cai-e-haddag-libera-comercio.html. Acesso em 2-7-2018.

[30] Jennifer Surane, "New York's Taxi Medallion Business Is Hurting. Thanks to Uber and Lyft". Em *Skift*, 15-7-2015. Disponível em http://skift.com/2015/07/15/new-yorks-taxi-medallion-business-is-hurting-thanks-to-uber-and-lyft. Acesso em 4-4-2018.

[31] Josh Barro, "Taxi Mogul, Filing Bankruptcy, Sees Uber-Citibank Plot". Em *New York Times*, 22-7-2015. Disponível em http://www.nytimes.com/2015/07/23/upshot/taxi-mogul-filing-bankruptcy-sees-a-uber-citibank-plot.html?abt=0002&abg=1. Acesso em 4-4-2018.

consegue ficar períodos mais longos com uma variedade maior de imóveis. Isso também acontece porque, em teoria, à medida que aumenta a variedade, aumenta a relevância entre o produto ideal para alguém e o que está disponível no mercado, e isso melhora o preço médio que as pessoas estão dispostas a pagar. Como demonstrou Andrey Fradkin em sua pesquisa sobre o Airbnb, a melhora nas tecnologias de busca e classificação aumenta progressivamente as possibilidades de que um anfitrião e um hóspede se encontrem e realizem uma transação utilizando a plataforma.[32] Os aumentos resultantes no consumo alimentarão o crescimento econômico, mesmo aquele medido no PIB tradicional. Nesse sentido, parece claro que os aumentos drásticos na qualidade e variedade oferecidos pelo capitalismo de multidão estão relacionados à aceleração – e não à diminuição – do crescimento da economia.

Democratização da oportunidade

No verão de 2014, o livro de Thomas Piketty intitulado *Capital in the 21st Century*, que fala sobre a persistência da desigualdade nos dois últimos séculos, ficou no centro das discussões acadêmicas e das conversas do Vale do Silício. O livro traz um argumento simples: a desigualdade persiste porque os retornos sobre o capital (r) financeiro investido, valores, propriedades ou outros tipos de investimentos físicos (isto é, o tipo de capital do qual a economia compartilhada promete aumentar o impacto) são persistentemente mais altos que a taxa geral de crescimento (g) da economia, embora a taxa de crescimento dos salários se mantenha igual à taxa geral de crescimento g. Piketty conclui que

> A desigualdade $r > g$ implica que a riqueza acumulada no passado cresce mais rapidamente que os resultados e os salários. Tal desigualdade expressa uma contradição lógica fundamental. O empreendedor inevitavelmente tende a se tornar um rentista, com cada vez mais dominância sobre aqueles que não possuem nada além de sua mão de obra. Uma vez constituído, o capital se reproduz com maior rapidez que o aumento dos resultados. O passado devora o futuro.[33]

[32] Andrey Fradkin, "Search Frictions and the Design of Online Marketplaces". Disponível em http://andreyfradkin.com/assets/SearchFrictions.pdf. Acesso em 4-4-2018.

[33] Thomas Piketty, *Capital in the 21st Century*. Cambridge, MA: Harvard University Press, 2014, p. 571.

Em outras palavras, os ricos veem seus retornos crescerem à taxa *r*, enquanto a maior parte das pessoas que não possuem propriedades, contas bancárias ou carteiras de investimentos consideráveis veem seus retornos crescerem à taxa *g*, mais baixa. Portanto, a desigualdade cresce ao longo do tempo. Dado esse cenário, Piketty então pergunta:

> É possível imaginar um século XXI no qual o capitalismo transcenderá para um modelo mais pacífico e duradouro, ou devemos apenas esperar a próxima crise ou a próxima guerra (que, dessa vez, será verdadeiramente global)? É possível imaginar instituições políticas que possam regular o capitalismo patrimonial global da atualidade com justiça e eficiência?[34]

As soluções de Piketty favorecem intervenções redistributivas previsíveis e mais tradicionais, como impostos globais mais altos. Entretanto, talvez a economia compartilhada já esteja virando a mesa, ainda que pouco a pouco, ao expandir a população com acesso às taxas de crescimento *r*.

Vamos voltar ao exemplo da Funding Circle, no Reino Unido. Ela permite que investidores do dia a dia, talvez um universitário com algumas centenas de libras na poupança ou um aposentado com alguns milhares de libras, invistam em pequenos negócios que tipicamente estariam apenas no âmbito bancário. Os investidores não precisam ter um entendimento sofisticado do mercado de ações e não precisam de nenhum programa especial para investir. A plataforma *on-line* da Funding Circle é fácil de usar, como o Airbnb ou a Etsy, e as comunidades de usuários ensinam rapidamente como se avaliar tomadores de crédito em potencial.

De certo modo, sem muita infraestrutura adicional, os rentistas de Piketty conseguem começar a vivenciar o outro lado da moeda ao ganharem dinheiro por meio de investimentos ou participação societária, em vez de utilizarem sua mão de obra. Um efeito similar pode ser percebido na expansão da Etsy para mais de 1,5 milhão de vendedores. Em pequena escala, as pessoas que, em outras situações, estariam relegadas a trabalhar para terceiros, agora assumem novos papéis e ocupam novos locais na equação econômica tradicional. De assalariados, tornam-se donos do capital. Mais de 1 milhão de anfitriões

34 *Ibid.*, p. 471.

do Airbnb agora são donos da maior parte do capital que estaria concentrado nas mãos dos acionistas e franqueados de uma rede de hotéis. Em outras palavras, tais mudanças estão expandindo a parcela da população que tem um crescimento do tipo *r* em seus retornos – em vez de ter o tipo *g*. E o fazem de forma a favorecer pessoas que tradicionalmente não estão no ápice do espectro da riqueza.

De forma geral, a perspectiva vislumbrada aqui é de crescimento inclusivo. Afinal de contas, embora haja exceções, as pessoas que escolhem anunciar seu quarto de hóspedes no Airbnb, conceder crédito no Funding Circle ou alugar seu carro no RelayRides normalmente são pessoas que possuem menos – e não mais – capital. Talvez não sejam pobres, mas certamente não fazem parte do tal 1% do Occupy Wall Street. Aqueles que estudam no Coursera talvez sejam os excluídos que não conseguiram estudar em um curso tradicional de alta qualidade por quatro anos. Os mecanismos tradicionais de controle de acesso, que talvez impedissem que muitos trabalhadores se tornassem proprietários ou investidores, estão mais frouxos.

Ao longo do tempo, um percentual cada vez maior dessas oportunidades de microempreendedorismo, que empoderam indivíduos previamente limitados ao emprego nas corporações tradicionais, pode evoluir para empresas com mais de uma pessoa, como aconteceu com a Three Bird Nest. Brian Chesky me explicou que ele e seu cofundador, Joe Gebbia, diziam que ser um anfitrião no Airbnb era como "um estágio para se tornar empreendedor". Precisaremos esperar mais alguns anos para descobrir se os prestadores de serviços do Airbnb, Etsy, Lyft e Getaround têm maior probabilidade de fundar empresas maiores de sucesso – muito embora os dois primeiros anfitriões do Airbnb, Brian e Joe, certamente já tenham conseguido isso. Conforme as fronteiras entre produtor e consumidor se confundem, fica mais claro que há um enorme potencial para expandir a parcela da população que possui bens que produzem riquezas.

Mergulhando de cabeça nos mercados de locação *peer-to-peer*

A economia é um sistema complexo com muitas partes em movimento. Destaquei aqui os quatro impactos amplos que consigo perceber. Contudo, é necessária uma análise mais cuidadosa das diversas mudanças e setores para quantificar com mais precisão os impactos de longo prazo da economia compartilhada.

E como seria esse tipo de análise mais detalhada? Para observar alguns dos microefeitos do capitalismo de multidão, explicarei melhor agora um segmento específico dessa economia: os mercados de locação *peer-to-peer*. Mais especificamente, na análise e nos resultados da pesquisa que desenvolvi com meu colega, Samuel Fraiberger, para desenvolver um novo modelo econômico dinâmico de mercados de locação *peer-to-peer* para bens duráveis. São aqueles bens que duram mais tempo, portanto, têm maior probabilidade de ter capacidade ociosa.[35] Um dos meus objetivos com esta seção é convencer você, leitor, de que precisamos ter estudos sistemáticos e aprofundados dos diferentes setores da economia antes de decidir se o capitalismo de multidão é bom ou ruim. Obviamente, como você já deve ter notado, eu sou um dos otimistas.

Antes de entrar de cabeça nas conclusões a que Fraiberger e eu chegamos, é importante observar a superfície de forma mais sistemática. Vamos avaliar os principais efeitos econômicos que ocorrem quando consumidores têm acesso a um novo mercado no qual podem locar de outros consumidores ou fornecer a eles capacidade em excesso.

Imagine sua própria experiência de propriedade de um bem durável, como um carro ou uma mesa de jantar. Ele gera valor a você por um longo período de tempo.

Em um mundo sem atritos, ou seja, em um contexto no qual você pudesse comprar ou vender instantaneamente sem se preocupar com os custos transacionais, você poderia ajustar suas propriedades livremente a qualquer hora para atender às suas necessidades atuais. Comprar um Porsche quando quisesse dar uma volta na beira da praia, vender o conversível e comprar uma perua um pouco mais tarde no mesmo dia, a tempo de ir buscar as crianças na escola. Na prática, isso não é possível porque os bens duráveis são ilíquidos, ou seja, não podem ser comprados e vendidos instantaneamente. Há custos transacionais consideravelmente altos para as operações de compra e venda. No momento que você compra um carro, ele perde parte de seu valor. No

---

35 Samuel P. Fraiberger e Arun Sundararajan, "Peer-to-Peer Rental Markets in the Sharing Economy". Em *NYU Stern School of Business Research Paper*, 6-3-2015. Disponível em http://dx.doi.org/10.2139/ssrn.2574337. Acesso em 4-4-2018.

momento que uma mesa de jantar é entregue em sua casa, seu valor de revenda é instantaneamente mais baixo que o preço que você pagou na loja.

Consequentemente, o que acaba acontecendo? Compramos e mantemos bens duráveis até que estejam suficientemente depreciados para compensar sua substituição. O que isso significa? Como não é possível comprar e vender bens materiais ininterruptamente com base em nossas necessidades imediatas, adequamos nossos desejos à eventual utilização com grande imperfeição. Quando comprou seu carro, ele provavelmente era mais novo do que você precisava (não é bacana ter um carro zero?), mas quando for revendê-lo, provavelmente já será velho demais para você. A maior parte das pessoas não vende seus carros porque já não estão novos, mas o utilizam até que sejam um pouco mais velhos que o ideal. Você acaba estocando capacidade. Por exemplo, um veículo dedicado, sob demanda, estacionado em sua garagem, disponível exclusivamente para você 100% do tempo. Embora você não precise ter acesso ao seu carro 24 horas por dia, a única forma de buscar seu filho depois da escola é tendo um carro. Isso leva a um nível baixo de utilização.

Pense em outro exemplo: equipamento para acampar. Você pode comprar barraca, fogareiro e sacos de dormir antes do acampamento em família. Talvez você utilize o equipamento uma vez por mês, nas férias, uma vez por ano, talvez uma vez na vida. Porém, todo o resto do tempo, o equipamento está lá parado com capacidade ociosa em seu armário ou garagem.

O surgimento dos mercados de locação *peer-to-peer* muda um pouco as coisas. Agora, você tem acesso simultâneo a produtos de diferentes tipos e idades por curtos períodos de tempo. Em outras palavras, se os mercados de locação *peer-to-peer* se tornarem mais comuns, você poderá alugar uma barraca e as outras coisas de que precisa para acampar em vez de ter esses equipamentos. Você poderá escolher o tipo e a qualidade de equipamentos que atendem às suas necessidades e ao seu orçamento, ou poderá alugar a sua barraca quando não a estiver usando. Obviamente há custos transacionais, e é necessário saber quais equipamentos alugar e buscar o kit na casa de alguém. Contudo, esses custos são muito mais baixos do que os associados à compra e venda.

Outra mudança causada pelos mercados de locação *peer-to-peer* é induzida, em partes, pelas diferenças nos ganhos e nos gostos das diferentes populações com o passar do tempo. Quando as pessoas mudam para o consumo por meio de um mercado de locação *peer-to-peer* de veículos, como a Getaround, o dia de baixa utilização de uma pessoa pode ser combinado ao dia de alta utilização de outra pessoa. Um se torna o fornecedor do outro. Se houver um número suficiente de membros, o momento em que você precisar de dinheiro e estiver disposto a alugar aquele seu Tesla lindão poderá corresponder com o momento em que alguém estiver disposto a gastar mais para dirigir um carro incrível. Embora a posse frequentemente represente uma barreira para a utilização (por exemplo, nem todo mundo tem dinheiro para comprar um carro, e uma parcela ainda menor das pessoas pode ter um carro de luxo), os mercados de locação *peer-to-peer* aumentam a população com acesso às diversas formas de utilização de veículos.

De forma análoga, os mercados de locação *peer-to-peer* trazem novos níveis de adaptabilidade e flexibilidade, que permitem tomar novos riscos econômicos. Se aquele bem valioso (um carro ou um vestido de mil dólares) tem o potencial de ser locado e se tornar uma fonte de renda (e não apenas aquele objeto parado no armário ou na garagem perdendo seu valor progressivamente), você também pode começar a comprar produtos de maior valor. Em outras palavras, se algo pode render dinheiro, você talvez queira pagar mais caro. Isso traz a possibilidade de que algumas pessoas possam comprar para alugar, aumentando as compras em determinados mercados de luxo.

Obviamente, nosso modelo não seria realista sem considerar os diversos custos associados à locação, tanto para o locador quanto para o locatário. No caso dos automóveis, a depreciação, que representa cerca de 40% dos custos de propriedade do bem, mudará. Afinal de contas, se você aluga seu carro em um mercado *peer-to-peer*, o aumento da quilometragem reduzirá o valor de revenda do veículo e fará que seja necessário vender o carro mais cedo. Da mesma forma, se você aluga a residência de alguém no Airbnb, o maior desgaste do imóvel poderá trazer custos maiores de manutenção ou uma depreciação mais rápida do valor de venda. Em outras palavras, os bens serão utilizados com mais intensidade e, consequentemente, precisarão ser substituídos mais frequentemente. Portanto, embora possa haver menos proprietários, eles comprarão sempre porque, de certa forma, estarão gastando as capacidades de seus bens mais rapidamente.

Esse efeito da locação *peer-to-peer* é exacerbado por aquilo que os economistas chamam de risco moral (*moral hazard*). Embora possa ser um estereótipo, há um fundo de verdade no fato de que os locatários nem sempre cuidam dos bens como seus proprietários. Pense como você trata um carro alugado e como você trata seu próprio carro. Você não tem um comprometimento de longo prazo. Além do mais, você conhece bem aquilo que é seu, e os locatários podem desgastar mais os bens por não saberem lidar com eles. Portanto, embora haja diversos avanços tecnológicos de monitoramento e o surgimento de sofisticados sistemas de reputação *on-line*, o risco moral não pode ser completamente mitigado. Consequentemente, os mercados de locação *peer-to-peer* afetarão a vida útil esperada de um bem e aumentarão os custos transacionais incorridos para revenda, seja devido à maior utilização, seja devido ao uso menos cuidadoso.

Uma consideração final importantíssima é a conveniência. Quando você possui um bem, tem acesso a ele o tempo todo. Essa experiência de usuário, embora seja cara, é imediata e instantaneamente sob demanda. No entanto, quando você aluga em um mercado *peer-to-peer*, algumas vezes pode não conseguir acessar aquilo que quer, quando quer. Embora a popularidade das plataformas de locação *peer-to-peer* esteja crescendo rapidamente, seu alcance e liquidez ainda são limitados. Ainda há barreiras para o acesso. Um carro pode não estar disponível para locação quando você precisar dele sob demanda. Os números de nossa pesquisa com a Getaround em 2013 e 2014 sugerem que as solicitações foram atendidas em cerca de 70% das vezes. Da mesma forma, não há garantia de que você terá um cliente para seu anúncio no Airbnb ou Getaround no momento em que disponibilizar o bem.

Essas considerações ilustram porque precisamos de análises econômicas sistemáticas para revelar os possíveis efeitos das mudanças induzidas pela economia compartilhada. Há diversas coisas acontecendo simultaneamente, e os modelos econômicos nos ajudam a entendê-las.

Para nossa análise, Fraiberger e eu utilizamos dados de cerca de dois anos de demanda de locações *peer-to-peer* de veículos, generosamente fornecidos pela Getaround para fins de pesquisa. Para calibrar nossos modelos, combinamos tais dados com diversos outros, vindos de diferentes fontes nos EUA: Bureau of Labor Statistics (gabinete de estatísticas do trabalho), National Household

Transportation Survey (pesquisa nacional de transportes domiciliares) e da National Automobile Dealers Association (associação nacional dos revendedores de automóveis), que fornecem os valores de referência do mercado. Isso nos permitiu criar um tipo de laboratório virtual que utilizamos para fazer projeções sobre o futuro.

E o que nossa análise demonstrou? Quais serão os impactos dos mercados de locação *peer-to-peer* sobre a economia ao longo do tempo? Bem, descobrimos que os padrões de posse e consumo mudaram consideravelmente, distanciando a população da posse. Entretanto, mesmo quando todos na economia têm acesso aos mercados de locação *peer-to-peer*, esse distanciamento é gradual. Como expliquei anteriormente neste capítulo, parece provável que os diferentes mercados existentes serão impactados de diferentes formas. Um estudo da Universidade de Boston, sobre o impacto do Airbnb no setor hoteleiro no Texas, revelou que, embora os hotéis de segmentos inferiores tenham sido impactados, os hotéis dos segmentos superiores não sofreram. Analogamente, descobrimos que o mercado de locação de veículos *peer-to-peer* baixou os preços dos veículos usados.

Outra descoberta importantíssima é que nossos modelos projetam ganhos colossais em excedente do consumidor – na casa de dezenas de bilhões de dólares a cada ano, só nos EUA. E ainda mais impressionante é o fato de que os domicílios de baixa renda terão melhores proveitos desses ganhos de forma desproporcional. Por diversos motivos, considerando tudo o que foi exposto aqui neste capítulo, essa projeção de crescimento inclusivo parece ser óbvia. Porém, ela contribui para o entendimento de seus motivos com mais exatidão.

Primeiramente, como havíamos imaginado, os mercados de locação *peer-to-peer* promovem a inclusão de consumidores de renda mais baixa, que não tinham acesso a carros porque não tinham dinheiro para comprar. Em segundo lugar, há mais probabilidade de os consumidores que mudaram do modelo de posse para o modelo de locação serem de renda mais baixa, porque são atraídos pela ideia de economizar os grandes custos anuais associados à posse. A Figura 5.4 é um exemplo da proporção baixa renda-alta renda em um bairro de São Francisco. Consumidores de faixas mais altas de renda, no entanto, tendem a permanecer proprietários pela conveniência do acesso imediato, mesmo aqueles que não utilizam seus carros muito frequentemente.

Figura 5.4
Bairros de renda mais baixa em São Francisco são usuários mais ativos de locação *peer-to-peer*.

Em terceiro lugar, os consumidores que são prestadores de serviços do mercado de locação também estão desproporcionalmente abaixo da renda média. É fácil entender o motivo disso. Há custos para se tornar um prestador da economia compartilhada. Os potenciais ganhos que você terá precisam compensar o esforço. Proprietários de renda mais alta têm menos probabilidade de ter esse trabalho, enquanto proprietários de renda mais baixa valorizam mais os ganhos adicionais. Em uma pesquisa com os prestadores de serviço da Getaround, também descobrimos que os prestadores casuais (aqueles que estavam fazendo apenas algumas centenas de dólares por mês) tendiam a tratar esse ganho extra como renda extra disponível, enquanto os mais ativos começaram a usar esse dinheiro para despesas básicas, como aluguel, supermercado e prestações do carro.[36]

Embora nossas projeções se apliquem ao futuro, uma análise rápida dos padrões de oferta e locação da Getaround, em São Francisco em 2014, revela que há uma concentração muito mais alta de atividade nas áreas com renda média mais baixa. Esse padrão, ilustrado na figura, é consistente com nossas projeções de longo prazo. De forma geral, nossas descobertas sugerem fortemente que a economia compartilhada tem um enorme potencial de abordar algumas das diferenças econômicas na economia contemporânea, democratizando o acesso a um padrão de vida melhor por meio do crescimento – e não da supressão – dos mercados.

Concluo este capítulo com foco principal no lado da demanda da economia compartilhada. Ou seja, impactos econômicos do aumento do impacto do capital, variedade de produtos e serviços no mercado e facilidade com a qual tais produtos e serviços podem ser ofertados e acessados. No Capítulo 6, continuo neste tema e examino as principais questões regulatórias levantadas pelos novos modelos de consumo, com foco na proteção do consumidor. E embora tenha focalizado, neste capítulo, o potencial de um maior empoderamento, o distanciamento da relação de emprego e a aproximação do empreendedorismo, ainda não esgotei todas as possíveis mudanças que tais impactos econômicos do capitalismo de multidão podem induzir no mercado de trabalho. Isso será o assunto dos capítulos 7 e 8.

[36] Também detectamos um quarto efeito, a noção de que as pessoas que compravam carros de padrão mais baixo agora compram carrões melhores para locação. Porém, até 2015, sua magnitude era muito baixa em nossa pesquisa.

6

Mudança no cenário regulatório e de proteção ao consumidor

> As sociedades que "emperram" mantém em si sistemas de crenças e instituições que falham ao confrontar e resolver novos problemas de complexidade com âmbito de toda a sociedade.
>
> Douglass C. North, discurso no Prêmio Nobel, 9 de dezembro de 1993

Quando os cofundadores do Airbnb estavam desenvolvendo sua plataforma de hospedagem *peer-to-peer*, a regulamentação de hotéis era a última de suas preocupações. Chesky, Gebbia e Blecharczyk estavam remendando os furos de seus colchões de ar, servindo café da manhã para desconhecidos, escrevendo código de computador e vendendo caixas de cereais para fazer um pouco mais de dinheiro.

À medida que o crescimento do Airbnb acelerou (em 2013, o número de anfitriões mais que dobrou), o procurador geral de Nova York, Eric T. Schneiderman, aproveitou o embalo de uma iniciativa de sucesso para eliminar as avaliações falsas de plataformas como o Yelp e voltou suas atenções para os prestadores de serviços de plataformas como Airbnb. O ápice dessa situação aconteceu em outubro de 2013, quando Schneiderman intimou o Airbnb a entregar os dados de seus anfitriões, incluindo mais de 225 mil usuários nova-iorquinos da plataforma.

Em 2013, cidades no mundo todo estavam enfrentando seus desafios regulatórios trazidos por plataformas da economia compartilhada, como o Airbnb. A The United States Conference of Mayors (Conferência de prefeitos dos EUA) emitiu naquele verão uma resolução em apoio ao potencial econômico da economia compartilhada. O diretor de pesquisa da National League of Cities (Liga nacional de cidades), Brooks Rainwater, estava começando a formular uma pesquisa ampla sobre como os governos municipais nas mais variadas escalas poderiam equilibrar oportunidades com o direito das abordagens regulatórias. O Airbnb já havia entrado em negociações com diversos governos locais para chegar a soluções viáveis e garantir que os anfitriões pagassem impostos locais sobre os ganhos. A solicitação de Schneiderman para acessar os dados dos anfitriões da empresa ia muito além de impostos.

No cerne dessa disputa estava uma lei pouco conhecida sobre hotéis ilegais, defendida pela senadora Liz Krueger e pelo deputado Richard Gottfried, que proibia nova-iorquinos que vivessem em imóveis com diversos domicílios de sublocá-los por menos de 30 dias. E não era uma retrógrada lei arcaica, dos tempos dos cortiços ilegais: ela havia sido aprovada em 2010, bem depois do Airbnb ganhar fôlego.

Legalmente, isso significava que os residentes ainda assim poderiam ser anfitriões do Airbnb, desde que estivessem presentes em seus apartamentos. Não havia restrições para se alugar um quarto de hóspede ou sofá. Além disso, os proprietários de residências em imóveis com apenas um domicílio não tinham nenhum tipo de restrição. Entretanto, a nova lei atingia em cheio o que era mais atraente sobre o serviço do Airbnb para visitantes na cidade de Nova York: poder alugar um apartamento inteiro em um bairro da cidade por alguns dias, em vez de pagar um hotel caríssimo nas áreas mais comerciais e turísticas em *Down* e *Midtown Manhattan*.

Inúmeros aspectos sutis humanos e legais moldaram a evolução da interação do Airbnb com o procurador geral. Vejamos alguns dos principais eventos a seguir. O Airbnb respondeu à solicitação emitindo um comunicado público no qual a empresa reiterou seu compromisso em trabalhar em parceria – e não contra – com os governos municipais. Reconhecendo que poderia haver alguns maus elementos abusando de sua plataforma para operar hotéis ilegais, o Airbnb sustentou que era injusto penalizar milhares de anfitriões, que agiam de boa-fé, para conter uma pequena quantidade de operadores ilegais de hotéis e donos de cortiços, que nunca haviam sido parte da visão do Airbnb. Em um comunicado postado no site do Airbnb em 6 de outubro de 2013, David Hantman, o então Head Global para Políticas Públicas, garantiu aos anfitriões que

> [...]nos próximos dias, continuaremos nossas conversas com o gabinete do procurador geral para trabalhar em parceria e dar apoio aos anfitriões do Airbnb e desvincular os maus elementos da plataforma. Estamos confiantes de que conseguiremos chegar a uma solução que proteja suas informações pessoais e reprima as pessoas que abusam do sistema.[1]

Até 2013, milhares de nova-iorquinos já haviam investido milhares de dólares em novas roupas de cama, mesa e banho e mobiliado seus quartos de hóspedes, tornando-se praticamente donos de pousadas na cidade. Milhares de outras pessoas já contavam com o Airbnb como forma econômica de hospedar pessoas de outras cidades em seus bairros. Por diversas razões, o Airbnb havia se tornado parte de Nova York em um curto espaço de tempo.

Uma anfitriã do Airbnb chamada Mishelle então criou uma petição em uma plataforma de ações coletivas recentemente criada, chamada Peers.org, que ela prometia entregar em Albany pessoalmente. Em sua petição, ela escreveu:

> Isso está acontecendo devido a uma lei mal escrita que foi criada originalmente para impedir que donos de cortiços tenham hotéis ilegais com dezenas de apartamentos para locação.
>
> Sou apenas uma nova-iorquina tentando pagar minhas contas e não entendo porque eles acham que eu sou dona de um cortiço. Vamos acabar com essa confusão. Criei uma petição para reaver essa lei de uma vez por todas. Não somos donos de cortiços. Após uma carreira militar, decidi voltar a estudar e terminar meu curso de Políticas Públicas. Alugar um quarto tem sido fundamental para me ajudar a fazer a transição de volta à vida civil. Está me ajudando a realizar meus sonhos, por ser uma fonte de renda que possibilita que eu foque minhas energias para me preparar para uma nova carreira na qual eu possa ajudar as pessoas com melhores políticas públicas.[2]

---

1 David Hantman, "Fighting for You in New York". Em *Airbnb*, 6-10-2013. Disponível em http://publicpolicy.airbnb.com/fighting-for-you. Acesso em 4-4-2018.

2 No verão de 2014, a Peers.org encerrou seu modelo de ação coletiva e se transformou na organização com fins lucrativos Peers.com, que eu analisarei com detalhes no Capítulo 8. O comunicado de Mishelle aparece em http://action.peers.org/page/s/legalize-sharing-ny. Acesso em 4-4-2018.

A campanha Save Airbnb in New York: Legalize Sharing (Salve o Airbnb em Nova York: legalize o compartilhamento) acabou recebendo mais de 200 mil assinaturas (muito mais que o objetivo inicial de 20 mil), e a mobilização de base e ampla publicidade da campanha deram ainda mais corpo e credibilidade às respostas do Airbnb. Para muitas pessoas, a campanha deixou claro que os anfitriões do Airbnb não eram donos de cortiços. À medida que as assinaturas na petição cresciam, o perfil dos anfitriões do Airbnb se tornava mais claro. Embora efetivamente houvesse anfitriões que estavam alugando diversos imóveis de forma similar a um hotel, a maioria representava um impressionante corte transversal dos nova-iorquinos de todas as regiões da cidade e de bairros que raramente viam os benefícios do setor do turismo, incluindo vovós do Harlem, *hipsters* de Williamsburg e famílias de Staten Island. A maioria deles parecia ser pessoas comuns que estavam tentando ganhar um pouco de dinheiro extra, em uma cidade na qual pagar aluguel ou prestação é um desafio até mesmo para aqueles que têm um emprego em período integral.

Nem todas as reações do procurador geral foram em apoio ao Airbnb. Muitos nova-iorquinos apreciavam o dinheiro extra que conseguiam ganhar no Airbnb e muitas outras pessoas gostavam da flexibilidade de opções para hospedagem de curta duração. Entretanto, muitos eram contra porque seus vizinhos estavam deixando entrar estranhos em seus edifícios de forma preocupante, o que levantava questões de segurança. Outros achavam que as locações via Airbnb poderiam complicar ainda mais o cenário de aluguéis de imóveis residenciais, já concorrido, se proprietários e empreendedores começassem a alugar seus imóveis pelo Airbnb em vez de fazerem contratos de longa duração.[3]

Uma frente de legisladores e associações de proprietários chamada Share Better (Compartilhar melhor) foi lançada em 2014 para gerar oposição com mobilização de base ao Airbnb. O site da organização proclama que

---

3 Ainda não está muito claro se a operação do Airbnb altera consideravelmente a oferta de aluguéis residenciais a preços mais baixos. Em São Francisco, os órgãos municipais afirmam que o impacto é alto. Entretanto, as análises econômicas próprias do Airbnb sugerem que os fatos não sejam exatamente esse (disponível em http://www.scribd.com/doc/265376839/City-Budget-and-Legislative-Analysis-Report-on-Short-term-Rentals and https://timedotcom.files.wordpress.com/2015/06/the-airbnb-community-in-sf-june-8-2015.pdf, acesso em 4-4-2018). Independentemente da magnitude do impacto, ele é eclipsado por outros efeitos maiores, como o crescimento populacional ou o controle de aluguéis. Veja http://www.nytimes.com/roomfordebate/2015/06/16/san-francisco-and-new-york-weigh-airbnbs-effect-on-rent/airbnb-is-an-ally-to-cities-not-an-adversary. Acesso em 4-4-2018.

> Longe de ser um serviço inofensivo, no qual residentes da cidade de Nova York podem compartilhar suas casas com hóspedes, o Airbnb permite que inquilinos de Nova York desrespeitem a lei, potencialmente violando seus contratos de locação, piorando ainda mais a falta de imóveis a preços acessíveis em nossos bairros e criando riscos sérios de segurança para os hóspedes e anfitriões do Airbnb e seus vizinhos.[4]

Em maio de 2014, o Airbnb concordou em fornecer os dados de seus usuários nova-iorquinos de forma anônima, mas apenas após um juiz emitir uma decisão classificando como excessivamente vaga a intimação inicial de Schneiderman solicitando acesso às informações sobre os anfitriões no estado. Logo em seguida, Schneiderman emitiu o relatório Airbnb in the City (Airbnb na cidade). Nele, estava indicado que, entre janeiro de 2010 e junho de 2014, uma parcela considerável das hospedagens e da renda obtidas com o Airbnb na cidade de Nova York vinha de anfitriões com três ou mais imóveis. Entretanto, dados adicionais compartilhados comigo pelo gerente municipal do Airbnb em Nova York, Wrede Petersmeyer, em dezembro de 2015, indicou que a parcela de hospedagens e renda dos anfitriões com três ou mais propriedades havia caído consideravelmente entre novembro de 2014 e novembro de 2015. Os mesmos dados também foram compartilhados com vereadores e jornalistas.

Após a divulgação do relatório, o Airbnb enviou para seus anfitriões da cidade de Nova York um resumo das leis de inquilinato, por solicitação do Procurador Geral. Por exemplo, eles comunicaram aos anfitriões que é "ilegal hospedar hóspedes pagantes por menos de 30 dias, exceto se um residente permanente do apartamento (como o anfitrião ou a pessoa que divida o apartamento com ele) também estiver no apartamento durante a estadia."[5] O resumo também aconselhava os anfitriões da cidade de Nova York a consultarem um advogado para determinar a legalidade de suas locações.

A situação que se desenrola entre o Airbnb e o estado de Nova York mostra um interessante microcosmo de muitas das questões regulatórias que discuto neste capítulo. A resistência dos governos estaduais e municipais nos EUA contra o

---

4 Share Better, "About the Campaign", 2014. Disponível em http://www.sharebetter.org. Acesso em 4-4-2018.

5 Gabinete do procurador geral do estado de Nova York, "Airbnb in the City", 10-2014. Disponível em http://www.ag.ny.gov/pdfs/Airbnb%20report.pdf. Acesso em 4-4-2018.

Airbnb, tanto em Nova York quanto em outros lugares, persiste ainda durante a escrita deste livro. Em meados de 2015, as autoridades de São Francisco divulgaram um estudo sugerindo que o Airbnb estava reduzindo consideravelmente a disponibilidade de contratos de aluguel com preços mais baixos. O Airbnb respondeu com seu próprio estudo, realizado por Anita Roth, demonstrando que o impacto era negligenciável. Em minha opinião, que eu inclusive apresentei em um artigo no *New York Times*, fatores como controle de aluguéis e crescimento da população são os principais causadores da redução dos contratos de aluguel com preços mais baixos em São Francisco, em 2015. A combatividade do setor hoteleiro em relação ao Airbnb é bem representada nas declarações da vice-presidente sênior e head de assuntos governamentais da American Hotel and Lodging Association (Associação de hotéis e pousadas norte-americanos – AHLA), Vanessa Sinders, na reunião da Federal Trade Commission (Comissão Federal do Comércio dos EUA) que discutiu a economia compartilhada. Ela afirmou que: "Atualmente, há uma desigualdade de termos para a concorrência, que está comprometendo a segurança do consumidor, colocando em risco a identidade e a segurança dos bairros residenciais em todo o país e mudando o mercado residencial negativamente". Ao resumir a oposição ao Airbnb, ela então concluiu que: "O Airbnb está gerando uma parcela substancial de seu faturamento com hotéis ilegais e com aqueles que tornaram isso um negócio. Não são famílias. [...] Não são estudantes tentando fechar o orçamento. São interesses comerciais desonestos."[6]

Tais conflitos nos mostram o quanto é complicado quando o impacto das tecnologias digitais sai dos espaços virtuais e atinge o mundo físico. As objeções do procurador geral e da AHLA ao Airbnb destacam o quanto as regulamentações, neste caso, aquelas que regem o setor hoteleiro e residencial da cidade de Nova York, têm dificuldade em acomodar a complexidade da economia compartilhada. É verdade que há alguns maus elementos que convertem apartamentos em hotéis 100% do tempo utilizando a plataforma. Assim como os Power Sellers (Supervendedores) do eBay, eles podem ter acelerado o crescimento inicial da plataforma, embora o Airbnb geralmente tenha se oposto publicamente a tal prática. O head global de políticas públicas do Airbnb na época, David

6 "The 'Sharing' Economy: Issues Facing Platforms, Participants, and Regulators", transcrição do workshop da Comissão Federal de Comércio dos EUA (FTC), 9-6-2015. Disponível em https://www.ftc.gov/system/files/documents/public_events/636241/sharing_economy_workshop_transcript.pdf. Acesso em 4-4-2018

Hantman, também falou na mesma reunião da Federal Trade Commision (Comissão Federal do Comércio dos EUA) e esclareceu o posicionamento da empresa: "Também não estamos falando de hotéis ilegais, da defesa desses negócios desonestos, ou da aprovação de uma lei que não os puna. Estamos tentando criar uma lei que permita que as pessoas aluguem suas acomodações de vez em quando, e não estamos conseguindo chegar lá".[7]

Obviamente, o Airbnb é apenas uma das diversas plataformas *peer-to-peer*, cujas atividades criam novos desafios regulatórios. Uber e Lyft enfrentaram problemas desse tipo em diversas cidades cuja administração tentava aplicar leis de licenciamento de táxis. Em especial, dada sua pegada global, as batalhas regulatórias da Uber e seus resultados têm sido especialmente intensos e variados. Em 2015, seu serviço UberPop foi banido de Paris e Berlim. A plataforma encerrou seu serviço por completo na Espanha ao final de 2014, e o serviço UberX em Seul, em março de 2015. Encerrou por completo também em East Hampton, Estado de Nova York, em junho de 2015. Em abril de 2015, investigadores holandeses abriram uma investigação criminal para determinar se a Uber estava fornecendo serviço ilegal de táxi violando uma ordem judicial. Enquanto isso, o ministro da mobilidade em Bruxelas lançou um plano para legalizar a Uber na Bélgica, em 2016. Nos EUA, Califórnia e Virgínia aprovaram leis legalizando a Uber.

A Etsy tem desafios diferentes, mas igualmente importantes. Alguns dos artesãos entram na plataforma com negócios já bem estabelecidos. Porém, como acontece com os anfitriões do Airbnb, a maioria dos vendedores da Etsy abre sua lojinha no site como um *hobby* ao qual dedicam seu tempo livre e um pouco de energia, esperando ganhar algum dinheiro. Naturalmente, esses microempreendedores não estão preparados para lidar com as diversas regulamentações federais e estaduais do setor – e podem nem saber que elas existem. Também é provável que, se a maioria desses microempreendedores que populam as plataformas *peer-to-peer* como Airbnb e Etsy conhecesse as regulamentações setoriais, talvez nem tivesse começado a desenvolver suas ideias de negócio. As regulamentações, portanto, podem criar normas que fazem sentido em larga escala, mas são intransponíveis em pequena escala.

Será que os microempreendedores que estão, por exemplo, vendendo brinquedos artesanais na Etsy ou alugando seu quarto de hóspede no Airbnb

[7] *Ibid.*

devem ser submetidos às mesmas normas que uma grande fabricante de brinquedos, como a Mattel, ou uma grande rede de hotéis, como o Hilton? Em caso positivo, quem deve ser responsável por atender essas regulamentações? Os donos das plataformas? Os microempreendedores? Ambos? Será que existe alguma forma de se construir a confiança e proteger consumidores sem impor restrições instransponíveis para os microempreendedores?

Comparadas aos seus predecessores, como Google e Facebook, essa nova geração de plataformas tem sido obrigada a sofisticar suas relações governamentais muito rapidamente para conseguir sobreviver. Alguns dos métodos que as vimos utilizar são muito novos e, de certa forma, baseados na multidão. Por exemplo, em julho de 2015, a Uber criou uma sofisticada campanha na cidade de Nova York para combater um suposto limite no número de prestadores de serviço que estava sendo defendido pelo prefeito Bill de Blasio. A essência da campanha era a inclusão de um botão "de Blasio" no aplicativo, que demonstrava – talvez não muito cientificamente – como o tempo de espera por um carro seria alterado pelo limite proposto. A Uber ganhou essa batalha. Veja a Figura 6.1 para entender melhor.

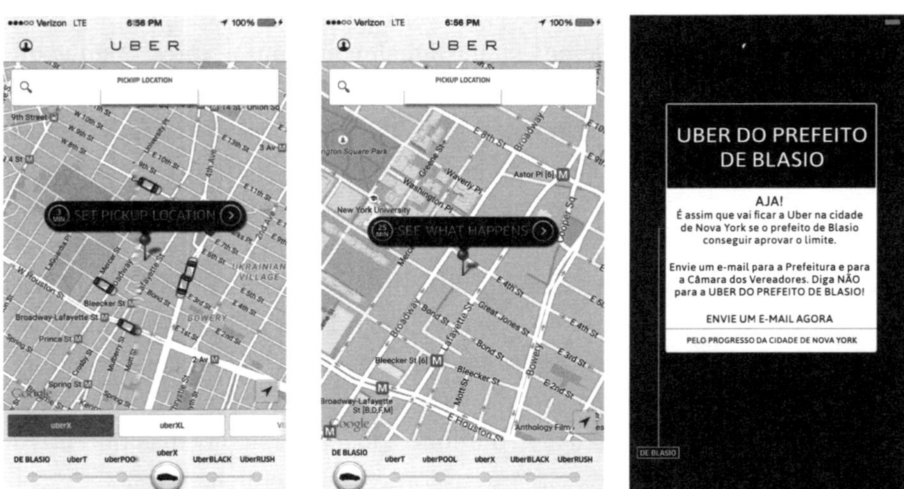

Figura 6.1

Botão "de Blasio", parte da campanha de 2015 da Uber para combater uma proposta de limite de prestadores de serviços.

De forma semelhante, em novembro de 2015, o Airbnb anunciou que facilitaria a formação de um novo tipo de associação. Então lançou uma campanha criando 100 clubes de compartilhamento de residências em 100 cidades diferentes, para direcionar melhor o poder político de seus mais de 4 milhões de usuários. O surgimento de meios para que a voz do consumidor seja rapidamente agregada e utilizada como força em um debate regulatório parece um bom avanço de uma forma geral. Jeremy Heimans e Henry Timms falam sobre essa manifestação do novo poder em um excelente artigo na *Harvard Business Review*, de dezembro de 2014. É uma forma de dar aos consumidores um lugar na mesa regulatória ao lado dos lobistas das empresas, representantes do governo e coletivos trabalhistas.[8]

Paralelamente, as plataformas vêm adicionando profissionais experientes e talentosos nesse caldo há muito tempo, incluindo David Plouffe e Ashwini Chhabra, na Uber; David Hantman e Chris Lehane, no Airbnb; David Estrada e Joseph Okpaku, na Lyft; Althea Erickson, na Etsy; e Padden Murphy, na Getaround. As plataformas também utilizam ativamente lobistas de grande influência, como Bradley Tusk e James Capalino. De diversas maneiras, os *stakeholders* governamentais preferem essa abordagem pois, como disse um representante municipal em uma conversa da qual participei em São Francisco, em 2015, "é muito mais fácil conversar com alguém que realmente entende como o governo funciona".

Mas por que é necessário esse nível de *expertise*? Porque a economia compartilhada cria novas formas de prestar serviços conhecidos que, normalmente, são altamente regulados. Portanto, é natural que haja conflitos. O nível de importância dado pelo governo a esses conflitos é bem capturado pelo fato de que dois congressistas californianos, Eric Swalwell (Partido Democrata) e Darrell Issa (Partido Republicano) fundaram, em maio de 2015, a Sharing Economy Caucus (Convenção da economia compartilhada), uma convenção bipartidária para facilitar as discussões que encaminham a ação legislativa. Foi uma convenção que interessou e engajou diversos congressistas durante 2015.

---

8 Jeremy Heimans e Henry Timms, "Understanding "New Power"". Em *Harvard Business Review*, 12-2014. Disponível em https://hbr.org/2014/12/understanding-new-power. Acesso em 4-4-2018.

Então como é possível criar uma infraestrutura regulatória que nos prepare para um mundo comercial, no qual as fronteiras entre o pessoal e o profissional estão desaparecendo? No qual a escala dos prestadores de serviços varia dramaticamente, indo de redes de hotéis bilionárias a anfitriões ocasionais do Airbnb? Como seria possível preservar a liberdade individual e a segurança do consumidor não deixando que os 6% prejudiquem os 94% e não impondo um fardo devastador para os governos municipais e estaduais?

Para responder a essas perguntas, defenderei neste capítulo que a regulação frequentemente está interligada à provisão de confiança, e que nem sempre se origina no governo. Em outras palavras, a história demonstra que a regulação pode tomar diversos caminhos, governamentais ou não. Apresentarei um panorama de como a confiança nas trocas econômicas evoluiu ao longo do tempo, porque as regulamentações são importantes, e como a economia compartilhada é um desafio para os modelos regulatórios existentes. Também explicarei três modelos que estão surgindo: regulação entre pares, organizações autorregulatórias e regulação delegada por meio de dados. Acredito que esses modelos são os mais promissores para um futuro alinhado com os interesses da sociedade.

As plataformas *peer-to-peer* podem ser uma base para a sociedade desenvolver modelos regulatórios mais racionais, éticos e participativos. Modelos nos quais usuários e fornecedores sejam igualmente investidos e responsáveis por implementar as regulações aplicáveis. Apesar das apreensões relativas às regulamentações, a economia compartilhada pode não resultar no declínio dessas políticas e, inclusive, causar um efeito contrário: a diversificação e aumento da regulamentação. Mas a lógica das regulações também está fadada a mudar.

Por que a regulação ainda importa?

A palavra *regulação* é dita com frequência. Já a vimos dezenas de vezes neste capítulo, e muitas vezes ela remete a imagens de burocracia governamental e impedimentos ao progresso. Porém, é importante entender que, de um modo geral, o mundo é um lugar mais seguro e confiável graças às regulações. Geralmente, elas são instrumentos utilizados para se implementar objetivos de políticas socioeconômicas. Ou seja, são os mecanismos jurídicos e administrativos concebidos para incentivar a atividade econômica. E por que precisamos de tais mecanismos? Porque as práticas de mercado frequentemente produzem resultados ineficientes, desiguais ou insuficientes. Os economistas chamam isso de falha de mercado. Regulações são implementadas para corrigir essas falhas. Por exemplo, se a monopolização de um mercado por parte de uma empresa aumenta os preços de forma a prejudicar os consumidores, é necessária ação regulatória para corrigir isso, dando suporte à mais concorrência e, consequentemente, diversificando o mercado. Outras motivações mais comuns para a regulação incluem a proteção do consumidor de possíveis práticas empresariais nocivas e garantir a segurança do público consumidor.

Como economista, tenho uma opinião muito clara a respeito dos objetivos da regulação, que outras pessoas podem achar limitada. Este capítulo não fará jus à enorme diversidade de teorias concorrentes sobre a regulação, que vão desde as abordagens mais voltadas aos procedimentos e às políticas até as alternativas do interesse privado e às diversas perspectivas institucionalistas.[9] Em vez disso, ele focará a abordagem da regulação como intervenção para corrigir falhas de mercado, olhando para os desafios apresentados pela economia compartilhada através dessa lente.

À medida que plataformas como Airbnb, Lyft, Getaround e Etsy geram disrupção nos velhos sistemas econômicos, arraigados nas interações empresa-consumidor e na propriedade individual, uma enorme quantidade de questões regulatórias começa a surgir. No artigo de 2015 para a revista *The University of Chicago Law Review*, que escrevi em parceria com Molly Cohen, discutimos tais questões, incluindo novas soluções para velhas formas de assimetria de informação, novas e velhas externalidades e fronteiras cada vez menos definidas entre os modos pessoal e profissional de trocas.[10]

Assimetria de informação: quando uma parte sabe mais que a outra

A maioria das trocas *peer-to-peer* é caracterizada pela assimetria de informação, quando informações relevantes à troca pretendida são conhecidas

[9] Conheça uma excelente introdução às teorias alternativas sobre regulação em Bronwen Morgan e Karen Yeung, *Introduction to Law and Regulation: Text and Materials*. Cambridge, UK: Cambridge University Press, 2007.

[10] Molly Cohen e Arun Sundararajan, "Self-Regulation and Innovation in the Peer-to-Peer Sharing Economy". Em *University of Chicago Law Review Dialogue 116*, 2015, pp. 82-116. Disponível em https://lawreview.uchicago.edu/page/self-regulation-and-innovation-peer-peer-sharing-economy. Acesso em 4-4-2018.

por um lado da negociação, mas não pelo outro. Por exemplo: um passageiro que entra em um táxi pode não saber a formação ou as intenções do motorista; um hoteleiro sabe mais sobre a qualidade de suas acomodações que um hóspede em potencial; um tomador de empréstimo sabe mais sobre sua credibilidade que o credor. Essas e outras formas de assimetria de informação podem levar a níveis de atividade econômica mais baixos do que a sociedade consideraria desejáveis. Em partes, isso se deve à incerteza sobre a qualidade (não vou entrar em um táxi a menos que eu tenha certeza de que o taxista é confiável e não me roubará), ou a assimetria de informação pode levar à seleção adversa: se não há nenhuma boa forma de se distinguir entre fornecedores bons ou ruins, o consumidor estará disposto a pagar, em média, o preço que pagaria a um fornecedor de qualidade mediana. Sabendo disso, os fornecedores de alta qualidade hesitarão em realizar transações, já que não receberão um preço justo pelo valor mais alto que entregam. Isso baixa a qualidade média no mercado e diminui a disposição dos consumidores em pagar, induzindo uma menor disposição para realizar transações. E é assim por diante, até que apenas restem os fornecedores da mais baixa qualidade e o mercado acabe ou, como o Craigslist, opere apenas nas regiões periféricas da economia.

Adicionalmente, a assimetria de informação também pode levar ao risco moral, pois a imperfeição de informação entre as partes limita sua habilidade de firmar contratos. Uma das partes negociantes pode ter comportamentos que são menos cuidadosos (por exemplo, direção perigosa), de menor qualidade (como pouca higiene) ou, de alguma forma, mais arriscados que a outra parte teria preferido em outra situação.

Antes do surgimento dos mercados pela internet, a única forma de se fazer trocas econômicas *peer-to-peer* era quando elas aconteciam dentro de uma comunidade local (uma pequena cidade, uma família, um bairro) ou utilizando o governo ou outro terceiro certificador para reduzir essas formas de assimetria de informação. Por exemplo, nos táxis, as preocupações com segurança relativas aos motoristas e a assimetria de informação sobre o custo ou distância de uma corrida são parcialmente mitigadas pela seleção e escolha dos motoristas e porque existem taxímetros, ambos controlados por agências regulatórias.

Entretanto, a simples existência das plataformas da economia compartilhada atuando como terceiros, mediando tais transações, significa que podemos ter diversas novas soluções para as diferentes formas de falha de mercado. O eventual sucesso comercial de uma plataforma da economia compartilhada é afetado pela capacidade de seus participantes de se engajarem em trocas. Portanto, as plataformas têm um incentivo natural para tentar reduzir as falhas de informação que podem impedir as pessoas de usarem seus serviços. Por exemplo, como mencionei no Capítulo 2, a infraestrutura de confiança *on-line* do Airbnb permite que os hóspedes saibam das qualidades de seus anfitriões a partir da experiência de outros hóspedes. Eles também podem ter evidências do capital social de um anfitrião em seus perfis do Facebook e LinkedIn e ter acesso aos seus documentos oficiais de identidade verificados digitalmente. Tal intervenção não elimina o uso de sistemas digitais de reputação. A Lyft, independentemente de quaisquer requisitos regulatórios, realiza triagens presenciais de motoristas, que incluem antecedentes criminais e avaliação do histórico da carta de habilitação. O Airbnb emprega, desde julho de 2013, 300 pessoas em sua unidade de atendimento ao consumidor, 50 delas dedicadas à confiança e segurança.

Externalidades: quando outras pessoas sofrem com as consequências de meus atos

As escolhas de um comprador ou de um prestador em uma transação *peer-to-peer* podem impor custos (ou resultar em benefícios) para terceiros. Essas externalidades, os custos e as consequências que as escolhas de um indivíduo impõem para terceiros, podem não ser consideradas quando tal indivíduo faz suas escolhas. Algumas vezes, são consequências positivas análogas aos efeitos em rede, sobre os quais falei no Capítulo 5. Por exemplo, meu perfil do Facebook é valioso para meus amigos, e os hóspedes de um imóvel do Airbnb ajudarão os restaurantes do bairro. Porém, essas consequências podem ser negativas. O uso de carvão local por uma fábrica pode reduzir seus custos, mas causar danos ambientais. Mais um táxi na rua pode contribuir para o congestionamento do trânsito e aumentar o tempo de viagem para outros motoristas. Um hóspede barulhento em um apartamento do Airbnb pode causar transtornos aos vizinhos.

É desafiador conseguir acompanhar essas externalidades. As locações do Airbnb são muito mais difíceis de serem controladas que os quartos de hotel (por exemplo, um determinado bairro pode abruptamente passar a ter uma alta concentração de imóveis do Airbnb, mas sua disponibilidade pode flutuar conforme a época do ano), então pode ser trabalhoso para o órgão regulador do governo conseguir capturar os custos e as consequências em questão, sejam eles negativos sejam positivos.

Além disso, algumas vezes as pessoas afetadas pelas ações de terceiros são mais locais (as pessoas no prédio ao lado talvez não sejam afetadas pelo hóspede barulhento do Airbnb). Outras vezes, o impacto é mais global (como no caso da poluição). É uma questão importante, à qual retornarei mais adiante.

Confusão das fronteiras entre pessoal e profissional

Sempre pudemos emprestar nossas casas para amigos e familiares, buscar conhecidos no aeroporto, emprestar dinheiro para amigos abrirem seus negócios ou cozinhar para eles. São atividades consideradas pessoais, diferentemente de se ter um hotel, ser motorista de táxi, investir profissionalmente ou ter um restaurante. Realizamos tais atividades pessoais sem a necessidade de supervisão, licenciamento, processo seletivo, taxação ou treinamento dos prestadores de serviços que as executam em tempo integral. Esse equilíbrio parecia ser razoável quando a troca *peer-to-peer* estava no campo pessoal – ou até mesmo comercial, mas em pequena escala, mediada por redes pessoais e sites como o Craigslist. Entretanto, as plataformas de compartilhamento contemporâneas levaram tais trocas informais para a grande economia, criando prestadores de serviços que ficam no limbo entre o pessoal e o profissional. Como os anfitriões do Airbnb, que alugam seus apartamentos quando viajam, ou os motoristas da Lyft, que transportam pessoas comercialmente apenas algumas horas por semana.

Essa confusão de fronteiras levanta diversos novos desafios para a sociedade. A princípio, parece razoável se equilibrar os riscos totais mais baixos para consumidores, representados pelos prestadores de serviços em meio período, com salvaguardas cuidadosamente concebidas. Afinal de contas, a maioria dos anfitriões do Airbnb não é dono de hotéis, um grande percentual dos motoristas da Lyft e Uber fica ativo na plataforma até por 15 horas semanais, e apenas um quinto dos vendedores da Etsy considera seu negócio na plataforma um trabalho em tempo integral. A inovação vinda da base pode ser sufocada com um regime regulatório desenvolvido para fornecedores profissionais em tempo integral e em grande escala, aplicado a fornecedores menores e semiprofissionais. Porém, sem salvaguardas, poderão ocorrer novas falhas de mercado como consequência da natureza não profissional da prestação de serviços.

Além disso, a confusão entre as fronteiras pode mitigar ou piorar questões como discriminação étnica. Um anfitrião do Airbnb pode achar aceitável rejeitar hóspedes de determinada etnia sob a lógica de que "essa é minha casa e eu posso fazer o que eu quiser com ela". Obviamente, tal comportamento é ilegal, e os hotéis sabem disso. Entretanto, como a atividade *peer-to-peer* agora é mediada por uma plataforma, em vez de acontecer anonimamente no mundo presencial, também temos a chance de consertar velhos erros. Por exemplo, se determinado táxi amarelo em Nova York sistematicamente não pegar passageiros de uma determinada etnia, provavelmente ninguém notará. Porém, se um motorista da Lyft faz isso, os rastros digitais que ele deixará facilitarão a descoberta e correção desse fato.

Evolução da regulação: confiança, instituições e marcas

Embora pareça que algumas formas de falha de mercado sejam exclusivas da economia compartilhada, muitas delas são apenas características dos serviços que agora são disponibilizados em uma plataforma *peer-to-peer*, mas que eram resolvidos, em parte, por soluções governamentais na era industrial. O zoneamento garante que hóspedes barulhentos em hotéis ou fábricas ruidosas não incomodem os bairros residenciais. Os taxímetros impedem que táxis enganem os passageiros.

Mas será que tais regulações governamentais são sempre a melhor forma de se regular as plataformas *peer-to-peer*? Seria possível imaginar um sistema regulatório que funcione em parceria com as plataformas *peer-to-peer*, e não contra elas? No contexto dessa pergunta, é importante ter em mente que as regulações setoriais, embora pareçam atualmente consolidadas, fazem parte de um sistema em evolução, com uma história variada.

Regulações para resolver falhas de mercado frequentemente buscam facilitar algum tipo de confiança. Algumas delas estão renascendo por meio da infraestrutura digital para reduzir a necessidade de intervenção governamental, talvez sugerindo a volta aos métodos anteriores a esse tipo de intervenção. Agora, consideraremos alguns exemplos históricos.

Exemplo histórico: os mercadores magrebinos

Começamos pelas práticas dos mercadores do Magrebe, que tiveram um papel fundamental no comércio mundial do século XI. Como ilustrado por Avner Greif, em seu fascinante estudo das práticas comerciais medievais no Mediterrâneo, a vantagem competitiva no comércio na época dependia da capacidade dos mercadores de enviarem suas mercadorias sem precisar viajar com elas.[11] Se você conseguisse enviar produtos sem precisar fazer sua entrega pessoalmente, seus lucros seriam mais altos. Contudo, havia um obstáculo: para que esse modelo funcionasse, era necessário estabelecer relações com um agente do outro lado do oceano. Alguém em que você confiasse suficientemente para receber e distribuir as mercadorias ao final da viagem – e que não lhe roubasse.

Veja que, no século XI, a possibilidade de corrupção era imensa. Se os produtos se perdessem ou fossem danificados em alto mar, poderia levar meses para descobrir o que havia acontecido. Pode ser também que você nunca soubesse o que tinha acontecido. Adicionalmente, naquela época, os pagamentos em dinheiro eram feitos em mãos, uma prática que aumentava as oportunidades de erro. Isso porque era muito simples para os agentes do outro lado do oceano receberem e venderem as mercadorias e, então, simplesmente dizerem que elas nunca haviam chegado – guardando todo o dinheiro para si.

Nas palavras de Greif, "no século XI, o sistema legal não conseguiu criar uma estrutura dentro da qual as relações de agenciamento pudessem ser organizadas. As cortes geralmente não conseguiam investigar as alegações ou ações dos agentes, ou localizar um agente que tivesse emigrado".[12]

Como as pessoas estabeleciam confiança em longas distâncias, em uma era de comunicações limitadas, sistemas jurídicos frágeis e inexistência de um sistema bancário formal? Como esses primeiros mercadores conseguiam construir

---

11 Avner Greif, "Reputation and Coalitions in Medieval Trade: Evidence on the Maghribi Traders". Em *The Journal of Economic History*, v. 49, n. 4, 1989, pp. 857-882.

12 *Ibid.*, pp. 865-866.

confiança para garantir que o comércio pudesse se expandir sem uma correspondente expansão da corrupção? Greif sugere que era uma combinação de reputação e interesse próprio da comunidade, que estabelecia as bases de confiança que governavam os comportamentos dos agentes do outro lado do oceano.

Primeiramente, o sistema envolvia pagar aos agentes um salário maior que ele poderia encontrar em outros lugares como uma bonificação. Ele tinha vantagens distintas: embora os agentes pudessem ganhar dinheiro no curto prazo roubando dos mercadores, eles não lucrariam no longo prazo se o comportamento desonesto levasse a uma perda de oportunidades futuras.

Em segundo lugar, o sistema magrebino incluía a formação de guildas de mercadores e agentes. Os membros que eram mercadores concordavam em não empregar agentes que já tivessem sido pegos roubando de outros membros da guilda. A existência da guilda dava muito mais força aos incentivos. Como observa Greif,

> considerando a bonificação e o contrato implícito, um agente desonesto conseguiria ganhar um pouco de dinheiro no curto prazo roubando, e um agente honesto conseguiria ganhar muito dinheiro no longo prazo com a bonificação. O agente ganha sua fama de honesto quando se sabe que seus ganhos no longo prazo são maiores que os ganhos no curto prazo. O agente não tem como aumentar sua utilidade ao longo de sua vida roubando. O mercador oferecerá ao agente uma bonificação otimizada que faça que os ganhos do longo prazo sejam maiores que os ganhos de curto prazo.[13]

Em outras palavras, as relações que criam vantagens para os mercadores de sucesso eram construídas pela confiança da comunidade, não por meio do envolvimento governamental. Sem apoio jurídico ou estatal e muito antes do surgimento dos mecanismos digitais, como aqueles criados pelo eBay no nosso tempo, os mercadores mediterrâneos já haviam encontrado uma solução viável para um grave problema de confiança que atravessava fronteiras geográficas e culturais por meio de uma comunidade. Como observa Greif, os registros históricos do comércio do período revelam poucos casos de corrupção documentados.

---

[13] *Ibid.*, p. 867.

Essa comunidade medieval de comércio nos traz importantes aprendizados para a economia compartilhada do século XXI. Em ambos os casos, enfrentamos o desafio de criar ferramentas de confiança em mercados que cruzam fronteiras geográficas e culturais. Na Idade Média, os mercadores construíam a confiança com base em dois fatores: primeiro, a confiança era construída com base na reputação de cada indivíduo (agentes corruptos do outro lado do oceano deixariam de lucrar ao longo do tempo); segundo, a confiança era construída em comunidades de interesse compartilhado, que conectavam a reputação ao interesse econômico próprio (a formação de guildas de mercadores que adotavam políticas de contratação e penalidades similares significava que os agentes corruptos teriam mais a perder que a ganhar).

Instituições econômicas e confiança com base em marcas

Após conhecer a história dos mercadores do Magrebe, é natural que uma dúvida fique na cabeça. Quais outras formas de se regular as trocas surgiram desde a era medieval e qual seu papel na economia compartilhada? Irei me ater apenas a algumas observações principais que considero serem pertinentes.

Grande parte da interação humana é estruturada por limitações que nós mesmos criamos, às quais chamamos de instituições. Como explica o economista ganhador do Prêmio Nobel, Douglass North, algumas delas são limitações formais, como regras, leis e constituições. Outras são informais, como normas comportamentais. Coletivamente, elas formam o que North chama de "regras do jogo" de uma sociedade.[14] Os direitos de propriedade que consideramos óbvios na maioria das economias modernas (que se originaram no direito comum inglês) são um exemplo de instituição.

É razoavelmente lógico que as instituições tenham um papel importante na facilitação do desenvolvimento econômico. Veja os livros dos economistas do MIT, Daron Acemoglu e James Robinson, e do economista da Universidade de Nova York, Stern Peter Blair Henry, para conhecer perspectivas contrapostas sobre este assunto.[15] De forma geral, essas regras do jogo são imensamente

---

[14] Douglass C. North, "Economic Performance Through Time". Em *The American Economic Review*, v. 84, n. 4, 1994, pp. 359-368.

[15] Daron Acemoglu e James Robinson, *Why Nations Fail* (Nova York: Crown Business, 2012); Peter Blair Henry, *Turnaround: Third World Lessons for First World Growth* (Nova York: Basic Books, 2013).

empoderadoras porque expandem consideravelmente as possibilidades de negócios. No caso específico dos direitos de propriedade, North e seu colega Barry Weingast afirmam que "quanto maior a probabilidade do soberano alterar os direitos de propriedade em seu benefício próprio, menores os retornos esperados para os investimentos e menores os incentivos para se investir".[16] Da mesma forma, o surgimento dos bancos facilitou as trocas econômicas entre desconhecidos, que passaram a não depender do compartilhamento de alguma estrutura de confiança para facilitar os laços sociais.

Se as instituições substituíram as comunidades e a reputação como a base para a confiança, por que iríamos retornar ao sistema substituído por elas? Confiar em contratos e direitos de propriedade requer um nível considerável de escala para cada transação. Escrever um contrato custa caro – contratar um advogado, também. Isso faz sentido quando você é um empresário que está comprando milhões de dólares em produtos. Para uma hospedagem de duas noites em Paris, isso parece ser dinheiro jogado fora.

Então, como resolver o problema de confiança para as inúmeras transações cotidianas que realizamos atualmente? Pense em cada uma das transações em sua experiência pessoal. É possível que você seja afetado por uma ou ambas dessas instituições: um órgão governamental regulador ou uma marca corporativa. E é possível que você dependa de uma ou de ambas para construir a confiança.

Considere a segurança alimentar um dos exemplos mais antigos de intervenção governamental sistemática que vem desde a Antiguidade.[17] As pessoas confiam na carne comprada nos EUA devido à existência do Food and Drugs Administration (FDA, correspondente à Anvisa, no Brasil). Porém, provavelmente você também confia em uma marca que conhece – e talvez não confie em uma

---

[16] Douglass C. North e Barry R. Weingast, "Constitutions and Commitment: The Evolution of Institutions Governing Public Choice in Seventeenth-Century England". Em *Journal of Economic History*, v. 49, n. 4, 1989, pp. 303-332.

[17] Peter Barton Hutt e Peter Barton Hutt II, "A History of Government Regulation of Adulteration and Misbranding of Food. Em *Food, Drug, and Cosmetic Law Journal*, v. 39, 1984, pp. 2-73, 12). Hutt e Hutt discutem o papel governamental na prevenção da adulteração da comida no passado, apresentando as orientações que existiam em tempos remotos, bem como as regras e penalidades específicas do Código de Teodósio, de 438 d.C.

marca desconhecida. Em um país no qual não conhece as leis de vigilância sanitária, talvez você se sinta mais seguro bebendo uma Coca, porque conhece a marca.

Da mesma forma, talvez você se sinta mais confortável levando seus filhos em uma montanha russa de um parque de diversão de marca conhecida – e talvez se sinta inseguro em relação à montanha russa do parque de diversão desconhecido de beira de estrada. Mas as regras governamentais são as mesmas para ambos os parques.

Essa combinação de agências regulatórias governamentais e marcas, que buscando obter lucratividade no longo prazo, operam em conformidade com as regulamentações e investem em uma experiência consistente de alta qualidade e segurança, sendo a base da confiança na maioria das economias ocidentais contemporâneas. As marcas são essenciais na economia compartilhada atual. E continuamos sendo pessoas que confiam nas marcas: plataformas como Airbnb, Lyft e Uber entendem isso; o eBay entendeu isso quando criou os *Power Sellers*; a BlaBlaCar entende isso ao conceder explicitamente uma certificação de confiança a um motorista como resultado de sua atividade na plataforma. É desafiador cognitivamente processar muita informação antes de decidir sobre uma transação. Uma marca reconhecível facilita esse processo imensamente.

E por que precisaríamos de outra infraestrutura de confiança para a economia compartilhada? Porque não é viável nem desejável transferir as regras políticas e econômicas das economias de mercado ocidentais para as economias de mercado do mundo em desenvolvimento. Da mesma forma, transferir as regras políticas e econômicas da economia industrial para a economia compartilhada é um desafio que deve ser enfrentado cuidadosamente. Afinal de contas, a história sugere que diferentes tipos de economia requerem diferentes abordagens regulatórias. Conforme nota North, a história também nos ensinou duas lições essenciais. Em primeiro lugar,

> embora as regras possam ser alteradas do dia para a noite, a praxe tende a mudar gradualmente. Considerando que é a praxe que traz 'legitimidade' para um conjunto de regras, a mudança revolucionária nunca é tão revolucionária quanto seus apoiadores gostariam que ela fosse, e o desempenho pode ser diferente do previsto.

Em segundo lugar, ele afirma que "economias que adotam regras formais de outra economia terão características de desempenho muito diferentes da primeira economia, devido às diferenças na praxe e na aplicação das regras".[18]

Em outras palavras, a história sugere que não é possível, nem economicamente viável, simplesmente escolher um conjunto de regras preexistentes para ser aplicado em uma nova economia. O desafio está em se determinar o que virá no futuro. Afinal de contas, se diferentes economias requerem diferentes modelos regulatórios, qual modelo (ou quais modelos) deve(m) ser adotado(s) para a economia compartilhada que está surgindo? Ou será que a gênese da solução já está tomando forma nas referidas plataformas *peer-to-peer*?

Para onde a economia compartilhada está levando a regulação

Adam Thierer, da Universidade George Mason, acredita que a filosofia adequada para a regulação da economia compartilhada envolve rejeitar a ideia de que os criadores de novas tecnologias tenham de conseguir permissão dos agentes públicos para levar seus serviços ao mercado. Conforme Thierer,

> a outra visão pode ser chamada de "inovação sem permissão". Ela se refere à noção de que a experimentação com novas tecnologias e modelos de negócios deve ser geralmente permitida como padrão. Exceto quando uma nova invenção for um risco irrefutável para a sociedade, a inovação deve seguir inabalada e, se houver problemas, eles podem ser resolvidos posteriormente.[19]

Notando que "as práticas da economia compartilhada desafiam a regulação diariamente", a acadêmica da área jurídica da Universidade Yale, Sofia Ranchordàs, defende que a regulação para a economia compartilhada deve ser vista a partir da "perspectiva da lei da inovação" desde que as atividades realizadas efetivamente se enquadrem em uma definição razoável de inovação. A natureza experimental da inovação, ainda conforme Ranchordàs, é de especial importância:

> Enquanto a inovação é um processo evolutivo de tentativa e erro, a regulação tradicionalmente se caracteriza por sua estabilidade e continuidade de regras.

---

[18] North, *Economic Performance*, p. 366.

[19] Adam Thierer, *Permissionless Innovation: The Continuing Case for Comprehensive Technological Freedom*. Fairfax, VA: Mercatus Center, George Mason University, 2014, p. vii. Disponível em http://mercatus.org/sites/default/files/Permissionless.Innovation.web_.v2_0.pdf. Acesso em 4-4-2018.

> Portanto, os reguladores frequentemente atrasam a inovação enquadrando serviços inovadores em categorias jurídicas existentes, sem conseguir atualizar o modelo jurídico vigente ao estado atual da tecnologia.

Ela continua: "É possível compartilhar e inovar seguindo uma cartilha? Sim, mas primeiro alguém precisaria escrever a cartilha".[20]

Nesta seção, falarei sobre assuntos essenciais para se criar tais novas regas. Novos modelos de negócio conflitam com as regras que regem as velhas formas de se prestar serviços. Portanto, na prática, já retornamos ao modelo de confiança que se baseia no consenso da comunidade e na reputação adquirida. Como descreve April Rinne em sua análise de 2012, que traça paralelos entre a economia compartilhada e o microcrédito: "no microcrédito, sua reputação substitui seu histórico de crédito (porque ele não existe)". Ela também afirma que

> você está realizando serviços bancários utilizando a confiabilidade de um indivíduo dentro da sociedade – e não seus bens materiais – como o melhor indicador para entender se a pessoa pagará ou não um empréstimo. Como resultado disso, a posição social dessa pessoa entre seus semelhantes, especialmente em comunidades com fortes laços, é construída ao longo do tempo e reina suprema. Da mesma forma, na economia compartilhada, esse tipo de tecido social e 'barômetro da confiança' pode ser construído graças às novas tecnologias.[21]

Essa fiabilidade na confiança digital dentro da comunidade e, em especial, nas avaliações de usuários, não é apenas uma característica de plataformas como Airbnb ou eBay, mas também permeia a economia em grande escala. Meus colegas da Universidade de Nova York, Stern Anindya Ghose e Panagiotis Ipeirotis, determinaram, com base em uma série de pesquisas, como as avaliações feitas por usuários da Amazon têm um papel essencial na determinação dos resultados econômicos.[22]

---

20 Sofia Ranchordàs, "Innovation Experimentation in the Age of the Sharing Economy". Em *Lewis and Clark Law Review*, v. 19, 2015. Disponível em http://ssrn.com/abstract=2638406. Acesso em 4-4-2018.

21 April Rinne, "Lessons from Microfinance for the Sharing Economy". Em *Sharable*, 27-11-2012. Disponível em http://www.shareable.net/blog/lessons-from-microfinance-for-the-sharing-economy. Acesso em 4-4-2018.

22 Ver, por exemplo, Anindya Ghose e Panagiotas G. Ipeirotis "Estimating the Helpfulness and Economic Impact of Product Reviews: Mining Text and Reviewer Characteristics". Em *IEEE Transactions on Knowledge and Data Engineering*, v. 23, n. 10, 2011, pp. 1.498-1.512.

Essas avaliações *on-line* feitas por usuários também podem afetar as empresas físicas. No passado, as pessoas escolhiam um restaurante pela avaliação da guia Zagat. Porém, no século XXI, o Yelp tomou seu lugar. E não são apenas os clientes que utilizam essas avaliações. Na conferência de prefeitos dos EUA de 2013, o prefeito de Louisville, Greg Fisher, contou-me que sua secretaria municipal de saúde utiliza o Yelp como principal indicador para rastrear infecções de origem alimentar. Eles enviam os fiscais da vigilância sanitária para os restaurantes cujos relatos no Yelp indicam pessoas que ficaram doentes. Esse tipo de monitoramento de multidão pode complementar a regulação tradicional, especialmente quando a opinião pública e a reputação forem indicadores efetivos para se detectar deficiências e induzir a aplicação de regras que já existam.[23]

Além do mais, nas plataformas *peer-to-peer*, as avaliações feitas por usuários são apenas um dos diversos indicadores sobre possíveis prestadores de serviços que podem ser acessados pelos clientes. Elas estão fortemente integradas dentro de uma plataforma construída por um terceiro que também media as eventuais transações. Isso traz a possibilidade de que outros (além do governo) possam ser convocados a definir ou aplicar as regras.

Confiar nas avaliações feitas por usuários e em outros indicadores digitais significa confiar em plataformas que naturalmente obtêm seus ganhos a partir dessas trocas. Mas será que isso não cria um conflito de interesses? Nem sempre. A reputação de uma plataforma está diretamente relacionada à qualidade das transações que ela intermedia, da mesma forma que a reputação e a rentabilidade das marcas nas quais confiamos estão conectadas ao seu compromisso com a alta qualidade e segurança. Portanto, os interesses da plataforma

---

[23] A fonte não governamental de informações não precisa necessariamente ser parte de um sistema digital gerado por usuários. Na primavera de 2015, um artigo sobre o setor de salões de manicure foi publicado no *New York Times* (disponível em http://www.nytimes.com/2015/05/10/nyregion/at-nail-salons-in-nyc-manicurists-are-underpaid-and-unprotected.html. Acesso em 4-4-2018). O artigo revelava que muitas das trabalhadoras do setor estavam sendo brutalmente mal remuneradas e que suas condições de trabalho eram perigosas. O artigo também expôs o fato de que, na prática, os salões não estavam sendo regulados, embora aparentemente estavam sujeitos à regulação. Nenhum dos trabalhadores entrevistados jamais havia visto um fiscal em seu local de trabalho, e a maioria deles desconhecia completamente seus direitos trabalhistas e as supostas normas de segurança do setor. Alguns dias depois da publicação do artigo do *New York Times*, o governador do Estado de Nova York, Andrew Cuomo, anunciou que aplicaria mudanças emergenciais na regulação concedendo maior autoridade aos órgãos regulatórios para punir os salões de manicure que tratassem mal seus funcionários. Também facilitou a obtenção de licenças para que os funcionários pudessem exerce sua profissão legalmente. E por que o governador subitamente despertou para essa crise regulatória? O que sabemos com certeza é que houve uma campanha popular iniciada por um jornal e alimentada pela revolta dos trabalhadores e clientes de salões. Ela foi a catalisadora da mudança, e não qualquer mecanismo regulatório existente.

frequentemente estão alinhados aos interesses da sociedade, e a plataforma é quase sempre imbuída da obrigação de garantir que as trocas por ela facilitadas não sucumbam às falhas de mercado.

O segredo está em identificar as dimensões de risco nas quais os incentivos da plataforma e da sociedade (ou da proteção ao consumidor) não divergem – e onde o risco de divergência existe. Por exemplo, garantir que os anfitriões anunciem a qualidade de seus imóveis com exatidão parece estar alinhado aos interesses lucrativos do Airbnb. Garantir que os hóspedes não façam muito barulho durante sua estadia parece estar menos alinhado.

Avançando para o ponto seguinte, as plataformas *peer-to-peer* frequentemente oferecem uma variedade de transações maior que os fornecedores tradicionais da economia industrial. Isso surge da confusão entre as práticas profissionais e pessoais e, como apresentarei no Capítulo 7 (Futuro do trabalho: desafios e controvérsias), da ascensão dos novos generalistas. Por exemplo, antes de existirem plataformas como Airbnb, os viajantes tinham escolhas limitadas. Com o Airbnb e similares, o cenário de hospedagem de curta duração mudou completamente. Isso traz novos e complicados desafios regulatórios. Será que uma pessoa pode alugar uma rede de dormir? Quais os riscos de se alugar uma casa na árvore? Há normas de segurança federais para tais estruturas? Caso haja, como seria possível aplicá-las? Em outras palavras, as plataformas *peer-to-peer* dificultam – talvez até impossibilitem – as soluções de tamanho único com uma abordagem apenas governamental.

Para concluir, como a vasta maioria dos prestadores de serviços *peer-to-peer* está "fazendo bicos" (como um advogado que aluga um chalé no Airbnb ou um ator que dirige para a Lyft algumas horas por dia) ou trabalhando sem vínculo empregatício, geralmente o faz em pequena escala, como eu explico no Capítulo 5. Por exemplo, mais de 90% dos anfitriões do Airbnb são ocasionais, dois terços dos motoristas da Lyft dirigem menos de 15 horas por semana, os anfitriões da EatWith ou da Feastly preparam muito menos refeições que um restaurante, e a maioria dos vendedores da Etsy trabalha em uma escala que nunca chegará perto de concorrer com fabricantes de produtos similares.

Será que é razoável que esses prestadores ocasionais de serviços tenham de seguir as mesmas normas que um fornecedor comercial? Claro que você pode dizer que segurança é segurança e não pode ser comprometida. Mas a verdade é que ela já está comprometida – sempre comprometemos a segurança. A regulação é importante porque traz as proteções necessárias, é de interesse da coletividade, mas também sabemos que a regulação traz custos para a sociedade. Por exemplo, as inspeções de restaurantes e cozinhas industriais geram custos tanto para os fornecedores quanto para o governo. Seria possível atingir a segurança alimentar perfeita com um fiscal estacionado em tempo integral em cada cozinha para fiscalizar cada prato de comida. Porém, tal sistema seria impeditivamente caro. Os impostos necessários para esse tipo de sistema seriam muito altos. A comida de restaurante se tornaria excessivamente cara (e talvez até meio estranha) e, nesse cenário extremo e artificial, o setor quebraria.

É por isso que fazemos concessões. A cidade de Nova York, por exemplo, envia fiscais para os restaurantes apenas ocasionalmente, equilibrando os custos de uma pessoa ficar doente com os custos da infraestrutura de fiscalização. Talvez seja mais eficiente focar os recursos governamentais em restaurantes com maior movimento, dado que a probabilidade e o custo da contaminação alimentar nesses estabelecimentos seriam mais altos para a sociedade.

E para concluir esta análise, mais uma questão. Se agora você está lidando com um clube de jantares que recebe meia dúzia de convidados a cada semana (e não com um restaurante que serve milhares a cada mês), talvez a intensidade de fiscalizações da vigilância sanitária também deva ser diferente. É impraticável esperar que um anfitrião de jantares da VizEat, EatWith ou Feastly tenha uma cozinha com os melhores padrões sanitários municipais. Além de sufocar um setor novo de refeições caseiras compartilhadas, não é consistente com a forma como historicamente vimos fazer concessões entre o custo de um possível problema e o custo de sua prevenção. Pode ser que precisemos do que o CEO da SideCar, Sunil Paul, chama de porto seguro para a economia compartilhada. A existência do órgão regulador sanitário seria uma última opção, caso algo dê errado (assunto de uma entrevista que eu dei para o TechCrunch, em 2012), o que é um papel fundamental do governo.[24]

E qual o resultado final dessa conta? Obviamente não queremos abandonar as regulações completamente. Entretanto, há inúmeras entidades regulatórias que vêm governando a confiança, a segurança e a prevenção de falhas

[24] Ryan Lawler, "Balancing Innovation And Regulation In The Sharing Economy". Em *TechCrunch*, 9-12-2012. Disponível em http://techcrunch.com/2012/12/09/balancing-innovation-and-regulation-in-the-sharing-economy. Acesso em 4-4-2018.

de mercado no passado e no presente. Os órgãos reguladores governamentais são apenas uma possibilidade em um espectro de forças que facilitam a confiança (veja a Figura 6.2 para conhecer outras). Na economia compartilhada, os modelos regulatórios que desenvolvermos devem ser adequados aos aspectos únicos das trocas que ela facilita. A escala, variedade e tecnologia são diferentes. Há pouco valor em se tentar adaptar velhos regimes regulatórios para os novos modelos.

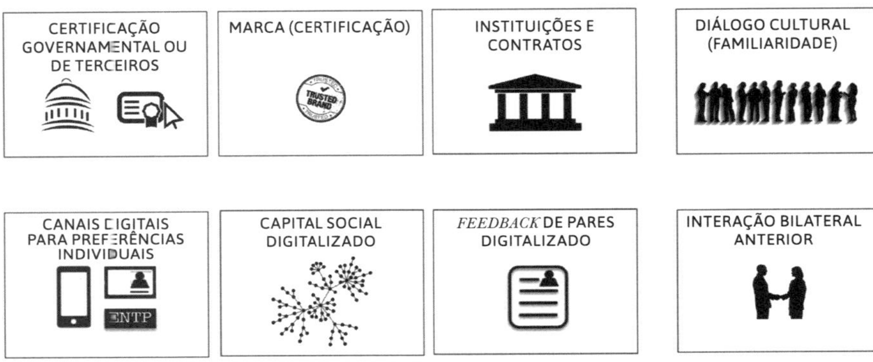

Figura 6.2
As diversas possibilidades para a confiança na economia compartilhada.

Modelos regulatórios futuros

Conforme venho destacando ao longo deste capítulo, parece inevitável que novas regulações e até novos modelos regulatórios surgirão. Assim como é inevitável que, embora tentemos em vão adaptar para a economia compartilhada as regras governamentais existentes, desenvolvidas para uma economia industrial, diversos sistemas regulatórios formais e informais continuarão operando simultaneamente. Ao longo do tempo, a ideia de que as plataformas *peer-to-peer* estão destruindo os sistemas regulatórios vai se mostrar completamente infundada.

À medida que o número de prestadores de serviços comerciais independentes cresce para a casa de milhões em diversos setores, será um gigantesco pesadelo regulatório se manter apegado às formas existentes de controle governamental. Entretanto, algumas novas formas de regulação parecem ser especialmente promissoras para se distribuir esse peso entre outros *stakeholders*. Três desses modelos são: regulação por pares, organizações de autorregulação e regulação delegada por meio de dados.

Regulação por pares

O conceito de regulação por pares pode invocar imagens de um mundo distópico no qual todo vizinho é um espião em potencial. Porém, a regulação por pares pode ser uma forma equitativa de regulação, vinda de dentro, com baixo custo para a sociedade e que fomenta uma abordagem de aprender fazendo, que é especialmente adequada à escala *peer-to-peer*. O aspecto equitativo da regulação está relacionado à diferença entre fiscais que se disfarçam de pares (que pode ser entendida como vigilância por pares) e pares que criam padrões mútuos. Para entender a diferença, considere os dois exemplos a seguir.

Em Berlim, qualquer um pode entrar no ônibus ou metrô sem pagar. Contudo, para garantir que as pessoas paguem, o sistema também emprega fiscais de todas as idades que utilizam roupas normais. Isso significa que, no sistema de ônibus e metrôs berlinenses, qualquer pessoa – aquela senhora idosa sentada em sua frente ou o cara que parece tocar em uma banda de punk rock – pode ser um fiscal. Embora turistas frequentemente se arrisquem e peguem o metrô de Berlim sem pagar, a maioria dos berlinenses nunca ousaria fazer isso e arriscar receber uma multa de 40 euros juntamente à humilhação de ser retirado do metrô por uma pessoa que parece ser uma vovozinha ou um barista do café da esquina. Os cidadãos que decidem trabalhar como fiscais recebem uma renda extra e uma comissão por multa conferida. Os cidadãos que não trabalham como fiscais tendem a ter uma prova de que compraram a tarifa, pois entendem que qualquer pessoa pode ser um fiscal.

Embora o sistema funcione, não é exatamente um método de regulação por pares. Afinal de contas, é o órgão municipal de transporte – e não os pares – que está fazendo as regras, emitindo multas e utilizando qualquer pessoa para realizar o trabalho regulatório de fiscalização.

Considere agora o tipo de autorregulação que existe em uma plataforma como o Airbnb. Não há fiscais oficiais da plataforma, e o sistema de avaliações, que agora inclui duas camadas avaliativas (avaliações públicas visíveis para outros viajantes e avaliações privadas visíveis apenas para anfitriões), tem função regulatória. Se um imóvel fica bem abaixo do padrão, as avaliações indicarão o problema. A plataforma agora também recebe avaliações privadas e é mais criativa que a maioria dos sistemas de avaliações. Os visitantes têm a opção de apoiar um anfitrião dando a ele uma boa avaliação, dando gorjeta, fazendo sugestões e críticas de forma privada. Em teoria, isso significa que os novos anfitriões podem continuar a desenvolver seus microempreendimentos enquanto recebem *feedback* e melhoram o serviço que estão oferecendo. Todo o sistema é executado por pares e pensando nos interesses das outras pessoas. Ou seja, na falta de uma regulação governamental adequada quando o Airbnb surgiu, os pares definiram os padrões e trabalharam coletivamente para garantir que fossem atingidos.

Uma vantagem desse modelo é que nenhum padrão fixo precisa ser aplicado para todos os imóveis. Se uma pessoa está alugando um sofá em uma quitinete com uma decoração mais artística por 10 dólares por dia, seus visitantes provavelmente serão diferentes dos visitantes que escolherem um apartamento de luxo em um prédio com manobrista e diária de 400 dólares. O mercado não requer que os padrões aplicados ao sofá da quitinete sejam os mesmos aplicados ao apartamento de luxo. Da mesma forma, os reguladores (os pares que escolhem se hospedar em cada um desses tipos de espaço) são diferentes. Em sua essência, as plataformas conseguem abarcar infindáveis padrões específicos para cada contexto e para cada cliente dentro de um único modelo regulatório.

Seria possível considerar um *upgrade* nesse tipo de regulação por pares, com um híbrido dos dois sistemas que apresentei, dando uma função formal para prestadores mais experientes. Eles seriam responsáveis em garantir que os novatos atinjam o padrão de qualidade esperado. Falarei mais sobre esse tipo de regulação formal por pares na sequência, com um modelo mais geral de organização de autorregulação.

Organizações autorregulatórias

Imagine um tipo diferente de regulação por pares – uma parceria entre o órgão municipal de vigilância sanitária e um consórcio de plataformas de gastronomia. Esse consórcio poderia criar um sistema no qual os prestadores de serviços ativos nas plataformas se voluntariam para se tornar um híbrido de educadores e fiscais, em troca de incentivos dados pelas plataformas. Talvez também recebendo treinamento dos fiscais da vigilância sanitária e com algum nível de supervisão do governo. Esses prestadores-especialistas provavelmente teriam mais conhecimento sobre o funcionamento das plataformas do que os fiscais do governo, e as plataformas poderiam se beneficiar da expansão de seus negócios sem o risco regulatório. O sistema ganha uma melhora generalizada de qualidade e segurança e expurga aqueles poucos prestadores de serviços que provavelmente não deveriam estar na plataforma. Esse exemplo é o que poderíamos chamar de uma organização autorregulatória.

Dada sua história e diversidade, não é nenhuma surpresa que a expressão *autorregulação* desafie suas definições ou categorizações. Mas vejamos: uma organização autorregulatória não é a mesma coisa que a ausência de regulação, nem a mesma coisa que uma empresa que se autopolicia. Em vez disso, é a definição ou aplicação (ou ambas) de regras por terceiros não governamentais. Os sistemas autorregulatórios podem variar enormemente com base em seus níveis de voluntariedade, prestação de contas, aplicabilidade e intervenção governamental. Geralmente, as organizações autorregulatórias são privadas e possuem um envolvimento governamental limitado. Federações de empresas promovem o bem-estar de determinado setor. Já as organizações autorregulatórias foram criadas para policiar um setor formulando seu regime coletivo de regulamentação, de acordo com o qual as empresas devem operar, monitorar-se e, algumas vezes, aplicar normas para controlar o comportamento de seus membros.

De forma similar às comunidades de mercadores magrebinos descritas por Greif, outras guildas formais de ofícios e comércio surgiram na era medieval, impondo regras rígidas sobre os salários, ferramentas, tecnologias, qualidade e preços para seus membros. Os exemplos de autorregulação comunitária de bens públicos são encorajadores, pois sugerem que a autorregulação é uma parte natural do desenvolvimento econômico. Atualmente, tais organizações autorregulatórias continuam existindo, porém, mais frequentemente como entidades de classe que setoriais. A American Medical Association (Associação médica norte-americana), a National Association of Realtors (Associação nacional dos corretores de imóveis) e as ordens de advogados servem para regular, respectivamente, médicos, corretores de imóveis e advogados. Essas organizações autorregulatórias contemporâneas têm capacidades consideráveis de aplicação e cumprimento de normas e autoridade quase judicial, devido à sua capacidade de auditar e penalizar seus membros. Elas se estendem aos mais variados setores, incluindo serviços financeiros, energia nuclear e produção de algodão, por exemplo.[25]

O sucesso das organizações autorregulatórias tem sido variado. Como Cohen e eu argumentamos em nosso artigo de 2015, houve situações notáveis de sucesso, como o Institute of Nuclear Power Operations (Instituto de operações de energia nuclear – Inpo), e outras consideradas fracassos, como a Financial Industry Regulator Authority (Autoridade reguladora do setor financeiro – Finra). Entretanto, ao se considerar a Finra, é possível argumentar que, após mais de oitenta anos de autorregulação, os mercados de capitais dos EUA estão entre os mais eficientes do mundo.

Ao analisar diversos exemplos, Cohen e eu identificamos quatro fatores que parecem ser fundamentais para se estabelecer organizações autorregulatórias viáveis na economia compartilhada. Primeiro, por meio de sua operação, a organização deve estabelecer sua credibilidade desde o início. Segundo, os *players* autorreguladores devem demonstrar capacidades sólidas de aplicação das normas. Terceiro, a organização deve ser considerada legítima e independente. E último, a organização deve tirar partido da preocupação com a idoneidade e capital social de seus participantes.[26]

---

25 Há inúmeras análises das organizações autorregulatórias e autorregulações em geral. A melhor que conheço é de Julia Black, "Decentering Regulation: Understanding the Role of Regulation and Self-Regulation in a 'Post-Regulatory' World". Em *Current Legal Problems*, v. 54, n. 103, 2001). Outras fontes que me ajudaram muito foi ler o texto de Saule T. Omarova, "Wall Street as Community of Fate: Toward Financial Industry Self-Regulation" (em *University of Pennsylvania Law Review*, v. 159, n. 411, 2011), e conversas com Sofia Ranchordàs e Molly Cohen sobre autorregulação e com Sarah Horowitz sobre o novo mutualismo. Outras boas leituras incluem: Orly Lobel, "The Renew Deal: The Fall of Regulation and the Rise of Governance in Contemporary Legal Thought" (em *Minnesota Law Review*, v. 89, n. 342, 2004), que defende uma alternativa ao governo como agente regulatório; Ian Bartle e Peter Vass, "*Self-Regulation and the Regulatory State*". Disponível em http://www.bath.ac.uk/management/cri/pubpdf/Research_Reports/17_Bartle_Vass.pdf. Acesso em 4-4-2018. Em *Self-Regulation and Innovation*, Cohen e Sundararajan, apresentam uma breve história das organizações autorregulatórias e diversas outras referências sobre o assunto.

26 Muitos desses fatores implicitamente apontam para uma possível fraqueza da dependência de organizações autorregulatórias: elas podem não se constituir como representantes válidas de todos os *stakeholders*, podem não ter força de aplicação das normas e podem não ser consideradas independentes. Sobre esse terceiro ponto, uma preocupação frequente sobre a autorregulação, que vem desde as guildas medievais, é que uma organização autorregulatória será, de alguma forma, cooptada pelos grandes participantes do setor. Veja Sheilagh Ogilvie, "The Economics of Guilds" (em *Journal of Economic Perspectives*, v. 28, 2014, pp. 169-192), que defende, nas páginas 169 e 170, que o comportamento das guildas pode ser mais bem compreendido como forma de garantir rendimentos para seus membros e privilégios legais para a guilda. Entretanto, como postulou o economista ganhador do Prêmio Nobel, George J. Stigler, em sua teoria da captura da regulação, a regulação governamental também pode, ao longo do tempo, ser implementada para servir aos interesses dos setores regulados (veja nas páginas

O estado da Califórnia foi pioneiro na abordagem autorregulatória para um setor da economia compartilhada, por meio da criação em 2013 das Transportation Network Companies (Empresas de rede de transportes – TNCs). Conforme descrito detalhadamente por Catherine Sandoval, comissária da California Public Utilities Commission (Comissão de serviços públicos da Califórnia – CPUC), em um workshop da Federal Trade Commission (Comissão Federal do Comércio dos EUA), em 2015, isso pode representar uma parceria interessantíssima entre o governo e as plataformas da economia compartilhada. Funciona da seguinte forma: a CPUC definiu um conjunto de normas que os motoristas de veículos de transporte urbano ponto a ponto que utilizam smartphones precisam seguir. Em vez de tomar para si a responsabilidade de garantir que centenas de milhares de motoristas da Lyft, Uber e Sidecar em todo o estado seguissem as regras, a CPUC delegou tal responsabilidade de fiscalização para as próprias plataformas. Cada empresa deve se registrar como TNC e ser responsável pela garantia de que todos seus motoristas que operam por meio de sua plataforma sigam as regras.[27] Há vantagens óbvias para os contribuintes, já que os custos para o governo são mínimos. Além disso, as plataformas possuem excelentes capacidades de aplicação de regras. Quando um motorista não segue as regras, ele é simplesmente removido do aplicativo e não pode mais operar na plataforma.

Voltando ao exemplo do Airbnb, embora nenhuma solução análoga sancionada pelo governo e de âmbito estadual tenha surgido nos EUA, diversos sistemas autorregulatórios já estão fazendo a diferença no funcionamento do mercado. Além disso, a plataforma está indo muito bem – obrigado – em termos de credibilidade e reputação. Os sistemas são considerados importantes, tanto por anfitriões quanto por hóspedes, e funcionam. Ademais, diversos países, entre eles a França, aprovaram leis definindo claramente ou legalizando a sublocação da residência principal ou secundária por curtos períodos. A mais conhecida delas é a Lei Alur, uma lei federal aprovada em março de 2014,

---

335-336). Veja também George J. Stigler, "The Theory of Economic Regulation" (em *Bell Journal of Economics*, v. 2, 1971, pp. 3-21), no qual ele define as teorias regulatórias e afirma que a regulação funciona primordialmente para beneficiar o setor regulado.

[27] "The 'Sharing' Economy: Issues Facing Platforms, Participants, and Regulators", transcrição do workshop da Comissão Federal de Comércio dos EUA (FTC), 9-6-2015. Disponível em https://www.ftc.gov/system/files/documents/public_events/636241/sharing_economy_workshop_transcript.pdf. Acesso em 4-4-2018.

definindo claramente que você pode alugar sua residência (seja onde ela for na França) sem precisar pedir autorização para a prefeitura local.[28] Isso foi especialmente importante, dado que Paris, a cidade mais visitada em todo o mundo, também tem a maior quantidade de anfitriões do Airbnb do planeta: mais de 40 mil em maio de 2015.

Quando se trata de mudar comportamentos para minimizar os impactos de determinadas externalidades, talvez seja possível também pensar em envolver um número cada vez maior de associações de moradores, conselhos de condomínios e associações de proprietários (as quais chamarei de ADP). Proprietários e locatários têm relações estreitas e profundas com suas ADPs, as quais possuem credibilidade, podem monitorar o cumprimento de regras e conseguem aplicar essas regras. Talvez, ao longo do tempo, isso faça que alguns prédios e comunidades fiquem livres do Airbnb, talvez outros se promovam como amigáveis ao Airbnb, constituindo alternativas para o zoneamento, em uma economia na qual as fronteiras entre o pessoal e o comercial são cada vez menos definidas.

Delegação com base em dados

Imagine essa questão: cobrar impostos de ocupação hoteleira de centenas de milhares de anfitriões do Airbnb, em vez de apenas algumas poucas redes de hotéis. A delegação da cobrança de impostos ao Airbnb, algo que um número cada vez maior de municípios está experimentando, tem diversas vantagens. Provavelmente renderá mais impostos e menos sonegação que um sistema no qual os anfitriões devem se cadastrar diretamente na prefeitura – algo que anfitriões ocasionais podem relutar em fazer. Também deixa de lado as preocupações com privacidade, o medo de que as plataformas digitais como Airbnb entreguem os dados pessoais para as autoridades. Além do que, construir sua credibilidade ao tomar para si funções governamentais como essa é uma grande oportunidade para a plataforma.

Há outra vantagem, que acredito ser a mais importante no longo prazo. É uma forma de pedir para a plataforma utilizar seus dados para garantir o

---

[28] A Lei Alur foi precedida por outra, similar, aprovada pela Câmara de Vereadores de Amsterdã em janeiro de 2014, a qual permitia locações de curta duração por até 60 dias ao ano e taxando o faturamento em 5,5% como imposto sobre turismo.

cumprimento da lei, delegando responsabilidade para a própria plataforma. Você até pode achar que essa tarefa de calcular, cobrar e pagar os impostos devidos é tecnologicamente simples. Verdade. Porém, eu gosto dessa estrutura pelo potencial que traz em si. Pode ser a precursora de outras possibilidades muito mais interessantes.

Há cerca de duas décadas, as empresas dos mais diversos tipos vêm minerando os rastros digitais que seus clientes deixam em suas interações digitais. Isso gera *insights* com relevância social e comercial. Uma dessas iniciativas que todos nós conhecemos é a detecção de fraudes em cartões de crédito. Quando um padrão incomum de atividade é detectado, você recebe uma ligação da equipe de segurança do seu banco. Seu cartão pode até ser bloqueado temporariamente. O ímpeto com esses sistemas de segurança digital pode ser uma chateação, mas ele tem origem no fato de que a sua empresa de cartão de crédito utiliza técnicas sofisticadas de *machine learning* para identificar padrões que as ocorrências passadas mostraram estar associados a cartões roubados. É uma forma de economizar bilhões de dólares em dinheiro de impostos e de empresas, detectando e bloqueando rapidamente as atividades fraudulentas.

Um exemplo recente do poder da mineração de dados de interação do consumidor surgiu em 2008. Os engenheiros da Google anunciaram que conseguiriam prever surtos de gripe utilizando dados coletados nas pesquisas no buscador. Também seria possível acompanhar a propagação dos surtos em tempo real, com informações bem adiante dos sistemas de informações disponíveis no próprio Centro de Controle e Prevenção de Doenças. O desempenho do sistema da Google deteriorou após alguns anos, mas o impacto na percepção do público sobre o que seria possível utilizando *big data* foi gigantesco.

Parece altamente improvável que esse sistema teria surgido se a Google tivesse sido intimada a entregar os dados anônimos de pesquisas ao Centro de Controle de Doenças. Na verdade, isso provavelmente teria gerado um efeito negativo generalizado, com base na privacidade. Além disso, o motivo pelo qual essa habilidade surgiu organicamente dentro da Google é, parcialmente, devido ao fato de que a empresa tem uma das maiores concentrações de talentos na área de ciência da computação e *machine learning* do mundo.

Abordagens como essa têm muito potencial regulatório para as plataformas da economia compartilhada. Considere a questão das práticas discriminatórias. Há muito tempo se comenta que os táxis amarelos de Nova York discriminam passageiros que não sejam caucasianos, o que parece ser consistente com a análise feita por Benn Stancil, quando a New York Taxi and Limousine Commission (Comissão de táxis e limusines de Nova York) começou a divulgar dados anônimos sobre as corridas. Veja a Figura 6.3 para saber mais sobre isso.

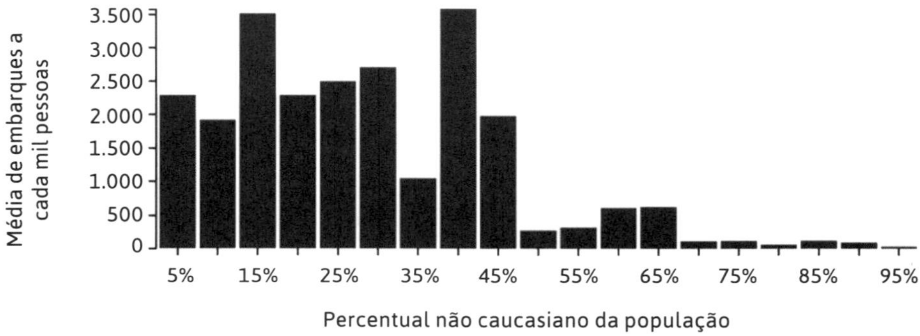

Figura 6.3

Como a utilização de táxis varia conforme a composição racial do bairro na cidade de Nova York. Fonte: Mode Analytics.

Então se pensou que tais comportamentos poderiam estar se manifestando nas plataformas de carona e em outros mercados *peer-to-peer* de hospedagem e mão de obra. Por exemplo, um estudo de 2014 de Benjamin Edelman e Michael Luca, da Universidade de Harvard, sugere que os anfitriões afrodescendentes podem ter menos poder de precificação que os anfitriões caucasianos no Airbnb.[29] Embora o estudo não estabeleça conclusivamente que a diferença acontece porque hóspedes discriminam anfitriões afrodescendentes, ele acendeu uma luz vermelha sobre a necessidade da vigilância constante à medida que as fronteiras entre pessoal e profissional se tornam menos claras.

Uma solução poderia ser a aplicação de técnicas de *machine learning* para identificar padrões associados a comportamentos discriminatórios. Sem dúvida, muitas plataformas já estão utilizando esse sistema. Em um painel em setembro de 2014 do qual participei, no congresso Techonomy Detroit, a

[29] Benjamin Edelman e Michael Luca, "Airbnb A". Em *Harvard Business School Case* 912-019, dezembro de 2011, revisado em março de 2012.

moderadora Jennifer Bradley, do Instituto Aspen, perguntou à presidente da TaskRabbit, Stacy Brown-Philpot, se a plataforma tinha "indicadores ou proteções ou alguma outra coisa que pudesse alertar para a discriminação ou maus elementos no sistema". "Sim. Temos uma equipe de ciência de dados, a quem recorremos constantemente, para garantir que a luz vermelha se acenda quando necessário, para alertar que os humanos precisam analisar alguma coisa", respondeu Brown-Philbot, e continuou: "e nós acompanhamos os dados sobre o que leva alguém a escolher um *tasker*, você pode ver suas fotos, sua aparência, e a coisa mais importante é um sorriso. Simples assim".[30]

A ciência de dados tem um potencial fabuloso para detectar formas sistemáticas de discriminação, frequentemente difíceis de serem identificadas individualmente durante a interação presencial, mas que podem ser mostradas e abordadas com análise de dados. Por exemplo, Lyft e Uber conseguiriam detectar facilmente e indicar em tempo real os padrões de aceitação e cancelamento de corridas correspondentes a comportamentos discriminatórios por parte de seus motoristas.

Mas por que deixar que as plataformas façam isso apenas voluntariamente, se quiserem? Em vez disso, há uma excelente oportunidade para delegar a aplicação de diversas leis nessas plataformas, talvez requerendo seus registros auditados de cumprimento da lei.

Outra alternativa mais radical, proposta por Nick Grossman, da Union Square Ventures (que publica o blog Slow Hunch, sobre o cenário regulatório da economia digital), e pelo famoso blogger Alex Howard, é intimar as plataformas a entregarem os dados operacionais para os governos estaduais e municipais para fins regulatórios. Eu prefiro a minha ideia de delegação com base em dados a essa alternativa de transparência obrigatória. Entendo que a minha alternativa oferece menos riscos de privacidade e de vazamento de dados sobre concorrência. Há precedentes para essa abordagem: empresas que negociam suas ações em bolsa são, de certa forma, reguladas. Elas apresentam evidências resumidas e auditadas em suas declarações públicas, e não precisam divulgar os dados operacionais puros para que os órgãos regulatórios possam confirmar que estão cumprindo a lei. Da mesma forma, acredito ser muito

[30] Disponível em http://techonomy.com/conf/14-detroit/techonomic-tools/economics-sharing. Acesso em 4-4-2018.

mais eficiente manter os dados dentro dos sistemas das próprias plataformas utilizando essas informações apenas para regulação.

À medida que as organizações autorregulatórias da economia compartilhada constroem seu histórico de credibilidade e ganham legitimidade como parceiras na regulação, sejam as próprias plataformas sejam associações de terceiros, elas podem ser convocadas a contribuir na criação das soluções de autorregulação para questões sociais, que são especialmente difíceis de serem resolvidas com intervenção global centralizada. É possível imaginar diversos objetivos da sociedade sendo atingidos com a contribuição das plataformas, ao serem aplicadas técnicas de *machine learning* para detectar padrões, ou para integrar uma noção de responsabilidade social na concepção de seus sistemas de software. Essa abordagem de delegação com base em dados pode atingir níveis regulatórios muito mais altos, utilizando alternativas de dados que são mais viáveis e com total transparência – uma visão das oportunidades futuras da autorregulação, que refletem adequadamente a combinação entre um mercado descentralizado, e uma instituição centralizada, que é a representação das plataformas da economia compartilhada. Em outras palavras, a economia compartilhada pode oferecer abordagens inovadoras não apenas em seus próprios desafios regulatórios, mas também para os desafios que já existiam antes do seu surgimento.

Há inúmeras outras questões regulatórias relacionadas à economia compartilhada que eu não discuti e que talvez sejam a base para trabalhos futuros. Questões de privacidade surgem à medida que as plataformas digitais juntam informações granulares sobre nossas trocas no mundo real. Obviamente, as operadoras de telefonia celular possuem informações granulares sobre nossa movimentação espacial há muitos anos, e as operadoras de cartão de crédito, sobre nossas transações no mundo real. Além do mais, não discuti questões de responsabilidade e seguridade. Acredito que os seguros *peer-to-peer* representam uma área de expansão dos negócios extremamente interessante. Não discuti como os contratos inteligentes viabilizados pelo *blockchain* podem estender o alcance das instituições novas ou tradicionais no domínio digital.

Também ainda não examinei outra área crítica da regulação, que ganhou os holofotes em 2015: a regulação da mão de obra na economia compartilhada. Falarei desse assunto nos capítulos 7 e 8.

7

Futuro do trabalho: desafios e controvérsias

> Muitas pessoas presumem de bom grado que a distinção fundamental entre mão de obra e mercado está – e permanecerá – entre as pessoas altamente qualificadas (ou especializadas) e aquelas menos qualificadas (ou menos especializadas). Porém, essa visão pode estar equivocada.
>
> Alan S. Blinder, "Offshoring: The Next Industrial Revolution?" em *Foreign Affairs* (março/abril de 2006)

Na última década, a advogada trabalhista Shannon Liss-Riordan teve êxito ao defender os direitos dos mais diversos trabalhadores – baristas, faxineiros e *strippers*. Em 2014, ela decidiu enfrentar uma nova batalha em nome dos motoristas da Uber. Ela alega que eles estão sendo classificados incorretamente como prestadores de serviços, quando empregados.[1]

Os trabalhadores que estão processando a Uber afirmam que a plataforma quer as vantagens de custos em se trabalhar com prestadores de serviços, enquanto mantém o controle de se trabalhar com empregados. De acordo com Liss-Riordan, o desempenho dos motoristas da Uber é administrado com base em avaliações de usuários, e eles recebem orientações dos gestores de cada cidade, que os direcionam para áreas de maior demanda diariamente, o que abre espaço para afirmar que operam como empregados. Entretanto, como eu expliquei no Capítulo 3, os motoristas da Uber também são microempreendedores que possuem seus próprios veículos e pagam seu próprio combustível e manutenção, enquanto desenvolvem suas microempresas de transporte. De

---

1 O site sobre o processo, destinado a motoristas da Uber e com opção de traduzir seu conteúdo em mais de 75 idiomas e dezenas de outros links para sites interessantes, está disponível em http://uberlawsuit.com/.

fato, há uma longa tradição de motoristas de táxi que operam como prestadores de serviços autônomos nos EUA.

A Uber afirma que é uma empresa de tecnologia que apenas fornece uma plataforma para conectar motoristas e clientes, da mesma forma que o Airbnb ajuda anfitriões a encontrarem pessoas de férias precisando de hospedagem. Os motoristas da Uber também não parecem ver o emprego de período integral como algo sagrado. Em uma pesquisa realizada em junho de 2015 pela SherpaShare, prestadora de serviços financeiros para prestadores de serviços da economia compartilhada, dois a cada três motoristas da Uber indicaram que se viam como prestadores se serviços e não como empregados.[2]

No momento em que esta obra foi impressa, o processo estava correndo e já contava com 160 mil motoristas da Uber. Em março de 2015, o juiz californiano Edward M. Chen rejeitou o pedido de julgamento sumário da Uber, que teria permitido que o caso avançasse sem os ritos processuais completos. Em sua decisão, o juiz afirmou que:

> O teste tradicional para determinar a relação de trabalho, que foi desenvolvido em um modelo econômico muito diferente do contexto da nova economia compartilhada, se constitui em um grande desafio ao ser aplicado ao modelo de negócio da Uber. Muitos dos fatores naquele teste parecem obsoletos neste contexto. [...] Talvez o legislativo ou as cortes de apelação tenham que refinar ou revisar tal teste para o contexto da nova economia. É concebível que o legislativo tenha que aprovar regras específicas para a chamada "economia compartilhada". Até lá, este Tribunal tem a tarefa de aplicar o teste multifatorial tradicional.[3]

Então, em dezembro de 2015, o tribunal aceitou o caso como uma ação coletiva. Em outra ação coletiva análoga contra a Lyft, o juiz Vince Chhabria demonstrou sentimentos semelhantes, talvez mais efusivamente. Ele afirmou que: "o ultrapassado teste californiano para classificar a relação trabalhista

---

[2] Jianming Zhou e Ryder Pearce, "Do On-Demand Workers View Themselves as Independent Contractors or Employees?". Em *SherpaShare*, 15-6-2015. Disponível em https://sherpashare.com/static/resources/SherpaShare-IndependentContractorEmployeeSurveyResults.pdf. Acesso em 4-4-2018.

[3] Veja o caso completo, O'Connor et al. v. *Uber Technologies, Inc. et al*. Disponível em https://dockets.justia.com/docket/california/candce/4:2013cv03826/269290. Acesso em 4-4-2018. A decisão completa do juiz Chen (arquivo n. 251) está disponível em https://docs.justia.com/cases/federal/district-courts/california/candce/3:2013cv03826/269290/251. Acesso em 4-4-2018.

será aplicável em casos como esse. E como ele traz uma resposta que está longe de ser clara, frequentemente essa decisão ficará a cargo do júri".[4] Uma decisão de junho de 2015 do Comissário do Trabalho da Califórnia foi contrária à Uber, determinando que um motorista era seu funcionário e tinha direito a reembolsos de despesas – a Uber está recorrendo dessa decisão.

As reações dos juízes sugerem que os testes existentes para se determinar o tipo de relação trabalhista podem não ser mais aplicáveis à economia compartilhada. São necessárias novas definições sobre mão de obra para o mundo do capitalismo de multidão. Como mostra o caso contra a Uber, esse futuro chegou muito antes das políticas necessárias para darem apoio a ele. Conforme uma pesquisa realizada por Steven King, da Emergent Research, em colaboração com a Intuit, já existem 3 milhões de trabalhadores sob demanda apenas nos EUA. Esse número deve crescer para mais de 7 milhões até 2020. A plataforma de compras de supermercado sob demanda Instacart também enfrentou processos de seus trabalhadores. Em julho de 2015, ela escolheu contratar alguns deles em meio período. No mesmo mês, a plataforma de mão de obra HomeJoy encerrou suas operações alegando que os processos trabalhistas iminentes inviabilizavam seu modelo de negócios. Luxe e Shyp anunciaram que seus trabalhadores seriam contratados em meio período ou em período integral. TaskRabbit e Handy ainda mantém uma relação de prestação de serviços com seus fornecedores. Outras plataformas, como ManagedByQ e Hello Alfred, contratam seus prestadores em tempo integral – seus CEOs, Dan Teran e Marcela Sapone, já defenderam diversas vezes as vantagens da contratação em tempo integral em vez de uma relação de prestação de serviços.[5]

Os legisladores começaram a prestar atenção a toda essa movimentação. Em um discurso de junho de 2015, o senador pelo estado da Virgínia, Mark Warner, pediu que os legisladores federais façam alguma coisa. Ele também

---

[4] Citado em Dan Levine e Edward Chan, "Uber and Lyft Fail to Convince Judges". Em *Business Insider*, 3-2015. Disponível em http://www.businessinsider.com/uber-and-lyft-fail-to-convince-judges-their-employees-are-independent-contractors-2015-3#ixzz3UIFTYbVy. Acesso em 4-4-2018.

[5] Eu ouvi Teran discutir sobre esse assunto em dois eventos no segundo semestre de 2015: na Conferência TAP, em Nova York, em 1° de outubro; e na Conferência da Casa Branca sobre a Voz do Trabalhador, em 7 de outubro. Veja o artigo de Sapone em http://qz.com/448846/the-on-demand-economy-doesnt-have-to-imitate-uber-to-win/. Acesso em 4-4-2018.

apresentou os elementos de um plano em um artigo para o *Washington Post*.[6] Em um discurso da campanha presidencial em 2015, Hillary Clinton viu oportunidades e desafios:

> Muitos estadunidenses estão ganhando uma renda extra alugando um quarto de hóspedes, fazendo sites [...] e até mesmo dirigindo seus próprios veículos. Essa nova economia sob demanda ou de *freelas* está gerando oportunidades fantásticas e catalisando a inovação. Porém, ela também está levantando questões relativas às proteções ao emprego e o que será um bom emprego no futuro.[7]

No momento da escrita desta obra, Warner e sua chefe de gabinete, Kristin Sharp e equipe, continuavam a liderar as conversas sobre a agenda legislativa para preparar os EUA para essa transição na mão de obra em curso. Em uma conferência sobre trabalho, realizada na Casa Branca em outubro de 2015, o então Presidente Barack Obama discutiu formas de se proteger a nova força de trabalho, em uma conversa de uma hora que ele moderou com Michelle Miller, cofundadora da coworker.org. Em seu discurso de abertura, ele também destacou as oportunidades criadas pelo futuro do trabalho graças a plataformas como Uber, Lyft e TaskRabbit.

Mas como seriam essas oportunidades? De um lado dessa discussão, existem aqueles que concordam com Liss-Riordan e consideram o futuro do trabalho uma corrida para ver quem chega primeiro ao fundo do poço – pelo menos na forma como se dá a economia compartilhada atualmente. Entre os mais inflamados defensores dessa visão estão o ex-secretário do trabalho e professor da Universidade da Califórnia, Robert Reich. Ele defende que um nome mais adequado para a economia compartilhada seria economia de compartilhamento dos restos (Share The Scraps Economy) e afirma que "clientes e trabalhadores são combinados *on-line*. Os trabalhadores são avaliados por sua qualidade e confiabilidade. O grosso do dinheiro vai para as empresas

---

6 Mark Warner, "Asking Tough Questions about the Gig Economy". Em *Washington Post*, 18-6-2015. Disponível em https://www.washingtonpost.com/opinions/asking-tough-questions-about-the-gig-economy/2015/06/18/b43f2d0a-1461-11e5-9ddc-e3353542100c_story.html. Acesso em 4-4-2018.

7 Citado em Christina Reynolds, "Reality Check: Hillary Clinton and the Sharing Economy". Em *The Briefing*, 16-7-2015. Disponível em https://www.hillaryclinton.com/p/briefing/updates/2015/07/16/reality-check-sharing-economy/. Acesso em 4-4-2018.

que são donas dos softwares. As migalhas vão para os trabalhadores sob demanda".[8] Nessa visão distópica do futuro, o trabalho será definido por baixos salários, eliminação de benefícios e altos níveis de precariedade. As pessoas vão trabalhar mais horas para receber menos dinheiro, a renda será fragmentada, as redes de seguridade serão uma memória distante, os ambientes de trabalho serão menos adequados e as condições de trabalho, cada vez menos monitoradas.

Entretanto, há os entusiastas da economia compartilhada, que veem o futuro do trabalho com maior flexibilidade, fluidez, inovação e criatividade. Nesse futuro utópico, os indivíduos serão empreendedores empoderados que têm controle sobre seus próprios destinos de forma sem precedentes. Produtos e serviços novos e inovadores surgirão das plataformas que são os portões de entrada para a inovação. Ou como descreveu Lisa Gansky em uma conversa que tivemos em 2013, "escolas de aplicação para empreendedores". O trabalhador típico trabalhará menos horas em horários mais flexíveis, de onde estiver, e ganhará mais dinheiro com os trabalhos que escolher fazer. O CEO da plataforma de mão de obra Upwork, Stephane Kasriel, explicou a ideia de viver uma vida sob demanda, em seu painel para o Fórum Econômico Mundial em setembro de 2015: "A geração mais nova realmente aspira por esse tipo de carreira. Eles não querem um emprego presencial em tempo integral com o mesmo empregador. Eles gostam da flexibilidade, da independência e do controle que possuem".[9]

Claro que ambos os extremos possuem algum grau de acerto. Nem as previsões mais catastróficas nem as mais utópicas se realizarão completamente. Há diversos fatores que determinarão se a economia compartilhada empodera ou não os trabalhadores no longo prazo, se ela cria empreendedores empoderados ou marginalizados. Fatores que serão determinados em parte pelas empresas, trabalhadores e consumidores, em parte pelas escolhas políticas que fizermos na próxima década, e que serão explorados em profundidade neste capítulo e no seguinte.

---

8 Robert Reich, "The Share-the-Scraps Economy". Em *Robert Reich*, 2-2-2015. Disponível em http://robertreich.org/post/109894095095. Acesso em 4-4-2018).

9 O vídeo da reunião anual do New Champions de 2015 está disponível em https://www.weforum.org/events/annual-meeting-new-champions-2015/sessions/rise-demand-economy. Acesso em 4-4-2018.

Freelancers, *offshoring* e automação

Parece provável que a economia compartilhada converterá parte da mão de obra empresarial e estatal atual em diferentes formas de trabalho flexível e *freelancer*. Para entender os setores que poderão vivenciar maiores níveis de transição, devido a essa onda de disrupção digital e porque ela acontece, conectaremos a transição para a mão de obra sob demanda a duas outras narrativas que vem dominando as discussões sobre o assunto nas duas últimas décadas. Desde a década de 1990, tem havido um crescimento considerável no *offshoring*. Mais recentemente, tem ocorrido um foco persistente na automação digitalizada, gerando, inclusive, pânico em algumas situações.

Offshoring

É a prática de se utilizar mão de obra em um país diferente daquele no qual a empresa está localizada. Nas últimas décadas, um número crescente de empregos foi transferido para outros países. Frequentemente, a motivação para o *offshoring* é a redução de custos, outras vezes, para utilizar os talentos disponíveis no outro país. Algumas vezes, também há vantagens fiscais nessa prática. Como mostra um estudo recente de Shu-Yi Oei e Diane Ring, a ambiguidade regulatória que ocorre quando se tenta encaixar as ocupações da economia compartilhada em categorias preexistentes pode levar a falhas na tributação e na aplicação das leis para suas plataformas.[10]

É complicado encontrar números definitivos que capturem a magnitude exata do *offshoring*. Algumas razões apontam para os desafios que se pode esperar nas medições, à medida que a economia compartilhada cresce. Algumas ocupações podem ser acompanhadas, por exemplo, por vagas de atendimento de *call center* de cartão de crédito em tempo integral, realocadas dos EUA para a Índia. Outras são mais difíceis de ser acompanhadas porque não são exatamente ocupações, mas funções que foram transferidas para outro país. Por exemplo, como a natureza do trabalho em si muda, ele se torna cada vez mais fragmentado em centenas de tarefas executadas em plataformas como Upwork e Fiverr, tornando impossível de se medir o percentual da mão de obra que foi transferida para outro país.

---

[10] O resumo do estudo "Can Sharing be Taxed?", publicado no *Washington Law Review*, está disponível em http://ssrn.com/abstract=2570584. Acesso em 4-4-2018.

Entretanto, há duas coisas que podem ser afirmadas com relativa segurança. Em primeiro lugar, apenas parte dos empregos podem ser transferidos para outro país. Em segundo lugar, os empregos que têm maior chance de serem transferidos representam apenas uma pequena parcela do mercado de trabalho dos EUA. Ambos são detalhados com enorme exatidão e reflexão na obra do economista da Universidade de Princeton, Alan Blinder.

A opinião de Blinder é de que o *offshoring* representa uma nova era do trabalho que ainda não atingiu seu ápice. Como as gerações anteriores vivenciaram a mudança da agricultura para a manufatura, e então da manufatura para os serviços, vivenciamos agora um momento no qual alguns tipos de trabalho não são mais fixos a um local geográfico. As vagas da manufatura já foram transferidas de país há muitas décadas, e agora estamos vendo a transferência de uma nova categoria de vagas: o setor de serviços. Tal movimento, de acordo com Blinder, é motivado por três fatores: o desenvolvimento das plataformas digitais, que permite que empresas recrutem e monitorem trabalhadores no mundo todo; as mudanças tecnológicas, que possibilitam que trabalhadores atendam consumidores em qualquer lugar; e a entrada de países altamente populosos na economia global, como China e Índia.

O impacto sobre o mercado de trabalho dos EUA é considerável. Mas é importante notar que apenas alguns tipos de serviços podem ser transferidos para outro país. Conforme Blinder,

> É fundamental diferenciar dois tipos muito distintos de serviços, [...] os executados pessoalmente (ou pessoais) e os executados impessoalmente (ou impessoais). A primeira categoria inclui uma ampla variedade de trabalhos, desde faxineiros e babás no extremo inferior de renda até cirurgiões e CEOs no extremo superior de renda. A segunda categoria inclui desde empregos de baixa especialização, como operadores de *call center*, até empregos de alta especialização, como cientistas.[11]

Segundo Blinder, o importante não é focar as competências ou a formação necessárias para executar o trabalho, é importante entender se o serviço em questão pode ser executado eletronicamente a longa distância sem comprometimento da qualidade.

[11] Alan S. Blinder, "How Many U.S. Jobs Might Be Offshorable?". Em *CEPS Working Paper n. 142*, Princeton, NJ: março de 2007, p. 2. Disponível em https://www.princeton.edu/ceps/workingpapers/142blinder.pdf. Acesso em 4-4-2018.

Embora alguns empregos entrem nessa categoria, a maior parte deles não se enquadra aqui. Em um estudo que utilizou quatro abordagens diferentes para avaliar a vulnerabilidade de ocupações comuns, Blinder e seu colega, Alan Krueger, concluíram que a parcela dos empregos que poderiam ser transferidos para outro país variava enormemente conforme o setor. Finanças e seguros tiveram parcelas consistentemente mais altas; hospedagem e alimentação tiveram parcelas mais baixas. De um modo geral, Blinder e Krueger relataram que

> todas as estimativas representam uma minoria considerável de todos os empregos, talvez comparável à mudança da manufatura para os serviços que aconteceu entre 1960 e a atualidade. Em outras palavras, a transferência dos serviços para outros países é uma transformação do mercado de trabalho potencialmente radical.[12]

A pesquisa de Blinder também revela que, "contrariamente ao senso comum, as ocupações que têm maior possibilidade de transferência para outros países não são os empregos de menor especialização, sejam medidos por renda sejam medidos por formação. A correlação entre habilidades e possibilidade de transferência é quase zero".[13] Muitos empregos altamente especializados e bem remunerados têm tanta chance de serem transferidos quanto os empregos de pouca especialização e baixa renda. Nenhum nível de habilidade ou formação é garantia contra os impactos do *offshoring*.

Ou seja, conforme o autor, o *offshoring* pode ser muito menos generalizado e muito mais universal que se acreditava. A mesma coisa pode se aplicar para a possibilidade de um emprego se tornar *freelancer*. Já se viu o surgimento de mercados de *freelancers* sob demanda para diversas profissões. A Postmates oferece um serviço de entregas simples sob demanda. TaskRabbit e Thumbtack oferecem encanadores, planejadores de eventos e eletricistas. As plataformas Pager e Heal levam até você um médico sob demanda. A Universal Avenue oferece vendedores sob demanda. A HourlyNerd, consultores com MBA.

E se o *offshoring*, como sugerem Erik Brynjolfsson e Andrew McAfee, for apenas uma parada no caminho para a automação?

---

12 Alan S. Blinder e Alan B. Krueger, "Alternative Measures of Offshorability: A Survey Approach". Em *National Bureau of Economic Research Working Paper n. w15287*, 2006. Disponível em http://www.nber.org/papers/w15287. Acesso em 4-4-2018.

13 Alan S. Blinder, *How Many U.S. Jobs*, p. 35.

A segunda era das máquinas

A automação, assim como o *offshoring*, não é nenhuma novidade. A busca pela automação das atividades humanas simples vem ocupando cientistas e engenheiros há séculos. Ao final do século XIX, as máquinas foram utilizadas para automatizar a tabulação dos dados obtidos no censo nacional dos EUA. Na década de 1920, centrais telefônicas automatizadas controlavam muitas das ligações que entravam e saíam da Bell Telephone.

Na década de 1960, Herbert Simon caracterizou a tomada de decisão em um contínuo de programabilidade, prevendo que os computadores substituiriam funções organizacionais programáveis e deixariam para os humanos as tarefas não programáveis, sobretudo aquelas que envolvessem comunicação interpessoal e julgamento. As previsões de Simon se materializaram parcialmente na atualidade. As infraestruturas de processamento de informações têm complexidade cada vez maior. Elas se tornam programadas e disponíveis como módulos que podem lidar com processos inteiros, como atendimento de pedidos, controle de estoque e suporte ao consumidor. Todas essas funções anteriormente requeriam intervenção mais ativa dos humanos.

Até agora, embora as máquinas tenham eliminado alguns empregos, elas criaram outros. Entretanto, é possível que estejamos entrando em uma nova era da automação, na qual a taxa de atividades anteriormente feitas por humanos e agora feitas por máquinas seja maior que a taxa de criação de novas atividades feitas pelas máquinas. Uma pesquisa de novembro de 2015 da McKinsey and Company indica que "até 45% das atividades que as pessoas são remuneradas para executarem podem ser automatizadas, adotando-se as tecnologias atuais".[14]

Analisando mais a fundo o futuro do trabalho, Erik Brynjolfsson e Andrew McAffe afirmam em *The Second Machine Age* que os computadores vêm transformando o trabalho, a economia e a vida cotidiana nas últimas décadas. Finalmente chegamos a um ponto de inflexão – um momento no qual estamos atingindo a força total das tecnologias digitais.

The Second Machine Age se baseia em um livro dos economistas Frank Levy e Richard Murnane sobre o equilíbrio humano-computador no mercado de

[14] O estudo da McKinsey está disponível em http://www.mckinsey.com/insights/business_technology/four_fundamentals_of_workplace_automation. Acesso em 4-4-2018.

trabalho.[15] Levy e Murnane examinam em detalhes quais atividades os computadores executam melhor que humanos, e quais atividades humanos executam melhor que computadores. Então traçam uma conclusão ampla de que computadores têm vantagens inerentes em tarefas como tomada de decisão com base em regras e reconhecimento de padrões simples. Entretanto, a digitalização valoriza dois tipos de tarefas (comunicação complexa e pensamento especializado) e requer que os humanos adquiram as habilidades necessárias para executar atividades que envolvam essas tarefas.

Já McAfee e Brynjolfsson defendem que os computadores estão prestes a superar humanos em algumas das atividades que Levy e Murnane acreditavam que a humanidade continuaria dominando. Eles citam a vitória do computador da IBM, Watson, no jogo Jeopardy em 2011, o amadurecimento dos veículos autônomos e o surgimento da Siri no iPhone como primeiros indícios de tal acontecimento. Nas palavras de McAfee e Brynjolfsson,

> nós apenas queremos dizer que os fundamentos já estão lá para que as tecnologias digitais sejam tão importantes e transformadoras para a sociedade como foi a máquina a vapor. Em resumo, estamos em um ponto de inflexão, o ponto no qual a curva começa a se dobrar mais fortemente por causa dos computadores. Estamos entrando em uma segunda era das máquinas.[16]

Antes de escreverem *The Second Machine Age*, Brynjolfsson e McAffee escreveram outro livro mais curto sobre o mesmo tema, chamado de *Race Against the Machine*. À medida que suas ideias evoluíram entre o primeiro e o segundo livro, os autores se tornaram abertamente mais otimistas em relação a essa segunda era das máquinas. Eles dizem que "estamos entrando em uma era que não vai ser apenas diferente, ela vai ser melhor porque poderemos aumentar a variedade e o volume do nosso consumo". O que eles querem dizer é que não vamos apenas consumir mais, vamos consumir de maneira diferente: "Também consumimos informação de livros e de amigos, entretenimento de celebridades e amadores, conhecimento de professores e de doutores, e inúmeras

---

15 Frank Levy e Richard J. Murnane, *The New Division of Labor: How Computers Are Creating the Next Job Market*. Princeton, NJ: Princeton University Press, 2004.

16 Erik Brynjolfsson e Andrew McAfee, *The Second Machine Age: Work, Progress, and Prosperity in a Time of Brilliant Technologies*. Nova York: W.W. Norton, 2014, p. 9.

outras coisas que não são feitas de átomos. A tecnologia pode nos trazer mais poder de escolha e até mesmo mais liberdade".[17]

Entretanto, o otimismo em *The Second Machine Age* é atenuado com cautela em sua conclusão. Eles afirmam que, à medida que a computação digital aumenta a automação, haverá, pelo menos, alguns poréns:

> O progresso tecnológico deixará algumas pessoas para trás, talvez muitas pessoas, conforme avança. Como demonstraremos, nunca antes houve um momento mais propício para ser um trabalhador com habilidades especiais ou ter boa formação porque essas pessoas podem usar a tecnologia para gerar e capturar valor. Entretanto, nunca houve um momento menos propício para ser um trabalhador com habilidades e competências apenas "comuns", porque computadores, robôs e outras tecnologias digitais estão adquirindo tais habilidades e competências com uma velocidade vertiginosa.[18]

Ao se levar as previsões dos dois autores ao pé da letra, parece que, no futuro, a automação crescerá a níveis sem precedentes, os consumidores vivenciarão maior poder de escolha, mas muitos trabalhadores correrão o risco de ficarem obsoletos, exceto aqueles que estão especialmente bem posicionados para ter sucesso na era digital. Eles afirmam que "quanto mais as máquinas conseguirem substituir humanos, maior a probabilidade de se reduzirem a renda das pessoas com aquelas habilidades. A lição da estratégia econômica e de negócios é que não é uma boa ideia competir com substitutos próximos, especialmente se eles tem uma vantagem de custo".[19]

Essa ênfase nas habilidades especiais é bem interessante porque muitos economistas presumem que a capacidade de se obter benefícios com as tecnologias digitais é algo predominantemente disponível para trabalhadores altamente qualificados. Isso é consistente com as pesquisas sobre tecnologia e renda, resumidas na hipótese de David Card e John E. DiNardo sobre mudança tecnológica com base em habilidades (*skill-based technical change* – SBTC). Eles afirmam que "uma explosão de novas tecnologias causa um aumento na demanda por trabalhadores altamente qualificados que, por sua vez, leva a um aumento na

---

17 *Ibid.*, pp. 9-10.

18 *Ibid.*, p. 10.

19 *Ibid.*, p. 180.

desigualdade de renda".[20] Diversas técnicas de medição surgiram a partir dessa pesquisa focada primariamente na análise das taxas de substituição de mão de obra qualificada e não qualificada e o consequente impacto na produção relativa dos diversos grupos de habilidades nos diferentes setores.

No entanto, como demonstro neste livro, as plataformas da economia compartilhada têm impacto nas perspectivas de trabalho em todo o espectro ocupacional, ou seja, cientistas da computação, consultores, faxineiros ou motoristas. Nesse sentido, da mesma forma que o *offshoring* não vê profissão, como sugerido por Blinder, os impactos da economia compartilhada sobre a mão de obra podem ser tanto positivos quanto negativos.

A nova mão de obra ativada digitalmente

Embora o *offshoring* e a segunda era das máquinas continuem a reestruturar profundamente a economia, nenhum desses dois fenômenos captura o aspecto de mudança no trabalho do século XXI. Além do fato de que as empresas não estão mais restritas à contratação de pessoas em sua vizinhança geográfica e, em diversas situações, podem optar por programar tarefas que anteriormente requeriam trabalhadores humanos, o cenário atual do trabalho também é definido por incontáveis outras mudanças. Entre elas: a proliferação dos mercados, o surgimento de novos generalistas, o aumento da prontidão da mão de obra, o surgimento das economias de tarefas e a ascensão do trabalho invisível.

Novos mercados

Como expliquei anteriormente, uma parcela crescente da atividade econômica está sendo organizada em plataformas similares a mercados. Uma preocupação frequentemente associada a tais mercados é que eles depreciarão os salários, dado que mais trabalhadores qualificados cheguem em grandes quantidades a mercados restritos, e dado que a transparência e a concorrência baixem o preço da mão de obra para o ideal acadêmico dos mercados perfeitamente competitivos.

---

[20] David Card e John E. DiNardo, "Skill-Based Technological Change and Rising Wage Inequality: Some Problems and Puzzles". Em *Journal of Labor Economics*, v. 20, n. 4, 2002, pp. 733-783.

Na Figura 7.1, comparei a renda de prestadores de serviços em uma grande plataforma de mão de obra dos EUA, em diversas profissões, aos salários das profissões correspondentes compiladas pela United States Bureau of Labor Statistics (BLS – Agência de estatísticas do trabalho dos EUA), a mais completa fonte de dados sobre salários dos EUA. Essa figura ilustra o contraste em São Francisco no verão de 2015. Venho realizando essa comparação periodicamente em diversas cidades dos EUA em parceria com meu ex-colega da Universidade de Nova York e atualmente professor na Faculdade de Boston, Marios Kokkodis. Por exemplo, a renda dos encanadores *on-line* em Nova York é comparada à media da BLS para encanadores em Nova York.

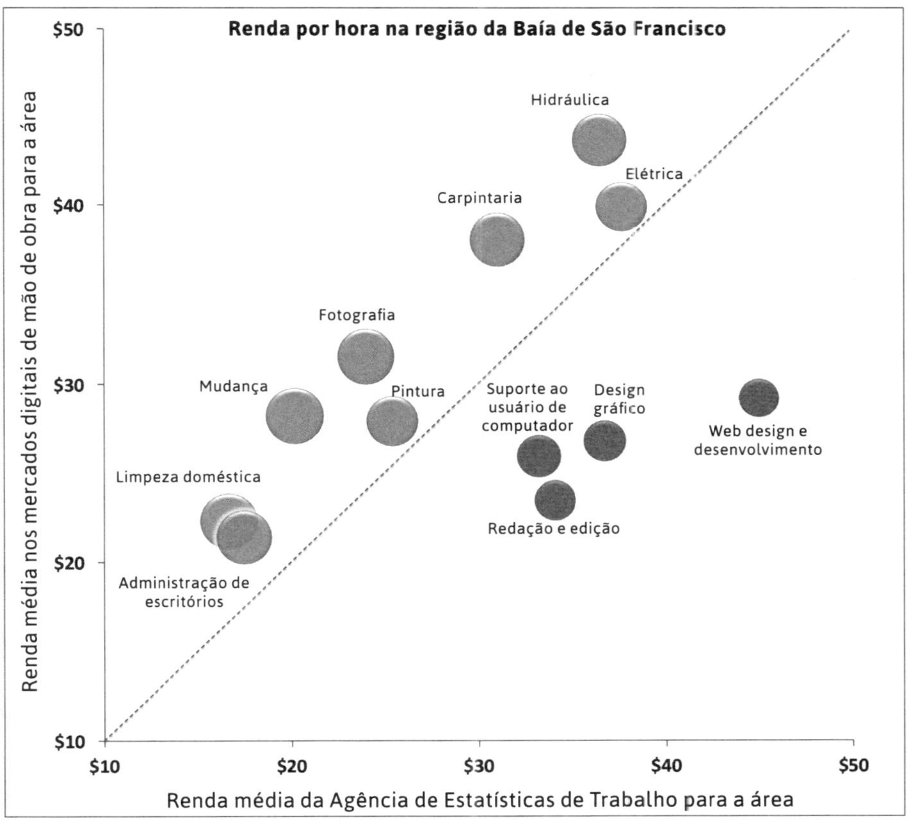

Figura 7.1
Comparação de renda em São Francisco, verão de 2015.

Nossas conclusões indicam que os trabalhadores geralmente conseguem um valor melhor por hora quando são chamados para prestar serviços como *freelancers*, por meio de um mercado digital de mão de obra, em vez dos canais tradicionais, mesmo após pagar a comissão da plataforma. Uma pesquisa de Hall e Krueger de 2015 documentou uma diferença semelhante entre o ganho médio por hora de motoristas da Uber e motoristas de táxi.

Tais conclusões são um ponto de partida interessantíssimo para se explorar o motivo pelo qual o surgimento de novos mercados não é necessariamente algo ruim para os trabalhadores que escolhem prestar serviços por meio deles. Uma análise mais detalhada dos dados sugere que tal aumento na renda do trabalhador sob demanda não é uniforme em todas as ocupações. Conforme ilustrado por uma amostra das ocupações mais frequentemente listadas, embora muitas delas tenham rendas muito mais altas, os trabalhadores em algumas delas ganham menos que a média nacional.

E o que explica essa diferença? Em primeiro lugar, muitos dos serviços oferecidos em um mercado como Handy ou TaskRabbit requerem que o prestador esteja geograficamente próximo ao cliente. Até que os robôs de Brynjolfsson e McAfee estejam realmente avançados, é provável que um encanador tenha de estar na mesma cidade que a banheira a ser desentupida. Portanto, embora o lançamento de uma plataforma de mão de obra em determinada cidade possa causar um pequeno aumento inicial na disponibilidade de faxineiros e faz-tudo à medida que mais pessoas com trabalhos em tempo integral decidem "fazer bicos" de limpeza ou de encanador, a plataforma ainda não estará no ramo de treinamento ou certificação de novos trabalhadores. A chegada da TaskRabbit em uma cidade, por exemplo, não resulta em um aumento repentino na quantidade de eletricistas formados ou encanadores com vasta experiência. Em vez disso, ela apenas facilita que os profissionais existentes encontrem pessoas que precisam de seus serviços, e dá aos consumidores um maior número de opções além do faz-tudo do prédio.

Diversos fatores individuais explicam porque alguns trabalhadores sob demanda recebem mais que outros, incluindo seu grau de experiência, localização e certificação da plataforma. Entretanto, para uma ocupação como um todo, o que parece mais importar é a necessidade ou não de proximidade geográfica do trabalho solicitado. Por exemplo, um *web designer* ou revisor de texto pode estar em qualquer lugar, mas a localização importa para um encanador ou carpinteiro.

A oferta de trabalhadores em profissões que requerem a proximidade geográfica da oferta e da demanda não é afetada consideravelmente pela presença de um mercado *on-line*. Entretanto, é provável que mais pessoas procurem esses serviços quando precisarem deles em vez de deixarem o ralo do banheiro entupido por causa do alto orçamento cobrado pelo encanador do bairro. O que se expande, portanto, é o mercado, e não o número de trabalhadores disponíveis em cada área.

Em outras palavras, novos mercados aumentam a facilidade de acesso. A demanda por muitas ocupações populares nos mercados sob demanda da atualidade é relativamente arbitrária. Quando se torna mais fácil encontrar uma faxineira ou um fotógrafo de qualidade, um maior percentual de necessidades humanas se traduz em demanda real por mão de obra, porque é mais viável encontrar os prestadores de serviços necessários. Além disso, há um melhor alinhamento entre o que é desejável e o prestador ou serviço encontrado eventualmente.

Portanto, quando um novo mercado eletrônico chega à cidade, não há motivos para sempre esperar salários mais baixos devido a uma explosão na oferta de trabalhadores. E o que poderia explicar o aumento nos salários? A afirmação de que novos mercados resultarão em competição perfeita e deprimirão os níveis salariais foca um aspecto antigo da teoria econômica, ignorando outro que ganhou muita atenção nos últimos 40 anos: assimetria de informação. Como defini e expliquei no Capítulo 6, as plataformas da economia compartilhada podem reduzir diversas formas de assimetria da informação. As previsões da teoria econômica são de que essas reduções de assimetria aumentarão – não diminuirão – os salários ao longo do tempo.

Explicarei agora as consequências da assimetria da informação, em especial o efeito da seleção adversa, utilizando o exemplo dos mercados de carros usados, que George Akerlof utilizou em sua pesquisa ganhadora do Prêmio Nobel. No modelo de Akerlof, há dois tipos de carros usados: os de alta qualidade e os de baixa qualidade (os limões). Imagine que os possíveis compradores não têm como determinar a qualidade verdadeira de um carro usado antes de efetuar a compra. Então, o preço que um comprador estaria disposto a pagar estaria entre o valor de um carro de alta qualidade e o valor de um limão. Se os compradores forem avessos ao risco, esse preço será mais baixo que a média dos dois valores, ponderada sua frequência relativa. Entretanto, vendo que o preço que podem pedir é mais baixo que o valor de seus veículos, os vendedores de alta qualidade saem do mercado e apenas os limões permanecem. Acontecem menos negócios que o desejado.

Agora, imagine que é introduzida a inspeção veicular. Os compradores têm mais transparência na qualidade, conseguem entender melhor se determinado carro é tão bom quanto anunciado. Os vendedores de carros de melhor qualidade podem obter preços mais próximos do valor justo do produto. Compradores começam a confiar mais nos mercados de carros usados, as pessoas negociam carros com mais frequência, a economia cresce. Mais importante: o preço médio e a qualidade média dos carros sobem em vez de descer.

Portanto, a presença da Upwork, Handy e TaskRabbit e, em especial, de seus processos seletivos e sistemas de avaliação, tem um papel relativamente análogo às inspeções veiculares no modelo dos carros usados. Os possíveis consumidores de serviços agora podem ter uma ideia mais objetiva das diferenças na qualidade entre os vários prestadores de serviços, com base nas avaliações que vêm da multidão e dos especialistas. Mais pessoas buscarão tais serviços que antes. Melhores prestadores agora têm um incentivo para trabalhar, pois sabem que podem cobrar um preço por hora mais próximo do valor de seu serviço e porque a má performance poderá restringir suas oportunidades futuras de trabalho se gerarem avaliações negativas, visíveis para possíveis clientes.

No longo prazo, um maior nível de transparência sobre os salários pode ter benefícios adicionais para os trabalhadores, não apenas nas plataformas *peer-to-peer* geolocalizadas de serviços de hoje em dia. Por exemplo, uma plataforma como Upwork expõe tanto usuários quanto prestadores às regras do setor. Alguém que visite a plataforma em busca de um redator a um centavo por palavra descobrirá que os redatores qualificados não trabalham por esse valor. Novos designers, programadores e redatores nessas plataformas também conseguem ter melhor visibilidade dos valores dos salários de seus pares nos vários níveis de carreira. Por exemplo, um redator iniciante conseguirá saber rapidamente os valores para revisores, editores e redatores nos EUA e como evoluem ao longo do tempo.

Consequentemente, os trabalhadores que estão entrando no setor conseguem definir valores de salários de acordo com os padrões do setor, no país de onde a demanda se origina. Em países com menor paridade de poder de compra, os trabalhadores podem acabar descobrindo que suas habilidades valem mais do que acreditavam. Dessa maneira, uma menor assimetria de informação entre os provedores pode compensar alguns dos impactos negativos da maior competição global, mas ainda é cedo para saber se ela compensará esses impactos por completo no longo prazo.[21]

Novos generalistas

Na maior parte dos últimos quinhentos anos e, sobretudo, desde o advento da industrialização, observamos uma especialização crescente nas economias. Primeiro, a manufatura se tornou mais compartimentalizada no século XIX e início do século XX. Por exemplo, saltos de sapatos poderiam ser fabricados em um local e fixados à sola em outra fábrica. Durante o século passado, outras profissões, desde a medicina até a educação, vivenciaram um aumento de especialização à medida que a ciência de suas áreas ganhou complexidade. A clínica geral é substituída por um número cada vez maior de especialidades médicas. Escolas com apenas um professor generalista, que ensinava todas as matérias, deram lugar a escolas com classes divididas por idade, nível, potencial e áreas do conhecimento. Em todos os setores, o sucesso econômico se tornou cada vez mais dependente da especialização.

Contudo, com as plataformas da economia compartilhada, estamos vivenciando um interessante renascimento dos generalistas. A remoção das fronteiras entre o pessoal e o profissional, e entre o trabalho formal e o casual, cria diversas oportunidades para não especialistas. Um técnico de laboratório pode fazer um bico de anfitrião facilmente ao alugar seu quarto de hóspedes no Airbnb. Como comentei em uma entrevista em 2015, atores em início de carreira, que se dispuseram a obter parte de sua renda com trabalho sob demanda entre *freelas* de atuação, podem facilmente utilizar as novas plataformas para encontrar trabalho, como desentupir ralos ou dar caronas. Um contador

[21] Outro exemplo sobre este assunto é a Liga Nacional de Hóquei (NHL) dos EUA. Em 1989, a NHL divulgou os salários anuais de seus jogadores. Nos cinco anos seguintes, os salários dispararam. Em 1989, o salário médio anual de um jogador era de 200 mil dólares, e o triplo disso em 1994.

apaixonado por joalheria pode criar sua lojinha da Etsy e ganhar dinheiro como artesão – talvez até equilibrar suas contas. Em resumo, as plataformas da economia compartilhada estão permitindo um distanciamento da especialização, ao permitir que um número cada vez maior de não especialistas seja empoderado por meio dos recursos das plataformas de compartilhamento e preste serviços profissionalmente.

Essa tendência está alinhada com a transição prevista por Michael Hammer em seu famoso artigo para a *Harvard Business Review* de 1990, *Reengineering Work: Don't Automate, Obliterate* (*Reengenharia do trabalho: não automatize, oblitere*). À época, Hammer afirmou que

> grande parte de nossas funções, fluxos de trabalho, mecanismos de controle e estruturas organizacionais surgiram em um ambiente competitivo diferente, anterior ao advento dos computadores. Eles são direcionados para eficiência e controle. Ainda assim, as palavras-chave da nova década são inovação, velocidade, serviços e qualidade.[22]

Hammer então louvou o valor dos generalistas em vez dos especialistas: essa visão foi parcialmente realizada por meio da reestruturação radical do trabalho que se desenrolou na década seguinte à publicação de seu artigo.

O que está acontecendo na economia compartilhada contemporânea vai além da visão ousada de Hammer do futuro local de trabalho reformulado. Embora ele reconhecesse que tudo sobre o trabalho precisava mudar (funções, estruturas organizacionais, sistemas gerenciais, tudo associado ao processo de trabalho), sua visão mantinha organizações no centro da economia. "Organizações grandes e tradicionais não são necessariamente dinossauros ameaçados de extinção, mas ficarão sobrecarregadas de camadas de custos improdutivos e exércitos de trabalhadores improdutivos."[23]

A mudança que vemos atualmente é muito maior. Ao lado da reformulação do trabalho prevista por Hammer, estamos presenciando o desmantelamento das vagas centralizadas, à medida que cada vez mais empresas operam sem

---

[22] Michael Hammer, "Reengineering Work: Don't Automate, Obliterate". Em *Harvard Business Review* v. 68, n. 4, 1990, pp. 104–112. Disponível em https://hbr.org/1990/07/reengineering-work-dont-automate-obliterate. Acesso em 4-4-2018.

[23] *Ibid.*

uma sede e sem equipes permanentes de trabalhadores. Em vez disso, utilizam trabalhadores convocados para realizar projetos ou tarefas específicos. Paralelamente, como apresentei no Capítulo 5, tais plataformas da economia compartilhada têm em si recursos que reduzem a necessidade de especialização de muitas profissões. Como acontece com operações de franquia em diversos negócios.

Prontidão da mão de obra

No passado, o trabalho era definido por carga horária. Dependendo da profissão, o trabalho aconteceria em turnos de 8 ou 12 horas. Atualmente, o trabalho acontece em unidades cada vez mais microscópicas em acréscimos de até 1 ou 2 minutos. Os novos mercados que surgiram com a economia compartilhada nos permitem utilizar a oferta de mão de obra de forma mais granular e eficiente.

Por exemplo, considere a plataforma sob demanda Spare5. Nela, você realiza pequenas tarefas em seu dispositivo móvel em troca de remuneração. As pessoas passam em média três horas por dia em seus smartphones nos EUA. Parte do tempo é gasto realizando atividades como compras ou pagamento de contas via *on-line banking*. Entretanto, uma pesquisa rápida na fila de espera do Starbucks ou dentro de um ônibus no horário de pico revela que a maior parte dessas três horas é gasta fazendo coisas não tão necessárias ou improdutivas, como Candy Crush ou Fruit Ninja.

O Spare5 pega aqueles cinco minutos em que a pessoa passa jogando ou dando uma olhada no Facebook e transforma em dinheiro. As tarefas vão desde taguear uma foto até responder pesquisas. São simples, frequentemente entediantes, mas necessárias em uma sociedade tecnocêntrica.

Em teoria, as empresas se beneficiam por acessar o tempo disponível de trabalhadores qualificados, e os trabalhadores se beneficiam recuperando o tempo perdido (em seu deslocamento para o trabalho, na sala de espera do médico ou esperando terminar a aula de inglês do seu filho). A eficiência da mão de obra é aumentada sem extrair mais dos empregados existentes, mas coletando o tempo perdido que pode ser transformado em trabalho. Obviamente, isso tem um custo social: se estivermos todos passando nosso tempo livre alternando entre microtarefas digitais, podemos estar sacrificando tempo de lazer e negligenciando o equilíbrio entre vida profissional e vida pessoal, que é um dos ganhos do microempreendedor.

Economias de tarefa

No passado, não era viável contratar milhares de trabalhadores para realizar pequenas tarefas devido aos altos custos administrativos. Atualmente, tarefas cada vez menores podem ser terceirizadas com custos transacionais mínimos para uma multidão de trabalhadores conectados às plataformas digitais. Um dos primeiros exemplos dessa preferência pelas tarefas pode ser visto na conhecida Mechanical Turk, da Amazon, que conecta milhões de trabalhadores no mundo todo a clientes que fragmentaram projetos em tarefas simples. Eles recebem desde alguns centavos até alguns dólares.

É possível imaginar se plataformas como a Mechanical Turk ou Spare5, utilizadas apenas para tarefas simples, como taguear uma foto ou responder pesquisas, podem causar algum dano a forma como a vasta maioria do trabalho produtivo de uma economia é realizada. Por exemplo, será que projetos complexos de consultoria ou atividades de vendas serão fragmentados e oferecidos nessas plataformas para serem executados no tempo livre das pessoas?

O escopo do trabalho que pode ser executado nas plataformas de microtarefas que apresentamos aqui parece ser limitado. Entretanto, a HourlyNerd, uma plataforma respaldada pelo dono dos Mavericks e investidor do Shark Tank, Mark Cuban, oferece um mercado de consultoria de gestão similar à TaskRabbit. A sueca Universal Avenue está criando um mercado que permite acessar uma força de vendas sob demanda. Softwares corporativos como os feitos pela WorkMarket facilitarão que as empresas acessem tais mercados sob demanda e os integrem aos seus fluxos de trabalho.

Um exemplo especialmente relevante vem de um protótipo recente construído por Devin Fidler, do Institute for the Future (Instituto para o futuro), chamado iCEO. É "um sistema de gestão virtual que automatiza trabalhos complexos dividindo-os em tarefas menores e individuais".[24] O sistema de Fidler demonstra como trabalhos complexos, que tipicamente associamos a

[24] Devon Fidler, "Here's How Managers Can Be Replaced by Software". Em *Harvard Business Review*, 21-4-2015. Disponível em https://hbr.org/2015/04/heres-how-managers-can-be-replaced-by-software. Acesso em 4-4-2018.

gestores sêniores, podem ser executados por softwares que pulverizam as tarefas para os trabalhadores da eDesk, Elance e Mechanical Turk. Por exemplo, o iCEO recebeu o desafio de criar um relatório de pesquisa de 124 páginas para um cliente da Fortune 50. Fidler descreve que:

> Passamos algumas horas inserindo os parâmetros do projeto, isto é, a estruturação do fluxo das tarefas, e então demos *play*. Por exemplo, para criar uma avaliação aprofundada de como o grafeno é produzido, o iCEO pediu aos trabalhadores do Mechanical Turk, da Amazon, para criar uma lista de artigos sobre o assunto. Após os resultados duplicados serem removidos, essa lista foi encaminhada para uma equipe de analistas técnicos da eDesk, que selecionavam e organizaram as principais conclusões nos artigos. Um grupo de redatores da Elance então transformou essas conclusões em um texto coerente, que foi enviado para revisão a outra equipe de especialistas no assunto, e depois para editores, revisores e verificadores de fatos da eDesk.
>
> O iCEO roteou as tarefas entre 23 pessoas no mundo todo, incluindo a criação de 60 imagens e gráficos, formatação e preparação.
>
> Nós apenas ficamos assistindo ao iCEO executar esse projeto. Raramente precisamos intervir, por exemplo, para verificar a qualidade de partes isoladas do relatório à medida que eram enviadas para o iCEO ou mesmo gastar tempo contratando as pessoas, já que o controle de qualidade e o RH também foram automatizados pelo iCEO. A contratação de prestadores de serviço do eDesk para esse projeto foi uma tarefa delegada no eDesk.[25]

Quando o trabalho é fragmentado em unidades menores ou tarefas específicas, as organizações podem dedicar um empregado em tempo integral para fazer tarefas como no passado ou utilizar diversos prestadores de serviço em tempo parcial para executar esse trabalho. A vantagem dessa segunda abordagem para as organizações é que há mais escopo para garantir que as tarefas sejam concluídas na hora certa, sem ter trabalhadores ociosos na folha de pagamento. Além disso, recrutamento, contratação e remuneração podem acontecer fora dos horários de trabalho tradicionais, dado que as plataformas da economia compartilhada que conectam prestadores de serviços às organizações estão *on-line* o tempo todo. Conforme a combinação entre tarefas e

---

[25] *Ibid.*

habilidades é automatizada cada vez mais, isso também permite que as organizações trabalhem mais facilmente com prestadores nos diversos fusos horários.

Trabalho invisível

Nossos sistemas que acompanham o nível de emprego na economia começam a enfrentar desafios graves, pois avançamos para uma economia na qual o trabalho é pulverizado em tarefas no mundo todo, executado no tempo livre das pessoas ou em plataformas sob demanda. Além disso, os serviços são prestados por *freelancers* que trabalham em múltiplas plataformas, ou oferecidos por generalistas que podem ser especialistas em alguma outra coisa. Na maior parte da segunda metade do século XX, a maioria dos estadunidenses tinha uma única profissão por vez em tempo integral. Se perdessem aquele emprego, estariam desempregados até encontrarem outra vaga em tempo integral. Na economia da atualidade, estar empregado ou desempregado é um *status* cada vez mais difícil de ser determinado. Isso ocorre porque o microempreendedorismo *freelas* simultâneos, *freelance* fixo e trabalhos autônomos mais fluídos complicam as definições e as medições tradicionais. O senador Warner, quando falou sobre a natureza de mudança da força de trabalho em uma entrevista em vídeo para o *USA Today*, refletiu sobre as atitudes de suas três filhas, todas na casa dos 20 anos: "Quando conversar com pessoas dessa geração, você não pergunta 'o que você faz?' mas 'o que está fazendo agora?'".[26]

À medida que um número cada vez maior de pessoas não se adequa mais aos ideais do século XX (de ter um emprego), e cada vez mais empregados se tornam microempreendedores em seu tempo livre, a fronteira entre perder um emprego e encontrar um emprego se torna cada vez mais difícil de ser determinada. Então como seria possível medir o emprego na economia compartilhada?

Nos EUA, é comum questionar se os indicadores coletados pelo Labor Department (Departamento de emprego) são sofisticados o suficiente para capturar tais mudanças. Imagine uma pessoa que tinha um emprego em período integral, mas agora está desempregada e dirige um Uber ou presta serviços

[26] Citado em Susan Page, "Sen. Mark Warner: Rethinking the Social Contract in the Age of Uber". Em *USA Today*, 3-6-2015. Disponível em http://www.usatoday.com/story/news/politics/2015/06/03/capital-download-mark-warner-gig-economy/28414187. Acesso em 4-4-2018.

pela TaskRabbit. Se essa pessoa reportar um emprego remunerado na pesquisa da BLS, ela continuaria a ser considerada empregada. Entretanto, os números reportados pela BLS não capturam o emprego ou trabalho extra gerado pelas pessoas subempregadas que trabalham ao menos uma hora por semana (como um prestador de serviços de programação que também faz bico na Lyft). Além disso, as pesquisas da BLS não capturam completamente as pessoas que contribuem para a economia compartilhada enquanto possuem empregos em tempo integral (por exemplo, um bancário que aluga seu apartamento periodicamente no Airbnb ou um médico que cria e produz itens feitos à mão na Etsy).

Como conversei com Emily Badger em 2013, repórter na *Atlantic Media* na época, parte do desafio está em como as pessoas que fazem tais atividades se percebem. Perguntas de pesquisas sobre emprego, emprego principal, emprego secundário ou seu negócio podem levar as pessoas que sejam parte da economia compartilhada a sub-reportar o que estão fazendo simplesmente porque não veem suas atividades nesses termos. Como expliquei para Badger,

> Uma pessoa que faz tricô na Etsy acha que está vendendo seus produtos como *hobby*. Um motorista da BlaBlaCar entende que está ganhando um dinheiro para a gasolina enquanto dá uma carona para alguém já que estava indo de Munique para Hamburgo. E um anfitrião do Airbnb não quantifica as horas que gastou na semana passada hospedando turistas de outra cidade. Claramente, precisamos repensar a forma como quantificamos o trabalho que está sendo feito na economia.[27]

Há muito mais a se fazer além de repensar a forma de quantificação. Assim como os impactos da economia compartilhada se mostraram difíceis de serem capturados com as medições econômicas existentes (como o PIB, discutido no Capítulo 5), a criação do trabalho na economia compartilhada não pode ser facilmente entendida por meio de medições de emprego tradicionais. É necessário também desenvolver métricas que considerem a qualidade do trabalho, a estabilidade de renda e o equilíbrio entre vida pessoal e vida profissional. Um emprego em tempo integral que requer um deslocamento caro e demorado

[27] Emily Badger, "The Rise of Invisible Work". Em *CityLab*, 31-10-2013. Disponível em http://www.citylab.com/work/2013/10/rise-invisible-work/7412. Acesso em 4-4-2018.

talvez seja menos desejável que dois empregos de meio período executados em casa. É difícil medir tudo isso com as métricas atuais. Qualquer que seja a nova métrica desenvolvida, uma coisa é certa: assim como as medições da economia precisam considerar outros fatores (como equilíbrio entre vida pessoal e vida profissional, sustentabilidade e igualdade), nossas medições de emprego, também.

Comecei este capítulo destacando os desafios associados aos processos trabalhistas atuais da Uber e, como expus, isso é apenas a ponta do *iceberg*, uma redefinição muito mais ampla do mundo do trabalho que é induzida digitalmente. Sejam quais forem os resultados desses casos atuais, talvez o maior impacto dos processos trabalhistas da Uber seja a atenção pública que é direcionada para as profundas mudanças na sociedade que acontecerão nas próximas décadas. Precisamos que as políticas trabalhistas antecipem essa transição que já está ocorrendo: superando a falsa dicotomia entre empregado e prestador de serviços; redefinindo como categorizamos o trabalho produtivo; desassociando a rede de seguridade social do emprego em período integral; e dando mais apoio à sociedade de microempreendedores em rede que está surgindo. Também é necessário pensar muito sobre como as estruturas de propriedade empresarial do século XX se adequam a esse novo tipo de mundo do trabalho. Discorrerei sobre cada um desses assuntos com mais profundidade no próximo capítulo.

8

Futuro do trabalho: o que precisa ser feito

> O júri neste caso receberá uma tampa quadrada e terá de escolher em qual das duas panelas redondas tentará encaixá-la.
>
> Juiz Vince Chhabria sobre a ação coletiva contra a Lyft, 11 de março de 2015

Não há dúvida de que a economia está passando por uma grande mudança, que pode ser tão importante quanto a Revolução Industrial. Entretanto, a mudança não é o que está em questão aqui. O que se busca responder é se a mudança efetivamente criará um mundo do trabalho melhor, e o que podemos fazer para colocar as coisas no caminho certo.

Será que a economia compartilhada representa a ascensão do microempreendedor? Será essa uma geração de trabalhadores autônomos, que poderá trabalhar quando e onde quiser e na intensidade necessária para atingir o padrão de vida desejado? Ou será que ela representa o fim do alto padrão de vida generalizado que os EUA vivenciaram nas décadas de 1950 e 1960? Estaríamos em uma corrida para ver quem chega primeiro ao fundo do poço, fazendo que os trabalhadores do mundo todo trabalhem mais, ganhem menos e tenham cada vez menos benefícios e segurança no emprego?

Em outras palavras, será que o futuro do trabalho será povoado de microempreendedores de sucesso, como David e sua frota de carros na Turo, como Alicia Shaffer da Three Bird Nest na Etsy, como Don Dennis e seu negócio na Ilha de Gigha? Ou será que o futuro será povoado de trabalhadores desempoderados que se arrastam entre plataformas correndo atrás de bicos?

Neste capítulo, destaco as questões trabalhistas que são centrais à formulação do futuro do trabalho. Inicialmente, examinarei o debate atual sobre o *status* trabalhista dos trabalhadores da economia compartilhada e as expansões propostas para o modelo de categorização dos trabalhadores dos EUA. Em seguida, questiono como garantir que uma rede de seguridade social esteja disponível para as pessoas que escolhem formas de trabalho diferentes do emprego em tempo integral. No longo prazo, uma renda básica universal pode ser desejável socialmente, embora uma política que compartilhe o financiamento de uma rede de seguridade portável entre os indivíduos, mercados e governos possa ser mais viável politicamente. Logo depois, explico como as plataformas que facilitam o empreendedorismo genuíno em pequena escala levarão ao crescimento mais inclusivo do que as plataformas nas quais a relação com o prestador de serviços é mais hierárquica. No próximo passo, apresento mais de vinte métricas que podem ajudar a identificar o tipo adequado de empreendedorismo de plataforma. Depois, examino o interesse crescente no cooperativismo de plataforma e questiono a viabilidade das estruturas de propriedade compartilhada e sua existência, sem sacrificar as vantagens econômicas que as empresas com participação societária têm. Concluo com uma breve discussão sobre o darwinismo de dados e os riscos associados a um mundo do trabalho, no qual as oportunidades estão muito conectadas às avaliações e notas de usuário.

Empregados autônomos e prestadores de serviços dependentes

No momento da escrita deste livro, a principal questão da política trabalhista da economia compartilhada é a discussão sobre o *status* da nova mão de obra flexível. Eles são empregados, prestadores de serviços ou alguma outra coisa? Como minha formação é em economia e negócios, não em direito, não vou desperdiçar seu tempo discutindo como leigo se um motorista da Lyft (ou um comprador da Instacart) deve ser caracterizado como empregado em tempo integral. Como me disse o investidor de risco da Greylock Partners, Simon Rothman, a lei trabalhista parece ser a nova lei de propriedade intelectual do Vale do Silício: todo mundo é um expert no assunto. Em vez disso, apresentarei cinco questões essenciais, que provavelmente influenciarão a discussão das políticas em sua evolução para um modelo mais flexível de configuração de relação de trabalho, o qual acredito que devemos adotar gradual e cuidadosamente. Devem haver projetos-piloto e portos seguros para que obtenhamos mais dados antes de fazer qualquer mudança definitiva nos modelos atuais.

Em primeiro lugar, a questão entre empregado ou prestador de serviços não é nova. De acordo com o juiz Wiley Blount Rutledge, citado por Justin Foz em um artigo da Bloomber View: "Poucas questões jurídicas tiveram aplicação tão variada e resultados tão conflitantes quanto os casos que surgiram na discussão do que é uma relação patrão-empregado e do que é uma relação de prestação de serviços autônomos".[1]

Como explica Foz, Rutdledge não é um juiz de primeira instância comentando sobre a Lyft em 2014, mas um juiz da Suprema Corte dos EUA emitindo sua decisão sobre o *status* trabalhista dos entregadores de jornal em 1944, um caso que colocou o National Labor Relations Board (Comitê nacional de relações trabalhistas – NLRB) contra a gigante de mídia Hearst. Como disse o Secretário do Trabalho dos EUA, Tom Perez, em um *workshop* sobre benefícios portáveis no Instituto Aspen, em dezembro de 2015, a ambiguidade na caracterização do trabalhador não é um desafio inédito ou criado pela economia sob demanda. É um assunto historicamente complexo, não é um desafio inventado pelas novas empresas, gigantes da economia compartilhada.

Em segundo lugar, a caracterização empregado/prestador de serviços não é algorítmica. É verdade que a discussão geralmente se concentra no grau de independência do prestador de serviço, grau de controle do possível empregador sobre o empregado/prestador de serviços. Entretanto, há diferentes orientações que surgiram da lei comum e de outros órgãos regulatórios. Por exemplo, a Internal Revenue Service (Receita Federal dos EUA – IRS) utiliza o formulário SS-8 para tentar fazer uma análise subjetiva caso a caso, com base nas respostas organizadas de um indivíduo, conforme os seguintes fatores:[2]

a. *Comportamental*: A empresa controla ou tem o direito de controlar o que o trabalhador faz e como ele executa seu trabalho?

b. *Financeiro*: Os aspectos empresariais da função do trabalhador são controlados pelo pagador? Incluindo como o trabalhador é pago, se as despesas são reembolsadas e quem fornece as ferramentas/suprimentos.

---

1 Justin Fox, "Uber and the Not-Quite-Independent Contractor". Em *Bloomberg View*, 23-6-2015. Disponível em http://www.bloombergview.com/articles/2015-06-23/uber-drivers-are-neither-employees-nor-contractors. Acesso em 4-4-2018.

2 O formulário SS-8 está disponível em http://www.irs.gov/pub/irs-pdf/fss8.pdf, e há orientações detalhadas adicionais em http://www.irs.gov/Businesses/Small-Businesses-&-Self-Employed/Independent-Contractor-Self-Employed-or-Employee. Acesso em 4-4-2018.

c. *Tipo de relação*: Há contratos escritos ou benefícios trabalhistas (como plano de previdência, seguro ou férias remuneradas)? A relação continuará? O trabalho desenvolvido é um aspecto fundamental do negócio?

Tais orientações da IRS são algumas vezes diferentes do que é sugerido pela Labor Standards Act (Lei de normas trabalhistas dos EUA), pela lei comum e pela jurisprudência. Em uma proposta de dezembro de 2015 para se criar uma categoria de trabalhadores autônomos apresentada pelo Projeto Hamilton, do Instituto Brookings, de autoria de Seth Harris (Universidade Cornell) e Alan Krueger (Universidade de Princeton), os autores resumem a natureza variada da definição de empregado, conforme ilustrado na Tabela 8.1.

Em terceiro lugar, a questão subjacente não está verdadeiramente relacionada ao desejo dos trabalhadores de terem empregos em tempo integral, mas de obterem os benefícios atualmente associados exclusivamente a esse *status*. Como explica Fox, desde a decisão de 1944 que, para fins de ações coletivas, categorizou os entregadores de jornais como empregados, trabalhadores sob tal *status* "agora se beneficiam de diversas proteções federais, estaduais e municipais como salário mínimo, leis sobre hora extra e seguro desemprego que não estão disponíveis para prestadores de serviços".[3]

Essa é uma distinção importante por diversas razões, mas sobretudo porque o espectro dos litígios futuros pode, na verdade, estar impedindo que os trabalhadores obtenham benefícios custeados pelas plataformas. Como um dos critérios da IRS para determinar se há vínculo empregatício é receber ou não benefícios, uma plataforma que considere conceder benefícios para seus prestadores de serviços (digamos, uma estratégia de retenção ou uma forma de atrair novos trabalhadores) não o fará para evitar possíveis ações trabalhistas. Esse ponto foi repetido exaustivamente em uma reunião em outubro de 2015 na Sharing Economy Caucus (Convenção da economia compartilhada), que eu relatei no Capítulo 6. As plataformas que desejarem dar *feedback* aos seus prestadores de serviços, para lhes ajudar a melhorar ou oferecer assistência para diversificar o portfólio de serviços que eles oferecem, têm medo de que isso possa ser interpretado como treinamento oferecido pelo empregador. As plataformas que sugerem como seus prestadores de serviços podem aproveitar as concentrações de demanda têm medo de que isso seja interpretado como gestão de empregador.

3 Justin Fox, "Uber and the Not-Quite-Independent Contractor".

Tabela 8.1

Definições de empregado conforme alguns *status*

	Função do trabalho: O trabalho executado é fundamental ao negócio do empregador?	**Habilidades necessárias**: O trabalho não depende de habilidades específicas?	**Investimento**: O empregador fornece as ferramentas e/ou equipamentos necessários e assume o risco de perda de tais investimentos?	**Definição de negócio autônomo**: O trabalhador se retirou da concorrência de mercado para trabalhar para o empregador?	**Duração**: O trabalhador tem uma relação permanente ou indefinida com o empregador?	**Controle**: O empregador define o valor pago, carga horária e maneira de execução do trabalho?	**Benefícios**: O trabalhador recebe seguro, plano de previdência, licença médica ou outros benefícios que indiquem vínculo empregatício?	**Método de pagamento**: O trabalhador recebe um salário garantido em vez de uma remuneração por serviço prestado?	**Intenção**: As partes acreditam que estabeleceram uma relação empregador e empregado?
Fair Labor Standards Act (Leis de padrões justos de trabalho) ***ct*****)** Focada no grau de dependência econômica do empregado	SIM	SIM	SIM	SIM	SIM	SIM	N/A	N/A	N/A
Internal Revenue Code (Código da Receita Federal – IRC) Focado no controle	SIM[a]	SIM	SIM[b]	SIM[c]	SIM	SIM	SIM	SIM	N/A
Nationwide Mut. Ins. *versus* Darden (ERISA e outras leis)[d]	SIM	SIM	SIM	N/A	SIM	SIM	SIM	SIM	N/A
Lei Comum (Segunda reformulação do agenciamento, parágrafo 220)	SIM	SIM	SIM	SIM	SIM	SIM	N/A	SIM	SIM

Fonte: Seth D. Harris e Alan B. Krueger, *A Proposal for Modernizing Labor Laws for Twenty-First-Century Workers: The 'Independent Worker'*, Projeto Hamilton (Washington, DC: Instituto Brookings, dezembro de 2015).

Nota: *Sim* contribui para a conclusão de que o trabalhador é um empregado, N/A indica que o fator não é considerado sob aquela determinada lei.

a. A IRS analisa o papel da função como indicador de controle. Se a função é fundamental o para o negócio do empregador, ele provavelmente terá o direito de controlar o trabalho.

b. A IRS também analisa especificamente se o trabalhador tem um alto grau de despesas não reembolsadas.

c. A IRC não utiliza *definição do negócio* como expressão, mas analisa se os serviços do trabalhador estão disponíveis diretamente para o mercado.

d. A Suprema Corte retirou seu teste multifator do caso Nationwide Mutual Ins. Co. *versus* Darden, 503 U.S. 318 (1992).

Como mencionei no Capítulo 7, parece que a maioria dos motoristas da Uber não quer abrir mão da flexibilidade de ser um prestador de serviços. Antes de você questionar minha conclusão baseada em uma pesquisa rápida feita por um conhecedor do Vale do Silício, apresentarei alguns resultados de uma análise. Ela é parte de um relatório de 74 páginas sobre o contingente de mão de obra dos EUA, executada pelo Government Accountability Office (Gabinete de contabilidade governamental – GAO), um órgão independente e apartidário que presta serviços para o Congresso Americano. Veja a Tabela 8.2.[4]

Tabela 8.2

Percentual estimado de trabalhadores que querem um tipo diferente de relação de trabalho, base 2005

Você gostaria de ter outro tipo de relação de trabalho?	Temporários via agências	Trabalhadores sob demanda e diaristas	Prestadores de serviços	Autônomos
Sim	59,3 (+/- 7,4)	48,3 (+/- 5,5)	9,4 (+/- 3,8)	7,5 (+/- 4,9)
Depende	6,8 (+/- 11,3)	6,2 (+/- 7,4)	5,4 (+/- 3,9)	4,0 (+/- 5,0)
Não	33,8 (+/- 9,5)	45,5 (+/- 5,7)	85,2 (+/- 1,5)	88,4 (+/- 1,7)

As conclusões indicam que, desde 2005, já estava claro que a vasta maioria dos trabalhadores autônomos e prestadores de serviços não quer uma estrutura alternativa de emprego. Os números da tabela 8.2 são os mais recentes disponíveis na agência. Talvez muitos deles não achassem nada mal ter os benefícios associados ao vínculo empregatício, mas será que realmente temos de sacrificar a independência à força em nome dos benefícios? Por que a busca por esse tipo de proteção tem de envolver tal barganha faustiana por emprego em tempo integral?

Em quarto lugar, muitos dos desequilíbrios atuais e futuros, destacados na imprensa como parte da economia compartilhada, podem ter menos relação com as plataformas em si e estarem mais relacionados às leis e condições anteriores ao surgimento das plataformas *peer-to-peer*. Muitos dos anfitriões do Airbnb são proprietários de imóveis com espaço e tempo sobrando que querem apenas complementar a renda de sua aposentadoria. Muitos dos vendedores

[4] Frequentemente chamado de guardião do congresso (*congressional watchdog*), o GAO investiga como o Governo Federal gasta os dólares do contribuinte. O relatório está disponível http://www.gao.gov/assets/670/669766.pdf. Acesso em 4-4-2018.

na Etsy são apenas pessoas com um *hobby* que virou um negócio nas horas vagas para sustentar sua família. Como notou Liz Gannes da Recode, a respeito dos trabalhadores autônomos da economia compartilhada, em sua série *Instant Gratification*, de 2014, "geralmente, essas pessoas não são mão de obra tradicionalmente estável. São uma rede flexível e escalável de trabalhadores, 'empregados fracionais', que vem e vão conforme necessário, conforme a conveniência".[5]

Entretanto, essa descrição não se aplica a todos os prestadores de serviços da economia compartilhada. Muitos dos motoristas da Uber e da Lyft, assim como prestadores da Handy e TaskRabbit, obtêm uma parcela considerável de sua renda por meio das plataformas, e a parcela da força de trabalho do mundo que se encaixa nessa descrição apenas crescerá nos próximos anos. Embora os empregados em tempo integral possam se aliar para impetrar ações coletivas ou aumentar seu poder de barganha protegidos pela National Labor Relations Act (Lei nacional de relações de trabalho dos EUA – NLRA), essa lei não protege os prestadores de serviços autônomos, e as atuais leis antitruste podem penalizá-los por agir dessa forma. Elizabeth Kennedy destaca esse ponto utilizando o exemplo dos médicos autônomos, em seu artigo de 2005 sobre negociação coletiva para prestadores de serviços dependentes.[6] Há décadas, a MacArthur Foundation Fellow de 2015, Ai-Jen Poo, vem destacando que as leis trabalhistas que governam os trabalhadores domésticos são injustamente desfavoráveis em comparação a outras leis que regem outras profissões.[7]

Em quinto lugar, as limitações atuais das leis trabalhistas não permitirão que surja uma solução baseada no mercado. Como já destaquei neste livro, não há área de manobra no modelo atual para que benefícios e proteções das plataformas protejam uma mão de obra flexível e sob demanda. No verão de

[5] Liz Gannes, "It Takes a New Kind of Worker to Make 'Instant' Happen". Em *Recode*, 2014. Disponível em http://recode.net/2014/08/05/it-takes-a-new-kind-of-worker-to-make-instant-happen/. Acesso em 4-4-2018.

[6] Elizabeth Kennedy, "Freedom from Independence: Collective Bargaining Rights for Independent Contractors". Em *Berkeley Journal of Employment and Labor Law*, v. 26, n. 1, 3-2005, pp. 155-157. Disponível em http://scholarship.law.berkeley.edu/cgi/viewcontent.cgi?article=1348&context=bjell. Acesso em 4-4-2018.

[7] Ai-Jen Poo é a Diretora da National Domestic Workers Alliance (Aliança Nacional de Trabalhadores Domésticos). Disponível em http://www.domesticworkers.org. Acesso em 4-4-2018.

2015, durante uma intensificação das ações trabalhistas coletivas contra as grandes plataformas, muitas delas, incluindo Shyp, Luxe, Eden (suporte técnico sob demanda) e Instacart reclassificaram seus trabalhadores flexíveis como empregados em período integral ou em meio período. Como disse a CEO da Hello Alfred, Marcela Sapone, talvez isso esteja alinhado com alguns modelos de negócio, sobretudo aqueles que envolvem interação recorrente com o consumidor.[8] Porém, seria uma pena se empreendimentos em estágio inicial tivessem que escolher uma relação de trabalho menos ideal, tanto para seus negócios quanto para seus trabalhadores, apenas por medo de litígios futuros.

Como então seria possível relaxar tais limitações, de forma a permitir que examinemos o que o mercado proverá naturalmente, e onde o governo precisa interferir ativamente? Uma solução, que foi proposta por diversas pessoas nos EUA, envolve a criação de uma terceira categoria, alternativamente chamada de prestador de serviços dependente (*dependent contractor*)[9] ou empregado autônomo (*independent worker*).[10] Não é uma ideia nada nova, pois essa categoria existe em diversos países, como a Alemanha, por exemplo. Em um artigo de 1965, o jurista canadense, H. W. Arthurs, examinou o cenário legal para a introdução de tal categoria de trabalhadores na América do Norte. Ele começou refletindo sobre a contradição inerente à expressão:

> Sendo que as duas designações jurídicas – empregado ou prestador de serviços autônomo – predefinem o direito à negociação coletiva, é necessário um novo termo: prestador de serviços dependente. Ele é economicamente dependente, embora legalmente seja um prestador de serviços. A ambiguidade paradoxal de seu papel é, portanto, refletida no termo utilizado para se referir a eles.[11]

---

8 Marcella Sapone, "The On-Demand Economy Doesn't Have to Imitate Uber to Win". Em *Quartz*, 15-6-2015. Disponível em http://qz.com/448846/the-on-demand-economy-doesnt-have-to-imitate-uber-to-win. Acesso em 4-4-2018.

9 Conheça uma análise inicial do assunto em Gannes, "It Takes a New Kind of Worker to Make 'Instant' Happen". Veja discussão proveitosa sobre as questões em 2015 de Caroline O'Donovan disponível em http://www.buzzfeed.com/carolineodonovan/meet-the-new-worker-same-as-the-old-worker#.umQGJQbGY. Acesso em 4-4-2018.

10 Seth D. Harris e Alan B. Krueger, "A Proposal for Modernizing Labor Laws for Twenty-First-Century Workers: The 'Independent Worker'". Washington, DC: Brookings Institute, 12-2015. Disponível em http://www.hamiltonproject.org/assets/files/modernizing_labor_laws_for_twenty_first_century_work_krueger_harris.pdf. Acesso em 4-4-2018.

11 H. W. Arthurs, "The Dependent Contractor: A Study of the Legal Problems of Countervailing Power". Em *The University of Toronto Law Journal* 16, v. 1, 1965, pp. 89-117.

As primeiras discussões para uma terceira via na classificação dos trabalhadores da economia colaborativa vieram de Wilma Liebman, presidente da NLRB dos EUA, no primeiro mandato de Obama,[12] e de Denise Cheng, do MIT, em seu artigo para o Instituto Roosevelt de 2015.[13] A proposta mais detalhada para empregados autônomos, de Harris e Krueger do Instituto Brookings em dezembro de 2015, inclui diversas reformas jurídicas que seriam necessárias para acompanhá-la. Entre elas, a necessidade de se alterar a lei antitruste para permitir que empregados autônomos negociem coletivamente (como expliquei anteriormente); a necessidade de isentar as empresas que utilizam empregados autônomos de terem de pagar salário mínimo, hora extra e outras proteções para trabalhadores com carga horária; a permissão para que plataformas ofereçam seguro contra acidentes de trabalho sem caracterizar vínculo empregatício; a necessidade de permitir que plataformas não contratantes (ou intermediárias) retenham impostos. Os autores também propõem que o intermediário pague metade da contribuição dos trabalhadores para os impostos sobre a folha de pagamentos (até 13,8% dos rendimentos, atualmente pagos inteiramente pelos prestadores de serviços autônomos nos EUA, pela lei FICA).[14]

A introdução de uma terceira categoria de trabalhadores ajudará muitos prestadores de serviços da economia colaborativa, além de possibilitar maior flexibilidade do que é permitida hoje em dia às plataformas contemporâneas, para que concedam proteções e benefícios de mercado aos seus prestadores. Entretanto, no momento da escrita deste livro, acredito ser importante proceder com cautela ao se definir as fronteiras de uma nova categoria e determinar claramente as obrigações especificamente associadas a cada um dos *stakeholders* (plataformas ou outras empresas, prestadores de serviços e os diversos órgãos governamentais). Quaisquer mudanças à categorização se aplicarão não apenas aos trabalhadores da economia compartilhada, mas também aos trabalhadores atualmente classificados como empregados em tempo integral em

---

[12] Lauren Weber, "What If There Were a New Type of Worker: Dependent Contractor?". Em *Wall Street Journal*, 28-1-2015. Disponível em http://www.wsj.com/articles/what-if-there-were-a-new-type-of-worker-dependent-contractor-1422405831. Acesso em 4-4-2018.

[13] Disponível em http://nextamericaneconomy.squarespace.com/thought-briefs/2015/7/7/barriers-to-growth-in-the-sharing-economy. Acesso em 4-4-2018.

[14] Harris e Krueger, "A Proposal for Modernizing Labor Laws for Twenty-First-Century Workers: The 'Independent Worker'".

intermediários digitais ou em outras corporações tradicionais. Por exemplo, em último caso, o princípio de incomensurabilidade de carga horária, que Harris e Krueger definem, poderia ser aplicado a uma grande variedade de empregados em tempo integral que possuem horários flexíveis negociados com seus empregadores, ou que realizam trabalhos relacionados ao conhecimento.

O potencial para consequências indesejadas poderia fazer regredir os avanços conquistados em décadas de lutas trabalhistas. Por exemplo, como defende meu colega da Universidade de Nova York, John Horton, em um post de 2011, a ideia de que as plataformas imponham um salário mínimo pode parecer progressista, mas com a consequência indesejada de jogar para fora do mercado um grupo de prestadores por preço. Suas fontes de renda seriam relegadas aos prestadores mais qualificados no mercado. Ele conclui afirmando que: "Isso mostra claramente uma das desvantagens reais do salário mínimo como política social – pode ser globalmente progressista, mas localmente nocivo para os trabalhadores no lado mais fraco da corda".[15]

Nesse meio de tempo, acredito que seria muito útil criar um porto seguro para que as plataformas da economia compartilhada possam oferecer benefícios, treinamento, seguridade e outras formas de proteção para seus prestadores de serviços autônomos, sem caracterizar vínculo empregatício. Ainda estamos em um estágio muito inicial da transição da mão de obra, induzida pela economia compartilhada. As leis trabalhistas normalmente são vigentes por décadas, mas ainda temos pouca informação obtida nesses últimos anos sobre a atividade da mão de obra na economia compartilhada. Esse tipo de porto seguro poderia ser o caminho mais indicado hoje em dia porque permitiria mais tempo e espaço de manobra para entender quais proteções e benefícios poderiam surgir naturalmente como resultados do mercado. Por exemplo, será que as plataformas efetivamente investirão em treinamento para atrair melhores prestadores de serviços? O que precisará de intervenção estatal? Afinal de contas, pelo menos nos EUA, diversos aspectos dos benefícios para empregados, como licença maternidade, estabilidade de renda, subsídios para plano médico e odontológico e férias remuneradas, não são obrigatórios por lei. São oferecidos voluntariamente pelas empresas com o objetivo de estimular

---

[15] John J. Horton, "Should Online Labor Markets Set a Minimum Wage?". Em *John J. Horton*, 29-10-2011. Disponível em http://john-joseph-horton.com/should-online-labor-markets-set-a-minimum-wage/. Acesso em 4-4-2018.

os bons talentos. Um porto seguro nos permitiria entender como será a retribuição das plataformas, viabilizada por capital de risco para seus prestadores de serviços, quando tiverem a liberdade de investir neles sem precisar ter um vínculo empregatício de tempo integral.

Para concluir, analisaremos uma decisão de 2005 da NLRB, que Wilma Liebman destacou durante uma conversa que tivemos no início de 2015 sobre as dimensões utilizadas para fazer essa determinação e sua aplicação na economia compartilhada.[16] Novamente, era uma determinação de vínculo empregatício dos entregadores de jornal. O critério utilizado para determinar se havia vínculo empregatício tinha diversas variáveis.

Em primeiro lugar, o trabalhador tinha de se candidatar a uma vaga ou assinar um contrato? (Não ficou claro se o preenchimento de um formulário na internet contaria como uma candidatura.) Empregados têm de se candidatar a uma vaga, enquanto os prestadores de serviço assinam um contrato. Em segundo lugar, os impostos são retidos? Os empregadores retêm impostos diretamente na folha salarial dos empregados, mas os prestadores de serviços fazem o pagamento diretamente para o Governo (o Airbnb está retendo os impostos sobre hospedagem em cada vez mais cidades, uma conveniência administrativa que claramente não deve alterar o *status* empregatício de seus empregados). Em terceiro lugar, quem fornece as ferramentas necessárias para se executar o trabalho? Empregados normalmente recebem as ferramentas da empresa, enquanto prestadores de serviços utilizam seu próprio equipamento (será que os aplicativos da Uber, Airbnb ou Etsy podem ser considerados uma ferramenta?) Em quarto lugar, o trabalhador pode receber medidas disciplinares? Prestadores de serviços podem ter seus contratos rescindidos, mas não podem receber medidas disciplinares, como empregados. (Será que bloquear temporariamente o acesso de um trabalhador à plataforma, ou diminuir sua avaliação na lista de prestadores de serviços recomendados, constitui uma medida disciplinar? Todas as plataformas podem fazer isso.)

Em quinto lugar, o trabalhador tem a liberdade de angariar novos clientes e definir seus próprios preços? Prestadores de serviços podem angariar novos clientes, enquanto empregados não podem – ou não devem – fazer isso, na

---

[16] Governo dos Estados Unidos, "Decisions and Orders of the National Labor Relations Board, v. 344". Washington, DC: US Government Printing Office, 16-12-2004 até 17-8-2005.

maior parte das vezes (retornarei a esse ponto na seção "Sua plataforma é empreendedora?", a seguir). Em último lugar, quem é o responsável pelo treinamento? A maioria dos prestadores de serviços é responsável por seu próprio treinamento, enquanto empregados têm a expectativa de receber treinamento (será que um evento para anfitriões do Airbnb seria um treinamento?).

Ao se aplicar essas diretrizes trabalhistas (ou as diretrizes do IRS) à economia colaborativa, fica claro que é necessária uma definição mais sofisticada que considere diversos outros aspectos da relação trabalhador-instituição. Não basta apenas considerar controle e dependência. Grande parte do que é vendido na Etsy talvez tivesse seu potencial de mercado limitado se o canal fosse fechado, o que torna muitos dos vendedores da Etsy dependentes economicamente da plataforma. Mas ninguém os consideraria empregados da plataforma em sã consciência. Os diversos aspectos das plataformas, que identifiquei no Capítulo 3 e aos quais retornarei mais adiante neste capítulo na seção "Sua plataforma é empreendedora?" podem ser um ponto de partida para uma solução de longo prazo.

Nova rede de seguridade social

Enquanto aguardamos que a nova categorização do trabalho seja desenvolvida, continuamos a jornada rumo a uma economia na qual um percentual cada vez maior da população não entenderá o emprego como uma relação assalariada. As mais importantes proteções ao trabalhador, como plano de saúde, seguro contra acidentes de trabalho, férias remuneradas, estabilidade de renda e outras salvaguardas, que frequentemente são concedidas ou garantidas pelos grandes empregadores institucionais, deverão ter outras origens. Esse desafio foi bem resumido no artigo sobre a economia de *freelas* do Senador Mark Warner, que citei no Capítulo 7: "Então, tais trabalhadores, mesmo que tenham um bom desempenho, estão na corda bamba, sem uma rede de segurança abaixo. Isso pode funcionar para muitos deles, até o dia em que algo dá errado. É o dia no qual os contribuintes receberão a conta e o motivo pelo qual Washington precisa começar a se perguntar algumas coisas difíceis sobre essas políticas".[17]

---

[17] Mark Warner, "Asking Tough Questions about the Gig Economy". Em *Washington Post*, 18-6-2015. Disponível em https://www.washingtonpost.com/opinions/asking-tough-questions-about-the-gig-economy/2015/06/18/b43f2d0a-1461-11e5-9ddc-e3353542100c_story.html. Acesso em 4-4-2018.

Em outubro de 2015, um grupo diversificado de indivíduos assinou uma carta propondo benefícios portáveis para os trabalhadores da economia compartilhada. O coletivo era capitaneado pela cofundadora da Peers, Natalie Foster, pelo ex-consultor sênior da Casa Branca, Greg Nelson, pela especialista em responsabilidade social corporativa e *freelancer*, Libby Reder, e pela ex-consultora da McKinsey, Lenny Mendoza. Fui um dos signatários, assim como a fundadora da Freelancers Union, Sara Horowitz, e a fundadora do coworker.org, Michelle Miller, sobre as quais falei no Capítulo 7. Os outros cerca de 40 signatários incluíam os CEOs da Etsy, Chad Dickerson, da Handy, Oisin Hanrahan, e da Instacart, Apoorva Mehta; o presidente da Lyft, John Zimmer, e seu CEO, Logan Green; o ícone do Vale do Silício, Tim O'Reilly; o influenciador trabalhista e ex-presidente da SEIU, Andy Stern; os investidores de capital de risco, Brad Burnham, Simon Rothman e Hunter Walk; bem como os líderes do Instituto Aspen, do Instituto Roosevelt e do Instituto para o Futuro, assim como alguns professores de Berkeley, Harvard e Northwestern.

A carta determinou diversos princípios para orientar a criação dos benefícios portáveis. Ela pedia que o modelo fosse:

- *Autônomo*: qualquer trabalhador pode acessar algumas proteções básicas como autônomo, independentemente da origem dessas oportunidades de renda.
- *Portável*: uma pessoa pode portar seus benefícios e proteções consigo à medida que entra e sai das situações profissionais.
- *Universal*: todos os trabalhadores devem ter acesso a um conjunto de benefícios básicos, independentemente de seu vínculo empregatício.
- *Apoiador da inovação*: os negócios devem ser empoderados para explorar e pilotar opções de rede de seguridade, independentemente da classificação de vínculo que utilizam.[18]

Esses princípios, simples e intuitivos, moldam a visão de um coletivo cuja diversidade de *stakeholders* aponta para um potencial futuro para a ação legislativa e para a reforma regulatória necessárias para se atingir essa visão.

---

[18] "Common Ground for Independent Workers". Em *WTF*, 10-11-2015. Disponível em https://medium.com/the-wtf-economy/common-ground-forindependent-workers-83f3fbcf548f#.nxpr7mck5. Acesso em 5-4-2018.

Entretanto, embora convincente, essa visão não determina de onde virá o custeio para tal rede de seguridade. Ativistas como Sara Horowitz, que fundou a Freelancers Union em 1997, vem trabalhando há décadas para tentar criar uma solução de benefícios autocusteada para os *freelancers*. Parece óbvio que o modelo de custeio dependa do grau de dependência de tais trabalhadores de suas atividades *freelance* em suas vidas. As pesquisas que Horowitz desenvolveu mostraram que há uma enorme variedade na natureza do trabalho *freelance* nos EUA. Ela estima que havia impressionantes 53 milhões de *freelancers* nos EUA em 2015, dos quais um em cada quatro fazem bico. Ou seja, são pessoas que complementam a renda de um emprego em tempo integral com um trabalho *freelance* nas horas vagas. Há outros 2,8 milhões de pequenos empresários que empregam outras pessoas, mas ainda se identificam como *freelancers*.[19]

Como expliquei em um artigo de 2014 para a *Policy Network*, os governos enfrentarão desafios consideráveis para custear tais novas contribuições de capital para a sociedade.[20] A dissociação dessa rede de segurança do emprego em tempo integral requererá ajustes até mesmo em países nos quais essas salvaguardas são custeadas pelo Estado, como nos países escandinavos, que adotaram o chamado modelo nórdico de Estado de Bem-Estar Social. O desafio será ainda maior em países como os EUA ou Reino Unido, nos quais os grandes empregadores institucionais têm uma participação maior na provisão de benefícios trabalhistas.

Há desafios óbvios para aplicar em países maiores, como os EUA (com mais de 300 milhões de habitantes), soluções desenvolvidas para países menores, como a Dinamarca (com menos de 6 milhões de habitantes). Entretanto, é interessante analisar um determinado aspecto do modelo nórdico, a Flexiseguridade (*Flexicurity*), uma mistura de flexibilidade e seguridade.

Esse modelo é uma política trabalhista que permite maior flexibilidade na contratação e na mobilidade profissional, implementado por meio de treinamentos profissionais pró-ativos. Ele garante a seguridade em termos de

---

19 *Freelancing in America: A National Survey of the New Workforce*. Disponível em https://fu-web-storage-prod.s3.amazonaws.com/content/filer_public/c2/06/c2065a8a-7f00-46db-915a-2122965df7d9/fu_freelancinginamericareport_v3-rgb.pdf. Acesso em 5-4-2018.

20 Arun Sundararajan, "The New 'New Deal'? Sharing Responsibility in the Sharing Economy". Em *Policy Network*, 30-10-2014. Disponível em http://www.policy-network.net/pno_detail.aspx?ID=4762. Acesso em 5-4-2018.

estabilidade de renda durante a transição entre empregos. Uma simples extensão pode reduzir a volatilidade de renda ao longo de semanas ou meses, com base na média histórica de ganhos.

Uma possibilidade mais ambiciosa nesse sentido seria uma renda mensal fixa garantida pelo Estado. Embora essa ideia possa parecer extrema, é uma visão com defensores como o empreendedor Peter Barnes, cujo livro *With Liberty and Dividends for All* discute as vantagens de uma renda básica universal,[21] e o investidor de capital de risco da Union Square Ventures, Albert Wenger, que falou sobre renda básica no TEDx New York em 2014. Em seu divertidíssimo post no *Medium* intitulado "Silicon Valley's Basic Income Bromance", Lauren Smiley discute a ampla base de apoio à renda básica entre os mais variados *stakeholders* no setor da tecnologia.

A ideia subjacente ao modelo de renda básica é bem simples. Todo indivíduo em idade produtiva em um determinado país recebe um pagamento mensal do Estado. Nada é cobrado como retorno. Embora possa parecer radical, essa ideia está mais próxima da realidade que se imagina. Na verdade, um referendo foi realizado na Suíça, em 2016, para votar a criação de uma renda básica anual de 30 mil francos (pouco mais de 30 mil dólares).* Em uma concepção similar apresentada pelo sociólogo alemão Ulrich Beck, a renda básica não seria gratuita, mas vinda de um sistema no qual os cidadãos alternariam entre o trabalho remunerado convencional e o serviço civil.

Uma objeção óbvia a tal modelo de rede de seguridade social é o medo de que as pessoas tenham menos incentivos para trabalhar. Entretanto, as poucas evidências que existem de experimentos anteriores sugerem o contrário. Em 1974, a cidade canadense de Dauphin, província de Manitoba, realizou um experimento: 30% da população da cidade receberam uma renda mínima por cinco anos. Essa garantia era reduzida entre 35% e 75% (em três faixas de renda) para as pessoas que tinham empregos, variando o desincentivo estrutural para buscar emprego. Apesar desse formato, como reportado em um estudo da economista Evelyn Forget, a diminuição da parcela do grupo beneficiado (os 30% recebendo a renda) que buscava emprego remunerado era

---

21 Peter Barnes, *With Liberty and Dividends for All: How to Save Our Middle Class When Jobs Don't Pay Enough*. San Francisco: Berrett-Koehler Publishers, 2014.

* N. E. O referendo foi realizado no dia 5-6-2016 e foi rejeitado por 76,9% dos eleitores suíços.

relativamente pequena (1% dentre homens, 5% dentre mulheres solteiras, 3% para mulheres casadas). Forget também relatou que os benefícios sociais desse programa pareciam compensar quaisquer perdas na oferta de mão de obra.[22]

Em um painel realizado em Nova York em junho de 2015 por Natalie Foster, Wenger apresentou o Fundo Permanente do Alaska como exemplo. Ele argumentou que uma renda de mil dólares mensais para todas as pessoas em idade produtiva nos EUA custaria menos de 20% do PIB. Sem considerar os efeitos de incentivo, parece claro que o desafio crítico de se criar uma renda básica seja político, e não econômico, especialmente em relação à origem de seu custeio.

Há precedentes para acreditar que uma solução intermediária envolvendo o mercado possa ser uma boa ideia. Por exemplo, à medida que os planos corporativos de previdência minguaram nos EUA nas últimas décadas, os planos 401(k)* e similares evoluíram para facilitar o planejamento da aposentadoria. Eles são uma parceria entre os diversos *stakeholders*: indivíduos contribuem mensalmente com uma parte de sua renda, corporações suplementam sua contribuição e o governo concede isenção de impostos. Não estou querendo dizer que esses planos resolveram o problema das aposentadorias para todo mundo. Porém, representam um modelo de parceria que vem funcionando há algumas décadas, criando uma alternativa aos benefícios providos pelo empregador. Podemos tentar criar estruturas similares para outros segmentos da rede de seguridade.

O Senador Warner propõe um modelo híbrido diferente, o banco de horas, que criaria a infraestrutura subjacente para a provisão de benefícios para os prestadores que trabalham em diversas plataformas. Como Warner descreve, ele vem sendo "usado na construção há sessenta anos para administrar os benefícios de pessoas que trabalham para diversas empresas. Também seria, em partes, motivado pelo consumidor, talvez permitindo que os clientes destinem

---

22 Evelyn Forget, "The Town with No Poverty" (em *Canadian Public Policy*, v. 37, n. 3, 9-2011. Disponível em https://www.utpjournals.press/doi/abs/10.3138/cpp.37.3.283. Acesso em 5-4-2018); Derek Hum e Wayne Simpson, "A Guaranteed Annual Income? From Mincome to the Millennium" (em *Policy Options*, 1-2-2001, pp. 78-82. Disponível em http://archive.irpp.org/po/archive/jan01/hum.pdf. Acesso em 5-4-2018).

* N. E. Nos EUA, são um tipo de plano de aposentadoria patrocinado pelo empregador, cujo nome deriva da seção do código fiscal norte-americano em que estão previstos.

parte de seus pagamentos a um fundo que ajuda a manter os trabalhadores".[23] A cofundadora da Turo e diretora executiva da Peers.org desde 2015, Shelby Clark, sugere que tal modelo precisa ter três características: acesso independente (trabalhadores escolhem os benefícios, sem depender do empregador), benefícios inovadores (rede de seguridade adequada à realidade das pessoas que trabalham em múltiplas plataformas) e pagamentos flexíveis (permitindo que o trabalhador e um ou mais "empregadores" dividam as contribuições).[24]

Outra possibilidade é que as próprias plataformas tomem para si a responsabilidade. A proteção dos prestadores que garantem seus lucros pode não ser a coisa certa: talvez seja um capitalismo inteligente. Como argumentei no Capítulo 3, os mercados da internet na atualidade não são apenas casas de compensação para descoberta de preços e busca de fornecedores. Eles são novos híbridos empresa-mercado que centralizam determinadas atividades (como *branding*, reputação, pagamentos e até mesmo política de preços e atendimento ao consumidor) e descentralizam outras (como infraestrutura de fornecimento e prestação dos serviços em si). É necessária uma fonte confiável e estável de oferta de alta qualidade dos prestadores de serviços para oferecer uma experiência de serviço de uma marca com qualidade consistentemente alta. Essa oferta deve ser garantida pelas plataformas que não têm a autoridade diretiva tradicional, ou capacidade de construção de cultura que as empresas tradicionais utilizam para gerenciar seus empregados. Ou seja, o suprimento mais importante de uma plataforma são seus prestadores de serviços. Portanto, garantir que estejam protegidos, assegurados e mais focados na prestação de serviços faz muito mais sentido para os negócios no longo prazo.

Também há razões para acreditar que a proteção dos fornecedores pode ser uma estratégia eficaz de retenção para as plataformas. Se a organização coletiva de prestadores autônomos for legalizada, as plataformas podem considerar a sindicalização. As plataformas também devem considerar a perspectiva de migração de provedores em larga escala, que pode acompanhar a criação de cooperativas locais. Falarei sobre esse assunto mais adiante neste capítulo. Como expliquei no Capítulo 4, o cenário da migração é uma ameaça para

[23] Mark Warner, "Asking Tough Questions about the Gig Economy".

[24] Shelby Clark, "'Uber' Benefits: The New Safety Net for the On-Demand Economy". Em *Forbes*, 22-7-2015. Disponível em http://www.forbes.com/sites/valleyvoices/2015/07/22/uber-benefits-the-new-safety-net-for-the-on-demand-economy. Acesso em 5-4-2018.

qualquer plataforma que dependa de prestadores de serviços. Isso é especialmente possível para plataformas de táxi ou transporte urbano com motoristas (Lyft e Uber) ou para plataformas com especificidade geográfica (Instacart, TaskRabbit e Handy), nas quais a maior parte da demanda dos consumidores é concentrada em uma cidade específica. Isso faz que os efeitos de rede do alcance global sejam uma barreira de entrada menos eficaz. Os riscos podem ser parcialmente mitigados por uma rede de seguridade para o trabalhador que seja específica à plataforma e que crie uma parceria de longo prazo com os fornecedores.

Seria ideal que as plataformas adotassem essa forma de pensar, incluindo a proteção ao trabalhador, em suas estratégias de negócios. Contudo, parece provável que essas proteções continuem dependendo de novos tipos de associações de trabalhadores, como é o caso há muito tempo. Seja nas guildas, que permitiram que os artesãos tivessem controle dos mercados locais e determinassem preços mais altos para seu trabalho, seja nos sindicatos profissionais do século XX, encontramos exemplos de como os trabalhadores se organizaram para se empoderar em nível individual ou coletivo nos mais diversos modelos econômicos. No futuro, podemos esperar ver a ascensão de novos grupos focados na proteção dos interesses dos trabalhadores. Há um enorme potencial para que tais grupos utilizem o novo poder, como definido por Jeremy Hiemans e Henry Timms e discutido no Capítulo 6, em um papel similar ao dos sindicatos no passado, gerando um equilíbrio de poder entre prestadores e plataformas. Afinal de contas, diferentemente do velho poder, que é detido por apenas poucas pessoas, o novo poder promete ser mais aberto participativo e orientado para os pares, um recurso que é muito influente quando é canalizado – e não acumulado. Outro cenário envolve a ascensão de grupos que se pareçam mais com os elementos tradicionais de defesa de direitos, como a National Domestic Workers Alliance (Aliança nacional dos trabalhadores domésticos dos EUA), cuja função primordial é fazer *lobby* de leis trabalhistas. Finalmente, como discutido por Nathan Schneider, da Universidade do Colorado, em um artigo de 2015 para a *New Yorker*, é possível que vivenciemos o surgimento de novas guildas, organizações de trabalhadores que impõem seus próprios padrões de serviço.[25] Elas

[25] Nathan Schneider, "The New Guilded Age". Em *New Yorker*, 12-10-2015. Disponível em http://www.newyorker.com/business/currency/the-new-guilded-age. Acesso em 5-4-2018.

poderiam ter um papel semelhante às entidades de classe, como a American Medical Association (Associação médica norte-americana). Se elas efetivamente surgirem, parece natural esperar que estendam seu papel para a facilitação das ações coletivas para os trabalhadores que representam.

Sua plataforma é empreendedora?

Uma comparação rápida entre as plataformas da Etsy e da Uber ilustra bem a diferente relação que elas têm com seus fornecedores. A Uber define preços, controla o *merchandising* e os clientes não escolhem seus motoristas. Ao oferecer financiamento de veículos para seus motoristas, a Uber facilitou a milhares de novos empreendedores que tivessem seus próprios micronegócios. Entretanto, os vendedores da Etsy são mais empreendedores no sentido tradicional da palavra. Eles são dependentes da plataforma da Etsy para chegar até os consumidores e processar as vendas, mas definem seus próprios preços, escolhem e são escolhidos pelos clientes, e são responsáveis por seu próprio *merchandising*.

Em uma economia de microempreendedorismo, o real nível facilitado parece ser uma forma natural para caracterizar a relação entre uma plataforma e seus trabalhadores. Na Tabela 3.1 (Capítulo 3) apresentei uma visão geral das diversas dimensões nas quais me baseio para pensar sobre as plataformas. Para avaliar se uma delas suporta o empreendedorismo, é possível reaplicar aquele modelo e examinar quais aspectos da provisão por meio da plataforma mais se parecem com a prestação de serviços tradicional, e quais parecem ser mais empreendedores. É possível fazer isso classificando os fatores em três categorias: incubação, independência e infraestrutura. Veja a Tabela 8.3.

Tabela 8.3
Fatores para se avaliar o suporte de uma plataforma ao empreendedorismo

Incubação
Plataforma dá mentoria centralizada
Plataforma facilita a mentoria *peer-to-peer*
Plataforma facilita grupos da comunidade de prestadores
Plataforma provê financiamento da "produção" para prestadores
Independência
Prestador precifica
Prestador tem contato presencial com o cliente
Prestador assume tarefas complexas de gestão de estoque/fornecimento
Prestador livre para fazer *merchandising* como quiser (descrição, foto)
Prestador adquire ou utiliza ativos próprios para produção
Fácil para o prestador iniciar ou cessar a prestação de serviços
Prestador tem contato virtual direto com o cliente
Plataforma dá suporte centralizado ao consumidor
Sistemas transparentes de *feedback peer-to-peer*
Plataforma provê suprimentos operacionais diários para o prestador
Cliente escolhe seu prestador
Prestador escolhe seu cliente
Infraestrutura
Sistemas de *feedback peer-to-peer*
Plataforma facilita a logística para levar o serviço até o cliente
Seleção de prestadores feita pela plataforma
Plataforma provê seguro, garantia ou outro tipo de mitigação de risco
Plataforma processa os pagamentos
Canais para indicadores externos de confiança

Incubação

Nos últimos anos, vimos surgir diversas instituições que incubam ou aceleram negócios em estágios iniciais. Em resumo, seu objetivo é ajudar uma *startup* a decolar utilizando um processo que acelera o desenvolvimento por meio de recursos e serviços necessários para o sucesso dos empreendedores. Para entender se uma plataforma *peer-to-peer* está apoiando o empreendedorismo, inicialmente é necessário considerar se a plataforma está fazendo algo para incubar esses novos microempreendimentos.

A Uber, por exemplo, supostamente incuba esses negócios iniciantes, fornecendo financiamento para os motoristas que não conseguiriam financiar um veículo no mercado (porque são imigrantes sem histórico de crédito em seu país de origem). O Airbnb, que oferece treinamento voluntário e informal (por exemplo, convidando os novos anfitriões para reuniões com anfitriões mais experientes), e que passou a oferecer treinamentos mais formais para seus anfitriões, supostamente também incuba empresas oferecendo aos novos empreendedores as habilidades de que precisam para ter sucesso. Os fóruns da Etsy são outro exemplo de como uma plataforma pode facilitar a incubação. Eles permitem que vendedores construam uma comunidade e aprendam com outros vendedores desde como resolver problemas com a plataforma até dicas para promoção em mídias sociais.

Independência

Conforme ilustrado na Tabela 8.3, há diversas variáveis para a independência. Muitas plataformas requerem que os prestadores adquiram ou possuam seus equipamentos para prestar serviços, como um veículo na TaskRabbit, Lyft ou Getaround; um imóvel no Airbnb e seus próprios meios de produção na Etsy. Pode parecer que todas as plataformas estão facilitando a independência nesse campo, mas pode ser que isso não continue necessariamente assim no futuro. Provavelmente veremos o surgimento de meios centralizados de produção de diversos tipos, sejam frotas de Ubers sem motoristas sejam *maker spaces* com recursos de manufatura aditiva. Talvez também seja necessário analisar o quanto uma plataforma requer que seus prestadores utilizem seus próprios ativos centralizados.

Um outro campo diz respeito a precificação, oferta e *merchandising*. Na maior parte das vezes, as plataformas da economia colaborativa (como TaskRabbit, Airbnb, Uber, Lyft ou Getaround) permitem que seus prestadores de serviços escolham quando eles, seus bens ou serviços estarão disponíveis. Isso faz que os prestadores tenham de aprender a gerir seu estoque – seja o horário de estar na rua para a Lyft, quais meses alugar no Airbnb, que horas do dia oferecer o carro na Getaround ou quais dias da semana estar disponível como prestador da Handy para ajudar as pessoas a fazerem mudanças.

Também há uma variação no nível de controle de precificação. A Uber e a Lyft definem os preços em cada cidade. Já a Sidecar permite que seus motoristas definam seus próprios preços. A TaskRabbit permite que faxineiros definam seus preços, já a HomeJoy costuma definir um valor por hora em cada cidade. O Airbnb oferece total flexibilidade de preços, mas oferece uma ferramenta de precificação para anfitriões que pode ser baseada em partes em uma abordagem de faturamento centralizado. Vendedores da Etsy, prestadores da Getaround e anfitriões do Airbnb têm de investir consideravelmente em *merchandising* (fotos e textos que descrevam seus produtos, imóveis, etc.), enquanto motoristas da Uber e da Lyft não precisam fazer isso. Talvez isso esteja mais relacionado ao serviço que é oferecido do que à natureza da plataforma em si.

Analogamente, quando um fornecedor pode escolher seus consumidores e vice-versa, isso denota um maior nível de independência, já que permite a criação de relacionamentos com o consumidor específicos de cada fornecedor – uma característica que é mais empreendedora do que de prestação de serviços. Mais uma vez, há uma grande variação entre as plataformas nesse campo. O Airbnb oferece total liberdade para que os hóspedes escolham seus anfitriões e vice-versa. Há uma opção "reserve já", mas é escolha do anfitrião. A TaskRabbit permite que seus clientes escolham os prestadores, mas o sistema restringe consideravelmente os prestadores disponíveis para cada cliente. Os prestadores, por sua vez, são totalmente livres para aceitar ou rejeitar clientes.

Há um complicado equilíbrio entre as formas de incubação que uma plataforma pode prover e o nível de independência que ela permite. O Airbnb consegue atingir um interessante ponto de equilíbrio. Os anfitriões são livres para alugar qualquer espaço que queiram e têm controle sobre a experiência de usuários dos hóspedes. Os hóspedes podem ou não apreciar a decoração, nível de limpeza ou tempo de resposta do anfitrião – a plataforma não restringe os tipos de residência que podem ser alugados nem suas condições. Um anfitrião poderá escolher não limpar a casa ou não fornecer toalhas ou lençóis limpos, e as consequências serão sentidas por meio do sistema de *feedback on-line*.

Infraestrutura

Como expliquei no Capítulo 2, o caminho desde o Craigslist é longo. Grande parte da economia compartilhada contemporânea provê infraestrutura para facilitar o tipo de transação que oferece. A maior parte delas disponibiliza diferentes formas de reputação, tornando seu espaço um local seguro para que os prestadores desenvolvam seus negócios.

Uma questão simples, mas que tende a ganhar importância, é se a plataforma provê a infraestrutura necessária para efetuar trocas financeiras. Por exemplo, a plataforma oferece um meio seguro de realizar transações e, acima de tudo, ela provê um meio de realizar trocas financeiras sem depender de terceiros tradicionais? Outra questão é se a plataforma oferece mecanismos de Customer Relationship Management (Gestão de relacionamento com o cliente – CRM) que ajudem o fornecedor a atender o consumidor. O Airbnb oferece um serviço de mensagens que facilita a comunicação entre hóspedes e anfitriões. Já o suporte da Uber é quase todo centralizado pela própria plataforma.

A conexão se torna um pouco mais complexa ao se considerar se a plataforma tem potencial de prover garantia e segurança para usuários e prestadores. É possível se pensar em formas de minimização de risco (seguro de carro, para o anfitrião, seguro contra acidentes no trabalho, etc.) como normalmente associadas a empregados – e não a empreendedores. Porém, esse tipo de seguro e garantia também permite que a plataforma se torne um local seguro para que os fornecedores desenvolvam seus micronegócios.

Posse compartilhada na economia compartilhada

Embora seja menos comum que as empresas por participação societária, a estrutura de propriedade cooperativa tem uma presença considerável tanto nas economias dos EUA quanto da União Europeia. Em 2009, mais de 30 mil cooperativas operavam em 73 mil localidades, com ativos de mais de 2 trilhões de dólares e faturamento de mais de 650 bilhões.[26]

Uma grande defensora dessa estrutura para a economia compartilhada é Janelle Orsi, uma membra da Ashoka de 2014 e formadora de opinião na área jurídica da economia compartilhada. Em 2010, Orsi fundou o Sustainable Economies Law Center (Centro jurídico de economias sustentáveis – Selc) para desenvolver uma infraestrutura legal e o *expertise* que seriam necessários para as cooperativas de trabalhadores dos mais diversos tipos.[27] O Selc foca nas intervenções que permitem a criação ampla de novos modelos econômicos, desde o suporte jurídico a comunidades até a proposição de novas leis. Ela e sua equipe vêm construindo redes de advogados e transformadores com o objetivo de criar uma nova categoria de jurisprudência e prática jurídica

[26] Steven Deller, Ann Hoyt, Brent Heuth e Reka Sundaram-Stukel, *Research on the Economic Impact of Cooperatives*. Madison: University of Wisconsin Center for Cooperatives, 19-6-2009 (revisado desde 2007). Disponível em http://reic.uwcc.wisc.edu/sites/all/REIC_FINAL.pdf. Acesso em 5-4-2018.

[27] Disponível no site da Selc em http://www.theselc.org/. Acesso em 5-4-2018.

empresarial para apoiar diretamente a nova economia compartilhada. Uma outra ativista chamada Chelsea Rustrum afirma em sua obra *Digital Cooperative 101* que as cooperativas também promovem um maior desenvolvimento comunitário.[28]

Ao longo de 2015, Trebor Scholz, da New School, e Nathan Schneider, da Universidade do Colorado, se tornaram os expoentes de um movimento que clama pelo surgimento das plataformas cooperativadas da economia colaborativa, de posse de seus próprios prestadores de serviços e custeadas por mecanismos diferentes do capital de risco.[29] O primeiro congresso da Platform Cooperativism (Cooperativismo de plataformas) aconteceu em novembro de 2015. Ele reuniu centenas de pessoas que queriam criar a nova geração de organizações para concretizar a visão de governo dos comuns, do ganhador do Prêmio Nobel, Elinor Ostrum.[30] Esse evento procurou disseminar uma nova onda de pensamento e pesquisa sobre estruturas alternativas às empresas por participação societária, possibilitadas pelas novas tecnologias da internet.

Face a esse otimismo recentemente descoberto, é importante examinar porque as cooperativas de trabalhadores são relativamente raras nos EUA. Alguns casos tiveram sucesso (por exemplo, a Sunkist, anteriormente conhecida como California Fruit Exchange, pertence a produtores de frutas cítricas desde 1893). Porém, a maioria das cooperativas de trabalhadores dos EUA se mostrou pouco próspera e com vida curta. A teoria econômica sugere que as cooperativas de trabalhadores são muito mais eficientes que as empresas por participação societária quando não há grande diversidade nos níveis de contribuição entre os trabalhadores, quando o nível de concorrência externa é baixo e quando não há necessidade de investimentos frequentes para responder às mudanças tecnológicas. Isso explicaria porque uma cooperativa como a Sunkist tem sucesso desde o final do século XIX, sendo que outras deram errado.

---

28 Veja uma introdução para Rustrum's Digital-Cooperative 101 disponível em http://rustrum.com/digital-cooperative-101/. Acesso em 5-4-2018.

29 Por exemplo, Nathan Schneider e Trebor Scholz, "The Internet Needs a New Economy". Em *The Next System*, 8-11-2015. Disponível http://www.thenextsystem.org/the-internet-needs-a-new-economy/. Acesso em 5-4-2018. Veja outras lógicas também de 2014, por exemplo, em Scholz, "Platform Cooperativism vs. the Sharing Economy" (em *Medium*, 5-12-2014. Disponível em https://medium.com/@trebors/platform-cooperativism-vs-the-sharing-economy-2ea737f1b5ad#.v78qh7ewj. Acesso em 5-4-2018) e em Schneider, "Owning Is the New Sharing" (em *Shareable*, 21-12-2014. Disponível em http://www.shareable.net/blog/owning-is-the-new-sharing. Acesso em 5-4-2018).

30 Elinor Ostrom, *Governing the Commons: The Evolution of Institutions for Collective Action*. Cambridge, UK: Cambridge University Press, 1990.

Será que os setores que atualmente vivenciam o surgimento das plataformas *peer-to-peer* compartilham algo com a Sunkist? Um equivalente à Uber pertencente a trabalhadores parece ser bem viável. Afinal de contas, os taxistas oferecem um serviço relativamente uniforme em um setor com concorrência limitada. Se a tecnologia da carona por aplicativo estiver comoditizada, o potencial de uma cooperativa de trabalhadores parece existir, já que todos os mercados locais podem ser explorados, como expliquei no Capítulo 5. O surgimento da Swift, uma plataforma pertencente aos motoristas, pode ser um indício desse movimento.[31] Pelo menos, até que cheguem as frotas de carros autônomos.

Muitos participantes ativos da economia compartilhada veem os benefícios do compartilhamento da riqueza como obrigação moral. Outros sugerem que faz sentido para os negócios. Em um artigo de 2014 para a *Fast Company*, Lisa Gansky resumiu a revolução inicial da economia compartilhada sugerindo que

> as primeiras empresas, como Uber, Lyft, Quirky, Airbnb, TaskRabbit, RelayRides e 99 Designs ganharam muita visibilidade, mas tais empresas receberam investimento de capital de risco com o objetivo de grandes rendimentos futuros para os investidores – não necessariamente para os motoristas, anfitriões, criadores e vendedores que viabilizam as empresas.

Como investidora ativa, ela destacou que "não há nada de errado com essa abordagem. Eu mesmo já investi em diversas empresas privadas nos últimos anos e me beneficiei nesse processo". Entretanto, em defesa da expansão, ela nota que

> criar modelos de negócios que gerem a dignidade e os incentivos que acompanham a propriedade contribui para a resiliência e o valor da marca. Um modelo de cooperativa como a Sunkist é uma opção. Há outros. Marcas e mercados resilientes entendem que manter aqueles com melhor desempenho é fundamental para o sucesso de qualquer negócio.[32]

---

31 Disponível em http://www.fastcompany.com/3057014/fed-up-with-uber-and-lyft-drivers-plan-to-launch-competing-app. Acesso em 5-4-2018.

32 Lisa Gansky, "Collaborative Economy Companies Need to Start Sharing More Value with the People Who Make Them Valuable". Em *Fast Company*, 4-12-2014. Disponível em http://www.fastcoexist.com/3038476/collaborative-economy-companies-need-to-start-sharing-more-value-with-the-people-who-make-th. Acesso em 5-4-2018.

Entretanto, quando se fala da realidade de se criar cooperativas, muitos fundadores acham desafiador construir um negócio escalável nesse modelo de propriedade. Em um painel que Juliet Schor e eu participamos em 2015, na conferência Cooperativismo de plataformas, Schor destacou que havia dois desafios específicos para as cooperativas da economia compartilhada: que o sistema de valor das cooperativas era mais bem pensado que sua proposta de valor (em outras palavras, elas tendem a focar muito em como a riqueza será compartilhada, mas deixam de criar uma oferta convincente para gerar valor), e que ela havia notado níveis consideráveis de exclusividade de classe, raça e gênero em sua pesquisa etnográfica das cooperativas da economia compartilhada.

Parece ser crucial superar ambos esses desafios listados por Schor para o sucesso generalizado das plataformas cooperativadas. Entretanto, o desafio que eu mais comumente ouvi ser mencionado é a captação de investimentos – especialmente o capital inicial. O modelo de participação societária parece se prestar muito mais naturalmente à captação de grandes somas de capital em troca de um quinhão em uma empresa.

Em setembro de 2014, moderei um painel sobre novos modelos de propriedade para a economia compartilhada, na conferência Social Capital Markets (Mercados de capital social – Socap) . Entre os panelistas estavam Orsi, Gansky e Adam Werbach, cofundador da Yerdle, a plataforma de troca de bens que eu apresentei na Introdução. Ex-presidente do Sierra Club, Werbach falou sobre os desafios que enfrentou ao buscar formas de estruturar a Yerdle como cooperativa, preservando a capacidade de levantar capital externo, que ele acreditava ser necessário para realizar sua visão. Embora tenha dito que conhecia o trabalho de Orsi, Werbach descreveu a busca por um modelo de propriedade como um desafio. Ele disse:

> Conheço as estruturas de cooperativas e conversei muito sobre as diversas formas de se fazer isso. As conversas rapidamente se tornavam um buraco sem fundo: muito complicadas, sem nenhum modelo muito bom, não sabia exatamente o que fazer e, nesse meio tempo, estávamos tentando construir um produto e uma organização. Como opção, decidimos iniciar como uma *benefit corporation* na Califórnia. [...] Isso está no direito societário californiano, que permite que você abra uma empresa afirmando que sua missão é sua prioridade primordial

> e que pode fazer escolhas que sejam antieconômicas em favor de sua missão, e que seus diretores não poderão lhe demitir e seus acionistas não poderão lhe processar por causa disso, o que é uma proteção básica para a organização.[33]

Werbach então descreveu como conseguiu levantar a primeira rodada de investimentos, mas as pessoas achavam que ele teria desafios muito grandes para levantar a próxima, por ser uma *benefit corporation*. A Yerdle acabou sendo financiada pela Westly Group (também investidora da Honest Buildings, outra *benefit corporation*) e vem desde então recebendo financiamento adicional de investidores de capital de risco tradicional. Porém, sua experiência destaca as barreiras que os empreendedores enfrentam para criar algo que não tenha a mesma estrutura que uma empresa tradicional.

Os desafios para levantar fundos refletem aqueles descritos pelo cofundador do Ouishare, Benjamin Tincq. Veja o Capítulo 1, no qual foi citado em detalhes, descrevendo como a filosofia motivada pelo propósito, comum a muitos empreendedores da economia compartilhada, é frequentemente submetida às realidades do capital, quando se busca colocar tais ideais em prática. Para empreendedores como Tiberius Brastaviceanu, não há formas preconcebidas de se organizar e levantar fundos. Ele está tentando expandir a ideia de produção colaborativa com base em bens comuns, de Yochai Benkler, também discutida no Capítulo 1, além de, por exemplo, Wikipédia e Linux, que dependem de mão de obra gratuita. Como ele disse para Nathan Schneider em 2014, "não há um plano predeterminado para o tipo de organização que estamos tentando construir."[34]

Entretanto, diversos novos modelos alternativos de financiamento estão surgindo com a promessa de viabilizar tal visão de compartilhamento da riqueza da economia compartilhada. O primero deles, o modelo Fairshare de Karl Sjogren, utiliza uma estrutura com base em diferentes classes de participação societária. São ações para fundadores, para pessoas com uma função contínua de trabalho, para usuários e para investidores. Elas refletem as diferentes contribuições de cada um desses *stakeholders*.[35] Essa concepção parece

---

[33] Dos comentários de Adam Werbach na conferência Social Capital Markets (Mercados de capital social – Socap), 2 a 5-9-2014, Fort Mason Center, São Francisco, Califórnia.

[34] Citado em Nathan Schneider, "Owning Is the New Sharing".

[35] Disponível em https://www.inkshares.com/projects/the-fairshare-model. Acesso em 5-4-2018.

ser um híbrido de diferentes tipos de empresa por participação societária, e sua filosofia lembra os diferentes tipos de moeda que apresentei no Capítulo 4, e que Matan Field, da BackFeed, acredita que serão a base dos mercados do futuro. O segundo modelo adotado inicialmente por Joel Dietz, da Swarm, combina a ideia de uma renda básica com diferentes papéis em uma organização colaborativa e distribuída, para se criar uma forma de financiar coletivamente uma estrutura cooperada. O terceiro modelo, materializado nos esforços de organizações como a Cutting Edge Capital, por exemplo, mira no modelo existente de oferta pública direta na era digital criando mercados *on-line* que o facilitem. Também há diversas formas de financiamento coletivo tradicional que focam em cooperativas, como a Peak Agency, e organizações como a Democracy Collaborative, que conectam novas cooperativas a filantropos, organizações sem fins lucrativos e fundações em suas respectivas áreas.

À medida que continua a experimentação com os diversos modelos de plataforma cooperativa, uma ideia diferente, ainda que conhecida, parece ser o meio-termo mais pragmático para compartilhar a riqueza da economia compartilhada: alocar ações de plataformas (que continuam sendo empresas por participação societária) para os prestadores de serviços. Tais programas de propriedade de ações por prestadores de serviços (*provider stock ownership programs* – PSOPs) poderiam representar, para as plataformas, um híbrido de propriedade compartilhada e divisão de lucros que os programas de propriedade de ações por empregados (*employee stock ownership programs* – Esops) pretendem implementar nas organizações tradicionais. Esse nível de propriedade pode ser considerável. Em 1995, o Esop da United Airlines detinha 55% da empresa. Um dos primeiros exemplos desse tipo de programa é da Juno, um serviço de caronas que se comprometeu a garantir que seus motoristas tenham 50% das ações de fundação da empresa até 2026.

Darwinismo de dados

Em março de 2013, o fundador da GigaOm, Om Malik, presenciou um protesto de motoristas da Uber que tinham sido desconectados da plataforma após a média de suas avaliações por usuários ficar abaixo de um mínimo preestipulado (esses protestos não eram comuns na época). Então, Malik questionou em um blog se estávamos presenciando um tipo de conflito trabalhista do novo mundo. "Na era industrial, os conflitos trabalhistas surgiam quando os trabalhadores acreditavam que os donos estavam lucrando sobre eles de forma inadequada. Eu me pergunto se, na era conectada, veremos conflitos trabalhistas quando as pessoas são ejetadas sem cerimônia da força de trabalho."[36]

O comentário de Malik pode soar um tanto sarcástico, mas foi estranhamente premonitório sobre o que aconteceria nos anos seguintes. E também havia outro ponto importante em seu post. Ele previu o surgimento do que chamou de darwinismo de dados, sugerindo que seria uma questão social e trabalhista premente nos anos seguintes.

Mas o que é o darwinismo de dados exatamente? A principal ideia se relaciona à forma como avaliamos os prestadores de serviços na economia compartilhada, e como tais avaliações, codificadas em dados, podem moldar o acesso desses trabalhadores às oportunidades.

Considere os motoristas da Uber em 2013, que foram desconectados da plataforma. É possível que eles efetivamente fossem as maçãs podres que os sistemas de *feedback peer-to-peer* eliminaram corretamente. Mas e se esses motoristas tiveram uma sequência de maus clientes? E se um dos motoristas apenas tivesse tido um dia ruim no trabalho, e por isso alguns clientes o avaliaram mal? E se os clientes de um determinado bairro sistematicamente não gostassem dos motoristas de uma determinada etnia? E se, como disse Josh Dzieza em seu artigo de 2015, intitulado "The Ratings Game", a proliferação dos sistemas de *feedback on-line* apenas tivesse nos transformado em péssimos chefes?[37] Uma conclusão que surge do argumento de Malik é que talvez o sistema de avaliação da Uber não devesse tomar decisões tão abruptamente.

Porém, um ponto mais considerável é que o acesso a oportunidades hoje também determina o acesso a oportunidades futuras. Restaurantes bem avaliados no Yelp desde o início frequentemente têm maior demanda, como consequência de um maior valor percebido, o que os permite (se forem bons) construir uma reputação mais sólida ao longo do tempo. Como demonstrou o

---

[36] Om Malik, Uber, "Data Darwinism and the Future of Work". Em *Gigaom*, 17-3-2013. Disponível em https://gigaom.com/2013/03/17/uber-data-darwinism-and-the-future-of-work. Acesso em 5-4-2018).

[37] Josh Dzieza, "The Rating Game". Em *The Verge*, 28-10-2015. Disponível em http://www.theverge.com/2015/10/28/9625968/rating-system-on-demand-economy-uber-olive-garden. Acesso em 5-4-2018).

professor da Escola de Negócios de Harvard, Michael Luca, as pessoas estão mais propensas a serem influenciadas pelas avaliações que já viram. Elas acabam dando uma avaliação melhor para um restaurante apenas pelo fato de o estabelecimento já ter uma nota mais alta. Kartik Hosanagar e Daniel Fleder, da faculdade Wharton School, demonstraram que os sistemas de recomendação automática podem amplificar essa parcialidade, empurrando produtos que tiveram sucesso no passado para clientes futuros, aumentando ainda mais o abismo entre o que é popular sobre o que é nichado.[38]

Esse é o aspecto darwinista dos sistemas de avaliação com base em dados de usuários. Os mais fortes se tornam ainda mais fortes. Os mais aptos sobrevivem. Mesmo que tais avaliações de força sejam equivocadas.

E o que acontece se aplicarmos tais sistemas de avaliação de produtos e mercados a indivíduos que estiverem procurando trabalho? Em 2015, a TaskRabbit começou a apresentar *taskers* específicos para cada cliente em potencial, em vez de permitir que clientes e *taskers* se encontrassem com base nos requisitos e lances. É bem provável que nisso tenham sido favorecidos os *taskers* que já tinham uma boa reputação. Ao longo do tempo, uma parcela maior dos critérios que determinam nosso acesso às oportunidades será o capital proveniente dos sistemas de *feedback on-line*, substituindo as credenciais apresentadas pelas instituições do mundo presencial ou pela lista de contatos do perfil do LinkedIn.

Juntamente do Tanner Hackett, da Universidade de Nova York - Stern, Mike Dudas é o cofundador da Button, uma plataforma que cria interação de melhor qualidade entre aplicativos para dispositivos móveis. Em um post, Dudas afirmou que

> tal capital vem na forma de dados de desempenho criados pelos participantes do mercado, enquanto fornecem bens ou serviços para seus clientes em um mercado. Esses dados podem estar na forma de notas e avaliações, tarefas concluídas, fotos e relatórios de faturamento. Esses dados estão no cerne dos sistemas que os mercados utilizam para estabelecer a reputação atualmente."[39]

---

[38] Daniel Fleder e Kartik Hosanagar, "Blockbuster Culture's Next Rise or Fall: The Impact of Recommender Systems on Sales Diversity". Em *Management Science*, v. 55, n. 5, 2009, pp. 697-712.

[39] Mike Dudas, "Employment Data Portability in the Marketplace Economy". Em *Just Dudas*, 28-12-2013. Disponível em http://mikedudas.com/2013/12/29/employee-data-portability-in-the-marketplace-economy. Acesso em 5-4-2018.

Nesse contexto, os escorregões no começo da carreira em uma plataforma podem ter consequências sérias, especialmente se as plataformas da economia compartilhada se tornarem canais importantes para se encontrar trabalho – como a Amazon é atualmente em relação à venda de produtos nichados por correspondência.

À medida que o mundo do trabalho começa a depender cada vez mais desses dados, a impossibilidade de levar esses dados consigo se você quiser ir para outra plataforma ou canal pode ser uma outra barreira de acesso. Atualmente, quando você começa a operar no Airbnb ou na Etsy, não há nenhuma avaliação a seu respeito. De acordo com Dudas, existe uma alternativa melhor para a sociedade:

> O próximo passo pode ser permitir que os prestadores de serviços carreguem seus dados consigo (notas, avaliações, fotos, relatórios de faturamento, etc.) quando decidirem ir para outra plataforma ou mercado. É o que eu chamo de portabilidade de dados funcionais. Seria uma forma de empoderar trabalhadores, dando a eles uma tremenda ferramenta para encontrarem novas oportunidades de trabalho e dados valiosos, que podem ser usados para haver negociação diretamente com clientes em potencial.[40]

Comecei este capítulo apresentando a oposição entre dois mundos futuros, anunciados pela economia compartilhada. Um deles tem empreendedores empoderados, e o outro, empreendedores marginalizados. Como os argumentos deste capítulo demonstram, devemos penetrar nesse futuro de incertezas – ainda que empolgante – preparados para lidar com diversas questões complexas da sociedade, como a reclassificação da relação de trabalho, o financiamento da rede de seguridade social e a criação de novas estruturas de propriedade.

É importante entender que nenhum desses futuros está predeterminado pelos fundamentos econômicos. O capitalismo de multidão ainda está dando seus primeiros passos. Provavelmente veremos uma mistura de ambas as visões. Entretanto, as decisões que tomaremos nas próximas décadas determinarão qual deles predominará.

---

40 *Ibid.*

9

Conclusão

Escrever um livro sobre um assunto pelo qual se é apaixonado, mantendo um tamanho viável, nos obriga a fazer escolhas difíceis. Omiti, nesta obra, alguns pontos que me interessam muito. Ao buscar o equilíbrio entre pragmatismo e profecia, tentei focar mais no futuro imediato do capitalismo de multidão em vez de olhar para o futuro distante. Os setores de hospedagem, transportes e mão de obra *freelancer* foram os primeiros a vivenciarem as grandes mudanças induzidas pelo capitalismo de multidão, mas o mercado imobiliário corporativo, a saúde, e a produção e o fornecimento de energia serão os próximos. A digitalização do físico na próxima década irá gerar um mercado de massa para os veículos autônomos nos EUA, Europa ocidental e partes da Ásia. Isso transformará radicalmente a indústria automotiva e transferirá o poder de mercado dos grandes fabricantes da atualidade para diversas plataformas de tecnologia, como Uber, Lyft, Didi Kuaidi e Ola – bem como a Apple, Google e, quem sabe, Amazon. Paralelamente a isso, a manufatura aditiva revolucionará a forma como os artefatos são feitos, transferindo cada vez mais a produção para a multidão. A revolução do *blockchain* poderá criar novas possibilidades nas trocas globais que ainda não somos capazes de visualizar.

Nossa infraestrutura urbana também será reformulada pelos modelos de parceria com a multidão. As plataformas sob demanda da atualidade já produziram novos híbridos criativos de transporte público-privado. O que a professora da Universidade Wake Forest, Lauren Rhue, e eu chamamos de infraestrutura invisível (o uso da capacidade ociosa e de plataformas digitais para construir recursos em cidades ou países inteiros que, no passado, necessitavam de investimentos em aço e concreto) poderá mudar a infraestrutura urbana do futuro. As redes nacionais de transporte da BlaBlaCar, os estacionamentos invisíveis da JustPark e a plataforma de hospedagem emergencial em catástrofes do Airbnb são alguns exemplos. A evolução da confiança dentro da sociedade, devido à maior participação na economia compartilhada, terá um papel fundamental na viabilização da infraestrutura invisível.

Consequentemente, é fundamental aprofundar o entendimento da confiança em uma sociedade digitalmente mediada e de como o uso de tecnologias digitais influencia o nível de confiança entre as pessoas. Espero que minha pesquisa com Frederic Mazzella (BlaBlaCar) e meu colega da Universidade de Nova York, Mareike Mohlmann, seja um primeiro passo nessa direção. Ela estava em desenvolvimento no momento em que esta obra ia para a gráfica, mas está disponível nos sites da Universidade de Nova York e da BlaBlaCar desde 2016.

Paralelamente, governos municipais tentarão se tornar mais compartilháveis à medida que se tornarem mais voltados à multidão. Ao longo do tempo, provavelmente entenderão que, para permitir o verdadeiro potencial da economia compartilhada, eles precisam repensar profundamente como planejam e governam. Serão necessárias transformações radicais nas abordagens para zoneamento residencial e no papel das agências regulatórias.

***

Será que o capitalismo de multidão é uma fase passageira, apenas um experimento social interessante até voltarmos ao capitalismo gerencial tradicional do século XX? Parece improvável. Em um artigo para a *Project Syndicate* em setembro de 2015, meu colega na Universidade de Nova York e ganhador do Prêmio Nobel, o economista Michael Spence, resumiu o porquê:

> A verdade é que o processo de se explorar recursos subutilizados pela internet (sejam capital físico e financeiro, sejam capital humano e talento) é incontrolável e está em ritmo de aceleração. Os benefícios de longo prazo consistem não apenas em ganhos de eficiência e produtividade (grandes o suficiente para serem demonstrados nos macrodados), mas também em termos de novos empregos, que são extremamente necessários, que requererão uma enorme variedade de habilidades. Efetivamente, aqueles que temem o poder de destruição e

substituição da automação deveriam olhar para a economia compartilhada com certo alívio.[1]

***

Meu instinto de professor deseja que este livro ofereça diversos modelos que lhe tragam uma nova perspectiva, uma lente crítica através da qual você possa desenvolver sua própria compreensão aprofundada deste novo e complexo mundo. Como disse Marcel Proust, "a verdadeira viagem de descobrimento não consiste em procurar novas paisagens, e sim em ter novos olhos".

No Capítulo 1 apresentei as lentes através das quais você pode analisar essa estranha mistura entre o social e o econômico na economia compartilhada. Destaquei como os acontecimentos que estamos vivenciando têm aspectos tanto de uma economia comercial quanto de uma economia de dom. No Capítulo 2 utilizei lentes tecnocêntricas e um entendimento evolutivo das tecnologias digitais para lhe ajudar a pensar sobre o futuro do capitalismo a partir de seus determinantes digitais e reputacionais. No Capítulo 3 apresentei as lentes dos custos transacionais, mercados e hierarquias analisando os tipos de instituições que poderão surgir dessa derrubada de fronteiras entre as mãos visíveis e invisíveis. No Capítulo 4 fiz uma breve discussão sobre a nova era dos facilitadores digitais e seus precedentes históricos. Espero que ela seja uma lente útil para entender como a revolução *peer-to-peer* descentralizada está se desenvolvendo e, apesar de seu idealismo inerente, que você consiga reconhecer essa fabulosa possibilidade de agregação de valor por grandes intermediários.

Esses quatro primeiros capítulos focaram na causa. Seus possíveis efeitos recaem sobre a sociedade, sobre a economia, sobre a maneira como regulamos a interação humana e sobre como será o futuro do trabalho. No Capítulo 5 esbocei conceitos fundamentais que podem ser o ponto de partida para discussões e análises mais informadas sobre o que esperar e como medir os eventuais impactos econômicos. No Capítulo 6 descrevi um novo mundo regulatório, com um novo equilíbrio entre *players* públicos e privados e as novas manifestações do velho controle da comunidade, facilitadas pelo digital.

---

1 Michael Spence, "The Inexorable Logic of the Sharing Economy". Em *Project Syndicate*, 28-9-2015. Disponível em https://www.project-syndicate.org/commentary/inexorable-logic-sharing-economy-by-michael-spence-2015-09. Acesso em 5-4-2018.

No Capítulo 7 apresentarei um panorama claro das mudanças para a mão de obra que podemos esperar, além do *offshoring* e da automação. No Capítulo 8 trouxe um melhor entendimento dos principais desafios políticos que tais mudanças induzirão nos próximos anos.

A complexidade dessa transição em curso pode explicar as dificuldades da sociedade em encontrar um nome para esse fenômeno generalizado, que eu chamo de capitalismo de multidão. São mudanças que o fundador do Fórum Econômico Mundial, o professor Klaus Schwab, chama de Quarta Revolução Industrial.[2] É possível que, assim como as coisas mais interessantes na vida, a economia compartilhada seja definida por suas contradições internas.

Capitalista ou socialista? Economia comercial ou de dom? Mercado ou hierarquia? Impacto econômico global ou local? Arbitragem regulatória ou expressão autorregulatória? Captura de valor centralizada ou descentralizada? Empreendedor empoderado ou marginalizado? Redução ou geração de vagas de trabalho? Sociedades isoladas ou conectadas? Como você pode ter notado, a resposta para todas essas perguntas na economia compartihada é SIM.

2 Klaus Schwab, *The Fourth Industrial Revolution*. Geneva: The World Economic Forum, 2016.

Índice remissivo

FSC
MISTO
Papel
FSC® C122682